小學課程沿革

盛朗西編

1934

中華書局印行

本书1934年于中华书局出版时的封面

二十世纪中国教育名著丛编

# 小学课程沿革

盛朗西◎编

主编◎瞿葆奎 郑金洲　特约编辑◎徐玉珍 李玉珠

福建教育出版社

# 出版说明

20世纪，中国教育学科从无到有，从译到著，形成了具有一定风格的体系。中国教育学者在把握时代脉搏的基础上，博采中西，融汇古今，或独立编写教育学科教材，应迎中国师范教育之需；或自主撰述教育学科专著，夯实中国教育学术之基。皇皇百年，朵朵奇葩。它们在不同程度上折射了时代精神的光芒，反映了教育学术的风貌，凝聚了教育学者的卓识。

站在世纪之交，我社思量有必要重树前辈们的精神财富。2003年春夏之交，时任我社副总编的黄旭赴沪，力邀华东师范大学瞿葆奎先生和郑金洲教授担任主编，诚请老中青教育学者校注和介评，郑重推出《二十世纪中国教育名著丛编》。

辑入这套《丛编》的，皆历经了50年以上时间检验的，水平较高、影响较大、领学科风骚的著作。透过这些著作，试图展现20世纪中国教育学者的学术智慧，盘点中国教育科学的世纪历程，鉴往追来，在过去、现在、未来之间铺设中国教育科学的桥梁。这是一项承接前人、嘉惠后学的教育学术工程。

诚挚感谢主编及其工作集体、各册特约编辑的极大努力，各著作权所有人的全面支持。

《丛编》选、编、校、印中的缺点、错误，敬恳读者批评指正。

福建教育出版社
2006年8月

# 编校凡例

1. 选编范围。《二十世纪中国教育名著丛编》（以下简称《丛编》）选编 20 世纪经过 50 年时间检验的水平较高、影响较大、领学科一定风骚的教育著作。这些著作在学术上有承流接响的作用。

2. 版本选择。《丛编》以第一版或修订版为底本。在各册扉页前，附印原著的封面。

3. 编校人员。《丛编》邀请有关老、中、青学者，担任各册"特约编辑"，负责校勘原著、撰写前言（主要介绍作者生平与原著）。

4. 编校原则。尊重原著的内容和结构，以存原貌；进行必要的版式和一些必要的技术处理，方便阅读。

5. 版式安排。原著是竖排的，一律转为横排。横排后，原著的部分表述作相应调整，如"左列"改为"下列"等等。

6. 字体规范。改繁体字为简化字，改异体字为正体字；"的"、"得"、"地"、"底"等副词用法，一仍旧贯。

7. 标点规范。原著无标点的，加补标点；原著标点与新式标点不符的，予以修订；原文断句不符现代汉语语法习惯的，予以调整。原著有专名号（如人名、地名等）的，从略。书名号用《　》、〈　〉规范形式；外文书名排斜体。

8. 译名规范。原著外国人名、地名等，与今通译有异的，一般改为今译。

9. 数字规范。表示公元纪年、年代、年、月、日、时、分、秒，计数与计量及统计表中的数值，版次、卷次、页码等，一般用阿拉伯数字；表示中国干支等纪年与夏历月日、概数、年级、星期或其他固定用法等，一般用数字汉字。此外，中国干支等纪年后，加注公元纪年。

10. 标题序号。不同层级的内容，采用不同的序号，以示区别。若原著各级内容的序号有差异，则维持原著序号；若原著下一级内容的序号与上一级内容的序号相同，原则上修改下一级的序号。

11. 错漏校勘。原著排印有错、漏的，进行校勘。

12. 注释规范。原著为夹注的，仍用夹注；原著为尾注的，改为脚注。特约编辑补充的注释（简称"特编注"），也入脚注。

# 中国教育学科的百年求索

## ——《二十世纪中国教育名著丛编》代序

20世纪是中国教育学科艰难创生、曲折发展的世纪。伴随着中与西的文化激荡，传统与现代的思想交融，中国教育学科逐渐地从译介走向编著，从移植走向创生，从草创走向发展。教育学者们百年来以执着的精神、笃实的态度、质朴的思维，成就了中国教育学科发展史的世纪篇章。站在21世纪的门槛里，隔着时间的距离，回眸这段历程，不仅能窥视中国教育学科所沐浴的阳光，更能体味到她所历经的风雨。

一

教育思想史与教育学科史，不是两个"等价"的概念。在中国，教育思想史可以上溯到两千多年以前，但是教育学科史迄今却不过短短百余年的历程，而启动这一历程的是以日本为媒介的"西学"引介。促动这些引介的直接动因，还是新办师范学堂的课程"急需"。当年，所谓"办理学堂，首重师范"，而"教育为师范学堂之主要学科"。中国教育学科的历史和师范院校的发展乃唇齿相依。之所以借道日本取法"西洋"，主要是因为中日地理毗邻、文化同源。清末张之洞就说:"致游学之国,西洋不如东洋:一、路近费省,可多遣;一、去华近,易考察;一、东文近于中文,易通晓;一、西书甚繁,凡西学不切要者,东人已删节而酌改之。中、东情势,风俗相近,易仿行,事半功倍,无过于此。"① 一时间,清廷公派、民间私往日本的学生甚众,多攻读师范速成科。这些学生归国后,又有不少成为师范学堂的译员或教习,成为引介教育学科的主要先驱。他们以译书立说为要务,广揽教育学说,拓展国人视界,推进了教育学人的思想"启蒙",以及教育学科的学术"建制"。

在中国教育学科史上,1901年是个值得珍视的时段。就在这年,罗振玉创办了中国最早的教育专业杂志——《教育世界》;王国维译介了第一本完整的教育学著作——立花铣三郎讲述的《教育学》。这本著作连载于《教育世界》第9~11号,被视为"教育学"在中国的始点。但在此前,还有两门教育学科分支的著作先行引入中国,即是:田中敬一编、周家树译的《学校管理法》(载《教育世界》第1~7号);三岛通良著、汪有龄译的《学校卫生学》(载《教育世界》第1~8号)。其后,《教育世界》又先后刊载了汤本武比古著、王国维译的《教授学》;原亮三郎编、沈纮译的《内外教育小史》。1902年,木场贞长著、陈毅译的《教育行政》付梓。中国教育学科的园地又添了"新蕊"。

上述著作都是所谓"进口货",说的是他域的教育,解的是他国的问题,终究不能替代国人自己的"言说"。在引进、积累之后,国人就尝试立足中国实际,兼蓄西方理论,自编相关教育学科的著作,从而迈出了国人自主"治理"教育学科的最初步伐。朱孔文编的《教授法通论》(时中学社,1903),王国维编的

---

① 张之洞:《劝学篇·外篇·游学第二》。

《教育学》（教育世界社，1905），蒋维乔著的《学校管理法》(1909)，黄绍箕和柳诒徵著的《中国教育史》(1910)①，袁希洛编的《教育行政数日谈》(1912)，俞庆恩著的《学校卫生讲义》(上海江苏教育会，1915)等等，都称得上是各自领域的"先行者"。与同期的译作相比，这些著作在"量"上相当有限，在"质"上尚显稚嫩，但也不乏融合本土经验的作品。这是一个"方长、方成"的时期。总体来说，清末民初的教育学科体系，无论是内容还是结构，都深受赫尔巴特及其学派（Herbart and Herbartians）的影响，同时也符合当时师范课程设置的要求。这意味着，"理论"的驱动和"实践"的需要，构成了中国教育学科发展的原初动力。

随着社会政制的更替、教育情势的发展，尤其是在西方的留学生归国和杜威（J. Dewey）以及孟禄（P. Monroe）、麦考尔（W. A. McCall）等访华的直接推动下，中国教育学科发展的"风向标"由"中道"日本转向"直捷"西方。19世纪末20世纪初，西方的"教育科学化"运动，冲击了以赫尔巴特为代表的思辨教育学，初步建立了经验科学的教育学，即所谓单数"教育科学"（educational science）②。与此同时，教育学在与心理学、伦理学、生理学、社会学、统计学等学科（认真说来，这里的

---

① 一说为1902年。见孟宪承、陈学恂、张瑞璠、周子美编：《中国古代教育史资料》，人民教育出版社1961年版，第14页。

② 1798年，德国教育学家里特（K. Ritter）在《由教育学批判以证明普遍教育科学之必要性》（*Kritik der Pädagogik zum Beweis der Notwendigkeit einer allgemeinen Erziehungswissenschaft*）中，明确提出了"教育科学"（Erziehungswissenschaft）概念。见黄向阳：《教育知识学科称谓的演变：从"教学论"到"教理学"》，载瞿葆奎主编：《元教育学研究》，浙江教育出版社1999年版，第299页。

"学科"是"科学"。下同)的双向渗透中,又衍生出一批交叉性或边缘性的教育学科分支,形成了所谓复数"教育科学"(educational sciences)概念①。这一概念意味着大量社会学科,还包括某些自然学科,应用于教育领域所形成的分支学科群。大抵在20世纪20年代及稍后,这些分支先后在中国"登陆",于是建立了现代教育学科的一定体系。与清末民初相比,这一时期译介尚盛,但已不及国人著述的规模,而且"登陆"的方式也呈现出多样化的态势:有些仍然走的是先译介后编著的路线,如教育社会学、比较教育学等;有些是先有国人编著,而后又引介西方的相关著述,如教育哲学、教育统计学等;还有些仅有国人的编著,似未见引进相关的学科性著作,如教育伦理学、教育生物学等。可略列表举例如下:

1919~1949年国人早期译介和编著的部分教育学科著作②

| 教育学科 | 早期的学科著作 | 国人早期译介的学科著作 | 国人早期编著的学科著作 |
|---|---|---|---|
| 教育哲学 | 1904年,霍恩(H. H. Horne)著《教育哲学》(Philosophy of Education) | 1924年,豪恩(霍恩)著、周从政译述《教育哲学》(中华) | 1923年,范寿康著《教育哲学大纲》(中华学艺社) |

---

① 1912年,瑞士心理学家克拉帕雷德(É. Claparède)在日内瓦指导一个教育心理学研讨班时,明确提出了复数"教育科学"(la sciences de l'éducation)概念。

② 侯怀银:《20世纪上半叶中国教育学发展问题的反思》(华东师范大学2001年博士学位论文);瞿葆奎主编,瞿葆奎、沈剑平选编:《教育学文集·教育与教育学》,人民教育出版社1993年版;黄向阳:《教育伦理学辨——兼析教育问题的哲学反思》(华东师范大学1994年硕士学位论文);王承绪主编:《比较教育学史》,人民教育出版社1998年版;等等。

| | | | |
|---|---|---|---|
| 教育伦理学 | 1897年,杜威著《教育伦理学》(Educational Ethics: Syllabus of a Course of Six Lecture-Studies)、《构成教育基础的伦理原则》(Ethical Principles Underlying Education) | | 1932年,丘景尼编《教育伦理学》(世界) |
| 教育社会学 | 1917年,史密斯(W. R. Smith)著《教育社会学导论》(An Introduction to Educational Sociology) | 1918~1919年,史密斯著、刘著良译《教育社会学导言》(载《安徽教育月刊》) | 1922年,陶孟和编《社会与教育》(商务) |
| 教育生物学 | | | 1947年,张栗原编《教育生物学》(文化供应社) |
| 教育心理学 | 1903年,桑代克(E. L. Thorndike)著《教育心理学》(Educational Psychology) | 1921年,哥尔文、沛葛兰著,廖世承译《教育心理学大意》(中华) | 1922年,舒新城编《教育心理学纲要》(商务) |
| 教育统计学 | 1904年,桑代克著《心理与社会测量》(Mental and Social Measurements) | 1928年,塞斯顿著、朱君毅译《教育统计学纲要》(商务) | 1922年,薛鸿志著《教育统计学大纲》(北高师编译部) |
| 教育测量学 | | 1927年,杜佐周编译《麦柯教育测量法撮要》(民智书局) | 1922年,张秉波、胡国钰编《教育测量》(北高师编译部) |

| 比较教育学 | 1817年，朱利安（M.—A. Jullien De Paris）著《比较教育的研究计划与初步意见》（*Esquisse et vues préliminaries d'un ouvrage sur l' éducation comparée*） | 1917年，余寄编译《德英法美国民教育比较论》（中华） | 1929年，庄泽宣编《各国教育比较论》（商务） |
|---|---|---|---|
| 课程论 | 1918年，博比特（F. Bobbitt）著《课程》（*The Curriculum*） | 1928年，波比忒（博比特）著、张师竹译《课程》（商务） | 1925年，余家菊著《课程论》（《中华教育界》第19卷第9期） |
| …… | …… | …… | …… |

其实，这种学科分化的景象，从《中国教育辞典》（中华，1928）和《教育大辞书》（商务，1930）这两本有影响的教育专业辞书中就可窥见一斑。除了学校管理学、学校卫生学以外，它们还收录了教育哲学、教育论理学、教育伦理学、教育美学、教育社会学、教育病理学、教育心理学、教育统计学等辞目。从形成机制来看，这些学科主要集中在两类：一类是以"他学科"为理论框架，分析教育活动中形而上的、社会的或个人的问题；另一类是研究如何运用科学的方法来分析教育活动的学科。它们的涌现，既反映了20世纪初叶西方教育学科"科学化"的基本成果，同时顺应了国际教育学科分化的总体趋势。有些学科诞生不久，便在中国教育学科的殿堂里占得了席位。

新中国成立后的50年代，这些初具形态的教育学科接受了新民主主义和社会主义的改造。在"以俄为师"、"全面学习苏联经验"的号召下，这种改造逐渐演变成按照苏联教育学科体系加以规划。中国的教育学科只开一扇"北门"，在数量上大为收缩，仅留下了教育学、心理学、各科教学法、教育史等学科；在内容上倒向了苏联教育学者的研究成果，禁闭或批判了西方学者的教育理论。中国教育学科经历了一次"血透"。"引进"又一次成了教育学科建设的主题，而重点在译介苏联的"教育学"教材，如凯洛夫主编的《教育学》、奥哥洛德尼柯夫和申比廖夫著的《教育学》、叶希波夫和冈察洛夫著的《教育学》等等；虽逐渐有些结合中国实际的自编教育学科教材，但框架上，甚至内容上基本是苏联教育学科的"复制"。这是一种"大教育学"的体系，它不仅使自身背负上"沉重的翅膀"①，而且砍宰了教育哲学、教育社会学、比较教育学、教育统计学等分支学科。与这种"论"的"教育学"相映衬的，主要是教育史学科的建设。在外国教育史方面，先是翻译了麦丁斯基的《世界教育史》，康斯坦丁诺夫、麦丁斯基、沙巴也娃的《教育史》等等；而后又改编和自编了一些外国教育史的教材；在中国教育史方面，运用马克思主义的立场、观点和方法，挖掘和整理一些资料，编写了一些教材和讲义，并在学科体系方面进行了一些初步的探索。这些学科探索，试图以马克思主义为指导思想，确立适合新中国教育需要的学科体系。但是，在1949～1966年间形成的这些断续的、局部的、零星的、有限的学科建设成果，随着"文革"的到来，迅速淹没在一统的"语录化"教育表述之中。这是不堪回首的当年，又是必须回首的当年。它给中国教育学科史添加了一些史无前例的、苦难的、独特的国际笑料。这建国后17年的教育学科建设，也全部被批斗并付之东流！

历经了三十年的曲折或中断，中国教育学科的"家园"百废

---

① 陈桂生：《教育学的迷惘与迷惘的教育学——建国以后教育学发展道路侧面剪影》，载《华东师范大学学报》(教育科学版) 1989年第3期。

待兴。恰恰在这段岁月里，随着跨学科或多学科的研究日盛，教育学与经济学、政治学、未来学、技术学等学科的相互沟通渐密，西方教育学界又迎来了教育学科分化和发展的新高潮。在开放的背景下，从苏联因袭而来的"大教育学"体系，不仅与国际教育学科分化的整体趋势相悖，而且难以适应新时期教育改革和发展的需要。冲破这种"大教育学"体系，建立教育学科分支体系，成为当务之急。首先是恢复和重建一些教育学科，如教育哲学、教育社会学、比较教育学、教育统计学、教育测量学、教育行政学等；其次是新建一些中国教育急需的学科，如教育经济学、教育政治学、教育法学、教育文化学、教育生态学、教育评价学等等。除了重点译介西方的教育学科成果以外，编写相关的学科著作，建立专门的研究学会，开设专业的教育课程，等等，都极大地推动了中国教育学科体系的建设。尤其是20世纪八九十年代以来，随着教育学科"自我意识"的觉醒，两门以教育理论本身为研究对象的学科——元教育学和教育学史，逐渐进入了中国教育学者的视野。其中，差不多每门教育学科都拥有若干本国人自主撰述的著作，从这百花丛中，似乎可以窥见中国教育学科建设的不少新思维、新风貌、新成就[1]。至于它们的贡献厚

---

[1] 如黄济编著《教育哲学初稿》（北京师大出版社，1982；《教育哲学》，1985），陆有铨著《现代西方教育哲学》（河南教育出版社，1993）；鲁洁主编、吴康宁副主编《教育社会学》（人民教育出版社，1990）；潘菽主编《教育心理学》（人民教育出版社，1980），邵瑞珍、皮连生、吴庆麟编《教育心理学》（上海教育出版社，1983），张大均主编《教育心理学》（人民教育出版社，1999）；厉以宁著《教育经济学》（北京出版社，1984），邱渊著《教育经济学导论》（人民教育出版社，1989），王善迈主编《教育经济学概论》（北京师大出版社，1989）；王承绪、朱勃、顾明远主编《比较教育》（人民教育出版社，1983），吴文侃、杨汉清主编《比较教育学》

（转下页注释）

薄,总得有几十年的时间检验。如果说1919~1949年是中国教育学科的初创期,那么这一时期则是中国教育学科的发展期。与初创期相比,处在发展期的中国教育学科不仅在分支数量上有大幅增加,而且呈现出一些"辩证"的特点:在领域上呈现出分化与整合的统一,在内容上呈现出"西学"与"中学"的会通,在方法上呈现出定量与定性的互补。

几度兴废,几番沉浮。世纪百年,见证了中国教育学科从牙牙学语、蹒跚学步走向独立言说、自主行进的曲折历程,涌现了不少先声之作,扛鼎之著,综合之论,特色之述。虽然教育学科的"家族"渐趋庞大,但它的发展是没有止境的。可以说,"在从某一角度分析教育的某一方面或某一组成部分的层面上,有多少涉及'人'的学科;在教育研究的层面上,有多少可用于研究'人'的问题的方法,便有可能产生多少分支学科;在把教育作为一个整体,从多种角度同时进行综合研究的层面上,教育领域内有多少种具有现实作用和影响的实际问题,就有可能产生多少分支学科。"①而且,教育学科的分化层级也在向"纵深"拓展:

---

(接上页注释)

(人民教育出版社,1989);陈玉琨著《教育评价学》(人民教育出版社,1999);陈孝彬主编《教育管理学》(北京师大出版社,1990),孙绵涛著《教育行政学》(华中师大出版社,1998);万嘉若、曹揆申主编《现代教育技术学》(中国科学技术大学出版社,1991);尹俊华主编、戴正南副主编《教育技术学导论》(高等教育出版社,1996);陈桂生著《"教育学"辨——元教育学的探索》(福建教育出版社,1998),叶澜著《教育研究方法论初探》(上海教育出版社,1999),王坤庆著《教育学史论纲》(湖北教育出版社,2000),唐莹著《元教育学》(人民教育出版社,2002);等等。

① 瞿葆奎、唐莹:《教育科学分类:问题与框架》(教育科学分支学科丛书·代序),载吴康宁:《教育社会学》,人民教育出版社1998年版,第22页。

从一级学科间的交叉逐渐向二级乃至三级学科间的衍生迈进。这些学科有的已较成熟,有的正在发展之中,有的还处在初生之际。

## 二

中国教育学科是"西学东渐"的产物,是在译介西方教育学科的过程中形成的。在这一过程中,源自西方的教育学科必然与中国教育实践之间产生某种摩擦或张力,因此,如何克服它们,使教育学科贴近中国教育实践,并裨益于中国教育实践,自然成为许多中国教育学者百年的学术追求。这是一种特殊的"中国意识",也是一种普遍的"本土意识"。正是在这种意识下,他们感到,"教育学有共同之原理,亦有本国之国粹",因而不能简单地移植或照搬外来的教育理论,而必须对这些"舶来品"保持一种"警觉"。

这种"中国意识",也许是一种"本能",伴随着各门教育学科在中国的成长。当年,吴俊升曾提出"中国教育需要一种哲学"[①];雷通群曾倡导"使教育社会学成为中国化"[②]。萧孝嵘也曾说:"我国人的心理背景与他国人的心理背景自有一些差别,故在有些事件中,不能根据国外之研究结果推知本国的情形。本书为顾及此种特殊背景起见,尽量采用我国的研究资料。在某些问题上,如无本国的资料,或有之而在某些方面尚有问题,则采用国外的资料。"[③] 罗廷光曾同样认为,"不可把外国教育行政书籍直接拿来应用——况真正精心结撰之作仍不多觏。我们要做开

---

① 吴俊升:《中国教育需要一种哲学》,载《大公报》1934年11月5日。
② 雷通群:《教育社会学》,商务印书馆1933年版,"例言"第1页。
③ 萧孝嵘:《教育心理学》,正中书局1944年版,"编辑大意"第2页。

创的工作，要本远到的目光，渊邃的见解，认清本国教育行政的问题，运用科学的方法和专门的智能以为解答；更当就教育行政之'学'与'术'本身作进一步的研究，以求树立本门学术之深厚的基础"①。……这些学者都注意到，西方的教育理论植根于西方的教育土壤，况且它们也不是不证自明的、完满无缺的，因而不能简单地移诸中土，相反我们必须立足中国教育情势，对它们进行必要的改造。

"改造"的方式是多种多样的。在20世纪上半叶，似乎就涌现了诸如下列的方式：

一是"删削"式。例如，1905年湖北师范生编译波多野贞之助讲义的"例言"中说："是编是由日本波多野先生折衷中西诸学说，综论教育之原理，以国民教育、道德教育为宗旨，不偏重个人教育，亦不偏重社会教育。兼按中国情势立言，一切奇衺险怪之谈，概从删削。"②

二是"添加"式。例如，余家菊等在《中国教育辞典》的"凡例"中就说："本书力求成一册'中国的'教育辞典，而不愿成为一纯粹抄译之作，故于本国固有之教育学说、教育史实、教育名家，乃至于教育有密切关系之各项事例，莫不留意搜采。"③

三是"参合"式。例如，1914年张子和在《大教育学》的"自叙"中说："但其原本，实草创自日本教习松本、松浦二氏之手。余为中国产，思欲讨论修饰，以适合于中国教育界之理想、实际，遂不惮搜集近今东西人之名著，参合而折衷之，思想之崭

---

① 罗廷光：《教育行政》（上册），商务印书馆1943年版，"自序"第1页。
② 金林祥主编：《20世纪中国教育学科的发展与反思》，上海教育出版社2000年版，第60～61页。
③ 余家菊等编：《中国教育辞典》，中华书局1928年版，"凡例"第1～2页。

新，资料之弘富，盖皆馀事也。"① 这已不是简单地"堆砌"外来教育理论，而是体现中国教育学者本人的理论选择和综合素养。这种选择和综合，在一定程度上展现了中国教育学者的创新精神。

四是"改易"式。例如，赵演改译查浦曼（J. C. Chapman）和康次（G. S. Counts）的《教育原理》的译者序中就说："但因鉴于该书例证，全系采自美国，且处处就美国情况立论，姑译者采取改译的办法。一切外国材料不能适用者，尽行删除，易以中国材料。且设法就中国情况立论，使读者觉得书中所讨论的，即是中国的教育原理。"② 理论是外来的，材料是中国的，这种"大手脚"似易损原著的整体风貌。

五是"融化"式。例如，朱兆萃在《教育学》的"例言"中说："本书对于国人所创设的教育主张、教学方法，作者加以搜罗，融化在系统中，努力于国化，以期渐成为自己的制造品，而非舶来品。"③ 这种方法提升了境界，通过融入国人自己的研究，实现对外来教育理论的渐进式改造。

诸如此类，如此等等。这折射出中国教育学人谋求教育学科"中国化"的良苦用心。这种"用心"，最初指向"日本化"，而后指向"美国化"。时至 20 世纪 50 年代，它又与"苏化"的现实联系在一起，而"苏化"又意味着切断已往、抵制西方。正当 1957 年，针对苏联教育学科中存在的僵化、教条化倾向，曹孚认为马克思列宁主义的教育学"一向把历代的教育学方面的文化

---

① 张子和编纂：《大教育学》，商务印书馆 1914 年版，"自叙"第 2 页。
② 查浦曼、康次著，赵演改译：《教育原理》，商务印书馆 1935 年版，第 17 页。
③ 朱兆萃：《教育学》，世界书局 1932 年版，"例言"。

遗产，作为自己的科学源泉之一"，"可以而且应该从过去的教育学与教育思想中吸取与继承一些东西"。而且，"教育，作为一种上层建筑，在一经形成之后，有它相对的独立性，教育思想与教育学术的发展有它自己独特的资料与规律。"① 割断现实与历史的联系，漠视新与旧之间的传承关系，不可能有中国教育学科的发展。但是，在努力探寻"教育学中国化"的过程中，一些学人一方面要求以马克思主义教育学说、毛泽东教育思想为指导，以中国教育实践为出发点，建立中国的马克思主义教育学、中国的社会主义教育学；另一方面却又把苏联的教育学当作是马克思主义教育学、社会主义教育学的化身。由此使"教育学中国化"简化为苏联教育学与中国教育实践相结合。当年，瞿葆奎也就犯过这种错误的"代数学"。"中国化"的道路艰辛而又曲折！初步整理的"中国化"思路，在"左"的思潮下"夭折"了——在西方教育学是"资本主义"的、苏联教育学成为"修正主义"的情况下，中国教育学科必然闭关锁国，必然陷入"以阶级斗争为纲"的"政策汇编"和"工作手册"的窘迫之中，从而不可避免地出现了阶级性突现、学科性失踪的"异化现象"！

我们认为，1961年周扬在高校文科教材编选会议上提出的这点意见是正确的："要编出一本好的教材首先要总结自己的经验，整理自己的遗产，同时要有选择有批判地吸收外国的东西，只有这样，才能编出具有科学水平的教材，才是中国的教育学、中国的文艺学。"这是一个中外与古今的问题。所谓只有中没有外，就没有全面观点；只有今没有古，就没有历史观点。在这种

---

① 曹孚：《教育学研究中的若干问题》，载瞿葆奎、马骥雄、雷尧珠编：《曹孚教育论稿》，华东师范大学出版社1989年版，第213、223页。

思想指导下，以刘佛年主编的《教育学》①为代表的教材②，试图谨慎地矫正一些教育学科在"教育大革命"中所发生的偏离，但仍留有"以阶级斗争为纲"的一些时代痕迹。好景难长，还没有来得及出版，"文革"浩劫降临，再次剥夺了中国教育学科生存的空间。我们不得不承认，这曾经是中国教育学科"自主"走过的一段短暂历程，但曾几何时，一下子又成为"文革"对所谓封、资、修大批判、大斗争的对象。

综合上述，似乎可以说，那种"痛快地"认为我国教育学科是"先抄日本"、"继袭美国"、"再搬苏联"的说法是一种比较简单化了的认识的声音。"中国化"是先后中国教育学者矢志不移的学科情怀。当然，做得有高下之分，优劣之别。改革开放以后，这一问题再次被提上日程，并在80年代末90年代初形成了一股讨论的热潮③，提出了"建设具有中国特色的社会主义教育学"的使命。这场讨论大体沿两个方向展开：一是"个性为主"

---

① 刘佛年主编的《教育学（讨论稿）》，为了教学试用和征求意见，曾于1962～1964年先后内部印刷4次。"文革"后，应华东师范大学校内教学急需，1978年第5次印刷。后应人民教育出版社的要求，稍加修改，于1979年正式出版。1981年，主动函请停印。其后，涌现了一些适应新形势的教育学，如华中师范大学等五院校合编的《教育学》〔人民教育出版社，1980；1982；王道俊、王汉澜主编《教育学（新编本）》，1988，1989〕，南京师范大学教育系编的《教育学》（人民教育出版社，1980，1984），等等。

② 在教育史方面，中国教育史用"编"，有毛礼锐、邵鹤亭、瞿菊农等的《中国古代教育史》、陈景磐的《中国近代教育史》、陈元晖的《中国现代教育史》；外国教育史用"借"，有曹孚根据麦丁斯基的《世界教育史》和康斯坦丁诺夫等著的《教育史》，编纂了一部《外国教育史》。在教育心理学方面，有潘菽主编的《教育心理学》。等等。

③ 瞿葆奎主编，郑金洲副主编：《教育基本理论之研究（1978～1995)》，福建教育出版社1998年版，第964～968页。

的中国化,即充分重视本国的教育实践,注重中国教育规律的探索;二是"共性为主"的中国化,即在探寻中国教育规律的同时,探索普遍的教育规律。随着全球化时代的到来,"本土化"又成了从空间上关涉中国教育学科发展的关键词。与"中国化"相比,"本土化"的应用范围不限于中国,可以是全球化进程中任何一个国家或地区。因此,"教育学中国化"可以看作是中国语境下的"教育学本土化",或者说"教育学本土化"在中国的具体体现。

然而,"教育学中国化"、"教育学本土化"这两个概念在不同程度上带有所谓"殖民"的色彩,甚至残留着"西方中心主义"的痕迹,因为它们的前提仍然是外来的(更确切地说,是西方的),是生长于异域的教育理论;它们的逻辑仍然是结合本地的教育实际,筛选、改造和应用外来的教育理论。在这一过程中,外来的教育理论可能在与本土的教育实践结合的过程中,生发新的冲突,引出新的问题,重构新的理论,但总体来说,这种模式难以催生出体现中国"原创"的"本土理论"。事实上,从中国教育问题出发,建立"中国的教育学",一直是20世纪中国教育学人的憧憬。例如,早在1932年,就有学者提出,"外观世界大势,内审国内需要;研究本国民族思想的特质,找出教育与本国政治、经济、社会的关系,并认识儿童本性及其学习过程。综合种种,而创设中国教育的基本理论,而确立中国教育理论的体系"[1]。1955年,有人提出要"创建和发展新中国教育学"[2]。

---

[1] 罗廷光:《什么是中国教育目前最需要的》,载《时代公论》1932年第8号。

[2] 程滴凡:《对教育学教学大纲的意见》,载《光明日报》1956年11月26日。

而近年的呼声尤为强烈，如有论者要求"建设中国特色的社会主义教育学"①，有人提出"本土生长"的概念②，有人重提"中国教育学"的设想③，等等。这都是期盼建立真正属于中国自己的"原创"教育理论，为世界教育理论贡献自己的智慧，有如陈元晖厚重的豪迈气概："真正摆脱'进口教育学'而有'出口教育学'，让外国人来翻译我们的著作。"④ 建构本土的教育理论，是全球化时代赋予中国教育学者的神圣使命，学者们不懈地奔走呼号，为此殚精竭虑。然而，这种本土的理论建构，概而言之，就要"统新故而视其通"——立足于今，融会古今；"苞中外而计其全"——立足于中，兼采中外。是耶非耶？

## 三

前述以教育活动这一实践形态为对象的教育学科，又可以说不外"教育哲学"和"教育科学"两类。"在教育学——其中只有一部分的事实和原则可以用自然科学的方法来发现，另一部分却非有综合的理解不可——这种从全体上来衡量的态度，是求得

---

① 例如，鲁洁：《建设具有中国特色的社会主义教育学管窥》，载《教育评论》1988年第1期；刘黔敏：《建设中国特色的教育学：挑战与应答》，载《教育理论与实践》2004年第11期；等等。

② 项贤明：《教育：全球化、本土化与本土生长——从比较教育学的角度观照》，载《北京师范大学学报》（人文社会科学版）2000年第2期。

③ 叶澜：《中国教育学发展世纪问题的审视》，载《教育研究》2004年第7期。

④ 陈元晖：《中国教育学史遗稿》（北京师范大学教授文库·陈元晖卷），北京师范大学出版社2001年版，第67页。

确信所必需的。"① 从这个意义上说，教育学乃是教育科学与教育哲学的结合体，因而也是众多教育学科分支的整合体。这些分支学科是从总体的教育学分化而来，仅从某一方面揭示教育的本质属性，而要形成有关教育的整体认识，又有赖于总体的教育学加以整合，以跨越学科间的壁垒，寻求以"教育"为基质的统一性。这大概就是分化与整合的辩证法。但是，有不少学者好像没有看到那些分化出来的教育学科分支背后的这种统一性，要么认为分化是对总体的教育学的消解，要么认为这些分支不过是其他学科的知识应用，教育学并没有对它们的建构做出特有的贡献，从而怀疑教育学的学科价值。面对这些"非难"，从本源上重提教育学与其他学科的关系问题，也许有其必要性。

自哲学中"脱胎"以来，教育学似乎总是难逃与其他学科的"纠缠"。从伦理学、心理学，到社会学、生理学，以至与人有关的学科，似乎都可以成为教育学的"理论基础"。在历史上，例如，尼迈尔（A. H. Niemeyer）就认为伦理学、人类学、心理学、生理学是教育学的"基础学科"；拉伊（W. Lay）称这些学科为教育学的"辅助学科"；赫斯特（P. Hirst）则将它们视为对教育学"有贡献的学科"。这种学科的"介入"或"引入"，是否威胁到教育学存在的合法性？在 20 世纪的百年中，粗查历史，这个问题至少曾两度唤起中国教育学者的兴趣。

一次是 20 世纪 30～40 年代。黄炎培、江恒源、杨卫玉等人持否定的意见，认为教育可以借助其他学科、专设相应的机构来

---

① 孟宪承：《教育哲学引论》，载周谷平等编：《孟宪承教育论著选》，人民教育出版社 1997 年版，第 351 页。

研究，但没有另辟独立学科的必要①。多数学者，如常道直、艾伟、姜琦、陈友松等，则坚信教育学作为一门独立的学科，不仅是必要的，而且是可能的。承认这种独立性，并不意味着教育学不需要其他学科的支撑。相反，我们必须接受这一事实：教育学与物理学、化学、生物学不同，自身并没有一套已经证实的基本概念。"教育学不过借用了自然科学的假设和方法，应用了生理学、心理学、社会学里面已经树立的基本概念。有如医学应用了生理学、内分泌学的概念以建造身体；工程学应用了力学、数学的概念以建造机器，教育学应用了生理学、社会学以及自然科学的概念以建造人格。"② 既然医学、工程学之类的学科可以屹立于学科之林，教育学岂非一门独立的学问？！因此，关键的问题，不是教育学是否需要其他学科的资源，而是教育学如何对待其他学科的知识。然而，这一时期的学者没有或没有来得及合理地明晰阐明这一点。

另一次是20世纪90年代以来。随着学科间相互渗透的加强，不仅从事其他学科的学者所谓"越界"讨论教育的问题，而且以教育学为志业的学者大都"主动"地向其他学科"伸手"，找寻于教育知识建构有用的概念与命题、理论与方法。随着其他学科的发展，教育学相应地获得了更加丰富、更加坚实的学科基础，似乎也表现出对其他学科越来越深的知识"依赖"。面对这种情况，有学者忧虑，教育学在缺乏主体意识的情况下，所谓盲目"占领"其他学科的材料，结果可能反被其他学科所占领，以

---

① 程其保等编：《中国教育问题总检讨》，载《教育通讯》1948年复刊第5卷第4期。

② 陈选善：《三十年来教育中之科学方法》，载《教育杂志》1935年第25卷第8期。

致沦为"别的学科领地";也有人怀疑,在学科独立性方面先天不足的教育学,恐难抵抗其他学科的"入侵",从而在知识的大分化中走向"终结"[①];还有人呼吁应对其他学科的应用保持高度警惕,避免陷入"非学科性"的境地之中,从而主张多方寻求教育学独有的学科立场和认知方式。与这种被动的"守势"相比,不少学者采取一种积极的"攻势"策略。他们认为,多学科的介入是教育研究的规律,因此,担心教育学的领地遭到"入侵"、"占领"或"蚕食",而对其他学科采取一种消极的抵制态度,是枉费功劳的,而且是有害的;重要的是,利用教育学的整合优势,秉持一种自由而开放的态度,"以我为主"地吸纳其他学科的理论和方法,或接受这些学科的知识"滋养"。但也有论者断言,这种多学科的渗透会使教育学的研究范式变得越来越模糊,教育学从而成为"一个边界不断扩大的专门化的研究领域"[②],这似仍是对教育学学科独立性的存疑。

不加检视地"应用"或"移植"其他学科的成果,或者,对其他学科采取"拒斥"或"防范"的态度,这两种想法与做法都有失偏颇。前者奉行的是"拿来主义",有使教育学沦为其他学科"领地"的危险;后者无异于"废食主义",漠视了其他学科对教育学的贡献。那么,如何在兼蓄其他学科知识的同时,保持教育学的学科独立性?我们今天的认识是,实现这种统一性的"阿基米德点",就是教育实践本身。虽然其他学科可以讨论教育

---

① 吴钢:《论教育学的终结》,载《教育研究》1995年第7期。回应这种观点,有如郑金洲:《教育学终结了吗?——与吴钢的对话》,载《教育研究》1996年第3期;周浩波:《论教育学的命运》,载《教育研究》1997年第2期等。

② 劳凯声:《中国教育学研究的问题转向》,载《教育研究》2004年第4期。

实践，但这并不能替代教育学本身的讨论。因为"每一门学科，即使在它关注教育实践时，也都有它自己的概念，并用这些概念提出它自己的独特的理论问题，这些问题基本上可以说具有哲学的、心理学的或历史学的性质，而不是实践性的。"而且，"每门学科都从复杂的实践中进行适合于它自身有限的抽象。这类学科不探讨任何种类的共同的问题，每门学科的成果都不足以恰当地制定出教育实践的原则。"① 对于教育实践而言，来自其他学科的知识都不是确定不移的，而是未定的、不完全的；它们能否成为教育学的知识，还必须在教育实践中接受检验。惟有在教育实践中得到验证或辩护的知识才是"教育的"，才是"实践的"。这便是教育学的特有立场，即一种基于教育实践的"综合"立场。在这种立场下，教育学不再将其他学科的知识看作是不证自明的，或看作是依赖的对象，相反却可以理直气壮地从教育实践的角度对这些学科的知识提出质疑，做出修正，进行综合。如果离开了教育实践这个"根本"，教育学就会在其他学科的冲击下成为"萍踪浪影"了。由此显示出，作为一门专事教育实践的教育学相对于其他学科的独立性。

## 四

关于学科的独立性问题，不能局限于知识领域，还需要与社会现实保持适当的距离。这种距离是学科从"依附"走向"独立"的前提。更直接地说，教育学科不能简单地、完全地附和社会现实的需要，不能仅仅一味地为社会现实提供辩护，而要从

---

① 赫斯特著，沈剑平译：《教育理论》，载瞿葆奎主编：《教育学文集·教育与教育学》，第 444 页。

"学术自由"或"学术独立"的角度,坚持对社会现实的理性批判。这种批判是一切社会学科良性发展的条件。

在20世纪,中国教育学科有许多的进展,但也有过曲折,有过停滞,有过中断。造成这种曲折、停滞、中断的原因是多方面的;其中之一也许就是,缺乏学术上的自由氛围和独立精神。妨碍这种自由和独立的,首先是意识形态的干预和控制。

例如,辛亥以后颁布的《普通教育暂行办法》规定:"凡民间通行之教科书,其中如有尊崇满清朝廷,及旧时官制、军制等课,并避讳、抬头字样,应由各该书局自行修改,呈送样本于本部,及本省民政司、教育总会存查。如学校教员遇有教科书中不合共和宗旨者,可随时删改,亦可指出,呈请民政司或教育会通知该局改正。"随后,"三民主义"、"党化"教育,"国家主义",以至"新生活运动",等等带有强烈意识形态控制的"官方哲学",通过师范学校课程标准的颁布以及教科书的审定制度,渗透进了某些教育学科教材或著作中。例如,汪懋祖在其编著的《教育学》(正中书局,1942)中明言:"本书根据国父三民主义、孙文学说及总裁之言论训词,上承孔孟,拟组成新儒家的教育思想。"又,"参采陈立夫《唯生论》阐明人生之意义与人本教育。"该书虽然也吸取了杜威等人的学说,但全书的基调是附庸和逢迎于意识形态控制的[①]。

新中国成立后,第一要务也是根据新民主主义和社会主义的精神,改造旧时的教育学科。在相当长的一段时期里,马克思主

---

① 又如,范锜著的《三民主义教育原理》(民智书局,1929),张九如编的《三民主义教育学》(商务,1929),潘廉方编著的《三民主义教育概论》(国民图书出版社,1946)等,都是带有明显的意识形态的教育著作。

义、毛泽东思想成为教育学科建设的指导思想，甚至是教育学科知识的"惟一"理论来源。而且，这一时期鲜有学科性的专著，多是教材的编撰，而教材通常是以行政性的教学大纲或计划为依据，易于成为意识形态的"传声"或"应声"。甚至有学者感喟，当年的"教育学者非科学也，描述记录之学也，追风媚势之学也"[1]。"教育大革命"以至"文化大革命"，教育学科一度沦落为"政策"编纂学，一度异化为"语录"诠释学。在"教育要革命"的号召下，教育学科也成为阶级斗争的"革命哲学"的领地，"革命性"地成为重述"最高指示"的"语录学"。这是中国教育学史上近乎荒诞却又是真实的故事。这是政治的逻辑向教育学科领域无限膨胀的结果。这就使中国教育学科丧失了前途和生命。

在社会政制更替之初，意识形态的干预和控制是稳固新生政权的一般要求，但这并不等于说，政治的逻辑就可以取代学术的逻辑。没有学术上不断的自由争论，就没有学科上的持续发展。诚然，教育学科的发展离不开具体的社会历史条件，必须直面当时的教育现实，但这并不意味着教育学科没有自己的相对独立性，没有超越和批判教育现实的可能性。恰恰是这种独立性，构成它助益于教育现实的"资本"。能否确保这种独立性，关键仍然在于研究者是否坚持了自由和独立的批判立场。倘若研究者对社会现实只是"附会"，不仅社会现实和教育现实的改进无望，而且教育学科地位的保持和提升也是泡影。早在1933年，赵廷为就敏锐地看到研究者的"太不争气"：一是"一味学时髦"，二是"太会适应环境"，三是"不肯下苦功夫"，四是"兴味太狭隘"。前两点所显示的正是教育学者的"独立性"问题，后两点

---

[1] 王道俊：《在困惑中探索》，载《教育研究与实验》2005年第2期。

涉及的是研究者的"主动性"问题。他说:"凡是研究教育的人们应该有一种专业的兴味和信仰,可是我国所谓教育家也者,有不少人受社会所同化,正与不学教育的人们一样党同伐异,一样的抢地盘和利用学生,一样的不惜把教育根本摧毁"①。总之,研究者必须有专业的精神,必须保持研究的相对独立性。

谋求教育学科的独立性,不仅意味着从中国原发的教育问题出发,形成具有"原创"品质的本土教育理论,意味着从教育实践本身出发,整合相关学科的知识资源,建构内在于自身的一定概念、命题和理论,而且要求教育学者"独立于各种世俗的权力",克服浮躁学风,抵制"泡沫"学术,鄙弃剽窃行径,认真思考外来概念、命题或理论之于教育学科体系的妥适性。布迪厄(P. Bourdieu)说:"社会科学只有拒绝迎合社会让它充当合法化或社会操纵工具的要求,才能构成自身。"②更进一步说,教育学者应该具有探寻未知、追求真理的"求真"精神,怀疑权威、自主探索的"自由"精神,超越现实、破除迷信的"批判"精神③;应该在推进学科或教材建设方面,切实转变教育观念和思维方式,"只有超越传统教育观念与思维方式的束缚,立足新的基点,把握新的尺度,进入新的境界,才能审视新现实,发现新问题,提出新见解,才能重新诠释、探讨、改造原有的概念、范

---

① 轶尘:《教育的学问为什么给人家瞧不起》,载《东方杂志》1933年第30卷第2号。

② P. Bourdieu, *In Other Words*: *Essays Toward a Reflexive Sociology*, Cambridge: Polity Press, 1990, pp. 27~28. 转引自邓正来:《关于中国社会科学的思考》,上海三联书店2000年版,第7页。

③ 文雪、刘剑玲:《教育学在什么意义上不是科学》,载《教育理论与实践》2004年第4期。

畴、命题、逻辑，取得突破性的进展。"[1] 这也许是一条真正的追求创新之路。

## 五

综上所述，中国教育学科是在异域理论的"驱动"下，在其他学科的"挤压"下，在意识形态的"控制"中艰难行进的。挣脱依附的生存处境，谋求自主的发展空间，是支撑它们前进的不竭动力。然而，担负中国教育学科建设使命的，无疑是中国教育学人；凝聚中国教育学人睿智思想的，无疑是他们的呕心之作。筹划这套《二十世纪中国教育名著丛编》的目的，也正在于通过与那些有质量、有影响的教育著作进行创造性的对话，感悟20世纪中国教育学人的学术智慧；在于探寻中国教育学科的历史足迹，彰明这些学科在新世纪发展的路向参酌。

为了中国教育学科的发展，多少代学者在既往的20世纪上下求索，走过了百年艰辛的道路。然而，毕竟"芳林新叶催旧叶，流水前波让后波"。仰视未来，后来者居上又是教育学科发展史的客观法则。

《代序》乃刍言。该说的或又未说；而说的或又未说清楚，甚或又说错了。伫候老、中、青教育学者批评。

瞿葆奎 郑金洲 程 亮
2006年3月

---

[1] 王道俊：《在困惑中探索》，载《教育研究与实验》2005年第2期。

# 特约编辑前言

应导师瞿葆奎教授之约,我担任了盛朗西先生编写的《小学课程沿革》(中华书局1934年版)一书的"特约编辑"。正好我在给我指导的研究生上"课程论原著选读"一课,于是《小学课程沿革》也成了我和研究生选读的课程原著之一了。对本书所做的特编工作,正是由我和三位研究生李玉珠、刘竟艳、杨宁燕共同完成的。

多年来,每每自诩为课程论研究者,可是对盛朗西编写的这本课程论著作以及盛朗西本人却一直只知其名,不知其实。今借编辑之机,通读全文,并查证相关资料,虽不敢说对这本著作有全面的和历史的把握,却也有一些浮想,存一些感慨。下面几点不成熟的读后感想,拟为特编前言。

**感想之一:全书的内容框架结构如此清晰,线索如此明了,语言如此朴实。**

作者根据小学的科目类别,分九个部分分别梳理了各个科目在1902~1932年(光绪二十八年—民国二十一年)间的沿革过程。值得注意的是,在书的开篇,作者首先向读者提供了一个

《三十年来小学教科目沿革一览表》。借助此表，20世纪前30年间我国小学课程沿革的一幅整体画面，便展现在我们眼前。接着，便聚焦于每个科目的沿革过程。

同样值得注意的是，每个科目的沿革都分"引言"、"本论"和"余论"三部分来阐述。引言部分简要介绍科目的缘起和在1902年之前的发展状况，或者概述三十年间科目变更及变更的背景。本论部分着力描述三十年间各科目的具体的沿革过程。余论部分则多是作者的议论，或提出有待进一步研讨的问题，或指出课程实施中需引以注意的问题，或表达有关科目及教学上的改进建议等。同样，每个科目的本论部分，又分为科目名称之变更、教学目标之变更、教学时间之变更、教学材料之变更、教学方法之变更等五个部分。

全书的内容结构如同一座设计精良的建筑，不仅外观工整，而且内涵有序，层次分明，内外呼应。如此工整之作，在教育类著作中实属罕见。另外，在全书中行文简炼，语言平实；在各部分中，引言概略，本论详尽，余论精要，透露出作者的儒雅、静穆和朴厚。

**感想之二：史料详实，视角独特，对课程乃至教育领域的研究有着重要的史料价值。**

作者以正式颁布的官方课程文件为基本史实材料，选择小学中的各个科目为切入点，通过大段的原文的引用，来展示1902～1932年间小学课程的沿革过程。由于官方正式颁布的课程文件（学堂章程或课程标准）具有可查证的特点，加之作者选择了科目沿革这样一个独特的课程论视角来梳理这些史料，而且，作者在梳理这些史料时有意识地将本论和余论分开，以便读者区分什么是历史事实，什么是作者的观点和解读，因此，这本书本身也就具有了课程研究的独特的史料价值。

我国的课程论著作，或为一般性课程理论研究（包括课程史的研究），或为具体的学科课程的研究，很少有著作将各门学科的发展沿革历史集于"一炉"。对于我国许多师范大学教育学系本科毕业因而缺乏学科教育背景的课程与教学论的研究生及研究者来说，本书是帮助他们（包括笔者自己）了解学科课程难得的读本。

**感想之三：从书内的历史沿革看书外的世态变迁，我们不得不承认，学校教什么的问题绝不是一个中性的问题，教育的政治工具价值既是现实的，也是历史的。**

从书中开篇提供的《三十年来小学教科目沿革一览表》可以看出，短短的三十年间，政府的课程文件的变动共有13次，平均不到三年就有一次变动，有的甚至是"朝令夕改"。当然，这里面包括1928年（民国十七年二月）《小学暂行条例》到1929年（民国十八年八月）《小学课程暂行标准》，再到1932年（民国二十一年十月）《小学课程标准》这样一个课程自我修正的过程。很难想象，如此频繁变动的课程政策，学校的教师和校长该如何面对？

课程政策的变动只是历史的表面现象，值得注意的是，作者的历史素描留给了我们诸多的探索空间。如1902年（光绪二十八年七月）管学大臣张百熙拟定的《钦定学堂章程》为什么没有实施？三十年间最大的政治转折点是1911年的辛亥革命，为什么课程的重大改革不是在1912年（民国元年）却在1923年（民国十二年）？为什么"读经讲经"这一科目老是废而不止？……

撇开书中的课程历史沿革去看书外的社会历史发展，我们都知道，20世纪的前30年的中国是一个政局动荡，新旧势力交织，民怨沸腾的年代。不同的政体有不同的教育。不论是没落的封建清王朝，还是新兴的资产阶级民主政府，都把教育作为巩固和完善其政治统治的工具，利用教育来宣扬自己的"主义"，并培养符合自己政治理想的人。其中表现最明显的莫过于"读经讲经"的废而不止。辛亥革命胜利，中华民国临时政府重立教育宗旨，小学课程取消"读经讲经"，以扫除封建主义的遗规。可是当袁世凯窃取了辛亥革命胜利的果实之后，为其复辟帝制的政治目的服务，北京临时政府再次恢复"读经讲经"。

**感想之四：聚焦 1923 年的课程改革，我们不禁感叹"五四"新文化运动对我国教育的启蒙作用之大，感叹杜威的实验主义哲学及教育思想对我国小学课程与教学的影响之深。**

在 1902~1932 年的三十年间，虽如前文所述小的变革不断，但是比较大的改革主要有三次：一次是 1904 年《奏定学堂章程》的颁布，尽管是"中体西用"，但首次引进西学课程。又一次是 1912 年即民国元年的课程改革，首次废除"读经讲经"科目；小学实现男女同校，女子加设裁缝；高等小学校加设农、工、商和英语等现代课程。再一次是 1923 年即民国十二年六月《新学制课程标准纲要》的颁布，首次确立我国中小学"六三三"学制，将原来的高等小学校 4 年压缩为 2 年，小学共 6 年，从而改变了清末以来中小学学制中学习年限过长和小学过长、中学过短的弊端；课程内容选择坚持儿童本位，注重与生活的联系。

聚焦 1923 年的这次课程改革，我们不难看到，这次改革与其说是一次课程改革或是学制改革，不如说是一次课程思想的变革，一次教育观念的更新。从盛朗西在书中为我们梳理的小学各科目的沿革过程来看，自 1923 年开始，各学科无论是在教学目的还是在教材内容的选择和组织上，或是在教学方法的选择和运用上，都充分体现了儿童为本的教育理念。如：公民科要求"各学年所选教材，应按儿童程度，订分量之多寡，与程度之深浅。""编制教材应多采用故事体裁，以使儿童易于领会。""前期小学儿童，程度甚低，教学时宜多讲具体的事实，少谈抽象的理论。"再如：国语科"教学材料，便从儿童生活上着想，根据儿童之生活需要，编订教材，形式则注重儿童化，内容则适合儿童经验。""各种作业都须有自然的动机，明确的目的；作文写字，尤需以实际的需要为动机。""语法文法作文法格式等一切规则，要在发生困难时或实际需要时，从已经熟悉的材料中指点，不要死教。"等等。在上面的引述中，出现频率最多的一个词就是"儿童"。

那么如前文笔者所问到的，为什么这样的思想上的变革发生在1923年呢？答案很明显，辛亥革命失败之后所兴起的新文化运动对"民主与科学"的呼唤，1919年5月至1921年8月杜威的来华讲学和考察[①]，合流形成一股强劲的思想大潮，它涤荡着封建主义的教育思想，孕育了一次前所未有的重大的教育思想变革。学习年限长短的变更，学习科目的增减和离合，教学方法的花样翻新，一切都只不过是外观的改变，唯有思想的变革和观念的更新才是最根本的变革，也才是最值得我们珍藏的记忆。

**感想之五：有关盛朗西先生本人的介绍和评述竟如此之少，而有关《小学课程沿革》一书的评介和引用则更少。**

就笔者所及，除了极少数课程论学者在梳理我国近代课程历史发展脉络的时候，一笔带过提到盛朗西和他的这本著作外，很少有学者对其内容有更多笔墨。关于盛朗西的生平，只有上海市

---

① 《中国教育学百年》，载瞿葆奎编著：《教育学的探究》，人民教育出版社2004年版，第486页注①。

地方志办公室的上海通网站上有一个简单的介绍。该网页介绍盛朗西（1901～1974）是上海青浦镇人，出生清寒，一生致力于教育事业。曾任上海市实验小学校长约25年。有关他的著述的评价和引述多数集中在他撰写的《中国书院制度》（中华书局，1934年版）一书上，《小学课程沿革》一书却没有受到应有的注意，而且大学图书馆也少有库藏！

如今，此书被列入《20世纪中国教育名著丛编》而得以重印，不失为课程研究领域的一件幸事。笔者忝为特约编辑，语言不当及编辑疏误之处，恳请读者批评指正。

**徐玉珍**
2005年12月于首都师大

# 目 录

三十年来小学教科目沿革一览表…………………………（1）

从修身科说到公民训练科…………………………………（5）

从读经、字课、作文、习字等科说到国语科 ………………（44）

从算学科说到算术科………………………………………（79）

从史学、舆地等科说到社会科 ……………………………（104）

从格致科说到自然科………………………………………（137）

从体操科说到体育科、卫生科 ……………………………（166）

从图画科说到美术科………………………………………（203）

从手工科说到劳作科………………………………………（232）

从乐歌科说到音乐科………………………………………（265）

# 三十年来小学教科目沿革一览表

| 阶段<br>法令＼教科目 | 相当于初级小学段 | 相当于高级小学段 |
|---|---|---|
| 光绪二十八年〔1902〕七月《钦定学堂章程》 | 〔蒙学堂〕<br>修身 字课 习字 读经 史舆地 算学 体操 | 〔寻常小学堂〕<br>修身 读经 作文 习字 史学 舆地 算学 体操 |
| 光绪二十九年十一月〔1904年1月〕《奏定学堂章程》 | 〔初等小学堂〕<br>修身 读经讲经 中国文字 算术 历史 地理 格致 体操 ▲图画 ▲手工 | 〔高等小学堂〕<br>修身 读经讲经 中国文学 算术 中国历史 地理 格致 图画 体操 ▲手工 ▲农业 ▲商业 |
| 光绪三十三年〔1907〕正月《奏定女子小学堂章程》 | 〔女子初等小学堂〕<br>修身 国文 算术 女红 体操 ▲音乐 ▲图画 | 〔女子高等小学堂〕<br>修身 国文 算术 中国历史 地理 格致 图画 女红 体操 ▲音乐 |

1

| | | |
|---|---|---|
| 宣统元年〔1909〕三月《修正初等小学课程》 | 〔初等小学堂〕<br>修身　读经讲经　国文　算术　体操　▲手工　▲图画　▲乐歌 | |
| 宣统二年〔1910〕十一月改订高、初两等小学年期科目及课程 | 〔初等小学堂〕<br>修身　读经讲经　国文　算术　体操　▲图画　▲手工　▲乐歌 | 〔高等小学堂〕<br>修身　读经讲经　国文　算术　中国历史　地理　格致　图画　体操　▲手工　▲农业　▲商业　▲乐歌　▲英文 |
| 民国元年〔1912〕一月《普通教育暂行课程之标准》 | 〔初等小学校〕<br>修身　国文　算术　游戏　体操　图画　▲手工　▲唱歌　（女）裁缝 | 〔高等小学校〕<br>修身　国文　算术　中华历史　中华地理　博物　理化　图画　手工　体操　游戏　（女）裁缝　▲唱歌　▲外国语　▲农、工、商业 |
| 民国元年〔1912〕九月《小学校令》 | 〔初等小学校〕<br>修身　国文　算术　手工　图画　唱歌　体操　（女）缝纫 | 〔高等小学校〕<br>修身　国文　算术　本国历史　本国地理　理科　手工　图画　唱歌　体操　（女）缝纫　农、商业、英语 |

## 三十年来小学教科目沿革一览表

| | | |
|---|---|---|
| 民国四年〔1915〕七月《国民学校令》《高等小学校令》 | 〔国民学校〕<br>修身 国文 算术 手工 图画 唱歌 体操 （女）缝纫 | 〔高等小学校〕<br>修身 读经 国文 算术 本国历史 地理 理科 手工 图画 唱歌 体操 （女）家事农、商业、英语 |
| 民国四年〔1915〕十一月《预备学校令》 | 〔前期预备学校〕<br>修身 读经 国文 算术 手工 图画 唱歌 体操 （女）缝纫 | 〔后期预备学校〕<br>修身 读经 国文 算术 本国历史 地理 理科 手工 图画 唱歌 体操（男） 外国语 （女）家事 |
| 民国十二年〔1923〕六月《新学制课程标准纲要》 | 〔初级小学校〕<br>国语 算术<br>社会 { 公民 卫生<br>历史 地理<br>自然 { 自然 工用艺术 形象艺术<br>园艺 音乐 体育 | 〔高级小学校〕<br>国语 算术 公民 卫生 历史 地理 自然 园艺 工用艺术 形象艺术 音乐 体育 |
| 民国十七年〔1928〕二月《小学暂行条例》 | 〔初级小学〕<br>三民主义 公民 国语 算术 历史 地理 卫生 自然 乐歌 体育 党童子军 图画 手工 | 〔高级小学〕<br>三民主义 公民 国语 算术 历史 地理 卫生 自然 乐歌 体育 党童子军 图画 手工 职业科目 |

3

| | | |
|---|---|---|
| 民国十八年〔1929〕八月《小学课程暂行标准》 | 〔初级小学〕<br>党义 国语 社会 自然 算术 工作 美术 体育 音乐 | 〔高级小学〕<br>党义 国语 社会 自然 算术 工作 美术 体育 音乐 |
| 民国二十一年〔1932〕十月《小学课程标准》 | 〔初级小学〕<br>公民训练 卫生 体育 国语 社会 自然 算术 劳作 美术 音乐 | 〔高级小学〕<br>公民训练 卫生 体育 国语 社会 自然 算术 劳作 美术 音乐 |
| 说　　明 | (1) 科目上记▲者系随意科。<br>(2) 科目上注（女）字者，系为女生特设之科目；注（男）字者，系为男生特设之科目。 ||

# 从修身科说到公民训练科

## 引　言

　　我国教育，素重道德训练，粤稽古昔，圣门训徒，列礼为六艺之一；而洒扫应对，定为弟子分内之事，是为修身教育之嚆矢。降及后世，师傅相承，未尝或替。流风所及，垂二千余年。追清季变法，废科举，设学堂，教育制度，一宗日本，于是小学校之教科中始设有修身一科，与国文、算术等科相提并论，为实施道德训练之科目。

　　民国初元〔1912〕，革新学制课程，修身一科，仍占首要之位置，未尝有异。至民国十二年〔1923〕新学制成立，一般教育家以为修身一科，其道德训练之价值，仅及于独善其身之一部分，不若公民科范围之广，盖公民科之教育目标在养成明达之公民；演绎言之，即了解自己与社会之关系，启发改良社会之常识与思想，养成适于营现代生活之习惯，与往日之修身科教育目标，仅以"涵养儿童之德性，并导以实践"为己事者迥异。于是公民教育之呼声，以是而益高；公民科之位置，以是而确定。兹将当时程湘帆氏著《小学课程概论》一书主张改修身科为公民科之理由摘录如次：

**（一）范围太狭也** 公民之不可不修身尽人皆知，然吾人于修身有不可知者二事：

(1) 修身非必为吾人最后之目的，盖修身乃所以求个人之适于环境，故求"适"宜特别注意。

(2) 修身之标准与范围，非一成不变的。盖环境系永远变更的，适于向者之环境，未必即能适于今日之环境。

近年以来，我国社会因新旧文化接触，于是发生许多个人与个人、社会、国家和世界之关系。由此新关系发生许多新问题。细读修身教材较之十年之前不无进步。然其标准仍属旧式，范围亦觉太狭。夫旧式学理作历史读之，推求其变迁与沿革，其益固宏，特吾人之目的不能止于此，必使学生明了沿革至于今日之社会实在的状况，而有应付之知识和适宜之能力也。比如，今日之妇女问题、家庭问题、劳工问题、教育问题、自治问题、南北统一问题、五族调和问题、万国同盟问题、人类互助问题、国民经济问题等等，实为处此社会、处此国家、处此世界者所不可不知，不可不解决者也。而皆非旧式修身范围所及。此吾之所以谓修身范围太狭也。

**（二）标准太旧也** 何为道德？其标准之根据何在？窃以一种活动。经社会之人民斟酌本地的历史、习惯及经济学、社会学、科学、卫生学等原理和现状，多数以为适当者，谓之道德活动。一旦经济学、社会学、科学、卫生学等原理和现状变动，则道德之基本随之变动。故道德是"活"的，因所根据的环境是"活"的。我国古代道德极高尚，吾人对之实有充分敬仰。然自中外交通以来，君主制度已变作民主制度，民治精神已蓬勃于社会人心；国外商务既日见膨涨；国内实业亦日益发达，此种势力皆足以支配社会将来之改造。试问公民当有若何之知识、习惯、技能、欣赏、观念、理想，始得适宜于此变动之环境乎？学校将迫儿童以旧式道德、活动于新环境中而适宜乎？

苟如是，必须扑灭新思潮，铲除新实业，俾社会为死的社会。否则，道德之标准必须重新改造，而学校之欲涵养儿童德性者，必须养成一种新知识、新习惯、新技能、新欣赏、新态度、新理想。盖不如此，个人与社会不能应适也。不应适，则祸害随之，遑言幸福公益安宁秩序乎？此吾之所以谓修身之标准太旧也。

（三）太重学理也　班赛尔教授谓，有价值之课程必能使学童心理上有反动，行为上有变更。比如，小学生既知道路之清洁为公共卫生上所必要，又知清道夫之组织和功用；则食糖果时，不特、不应随意抛弃皮壳，即街道上之垃圾亦应有洁除之意思和行为。再于卫生学上既知洗刷牙齿为必要，则每日宜有洗刷之意思和行为，并宜养成一种良好习惯，修身教材多是抽象之学理，而教法又多空谈，未能予学生"以做学做"之机会，俾能养成良好习惯，而得公民应之经验。此类教材充其量仅足发展知识方面。况学童思想简单、能力有限，未必即能领会，吾尝参观宁垣小学，见有以修身时间解决学生间具体的问题者，是亦感修身教材之太重抽象的学理也。杜威于其 *School of Tomorrow* 书中曰："Knowledge that is worthy of being called knowledge training of intellect that is sure to amount to anything is obtained only by participating internately and actively in activities of school life." 迩来欧美教育多认学生为"小国民"（Tunor citizen）者，非特尊重其人格，实亦奖励学生作公民之活动也。以是"Learn through practice"及"To learn to do by doing"多为教育公民者所采用。兹吾人欲教育明达之公民，对国家、对社会、对人类，能负责务，而有贡献，决非抽象的修身所能为功也。

（四）教材支配未能适当也　公民教材之支配必按学童之年龄，及该年龄中公民生活上之必要经验为标准。喜嘉谷大学某中国学生曾将一般通用之中华、商务两书馆出版之《国民修身教科书》详细研究。结果于次：

| 教材之性质 | 字数（以百分计） |
| --- | --- |
| 政治生活 | 37.70 |

| | |
|---|---|
| 抽象的道德 | 14.50 |
| 家庭生活 | 9.20 |
| 健身 | 8.00 |
| 学校生活 | 6.50 |
| 职业生活 | 3.50 |
| 宗教生活 | 2.60 |
| 其他 | 18.00 |
| 总共 | 100.00 |

设吾人以学童年龄及在该年龄中应有之经验为标准，则国民小学教材应多为家庭生活、学校生活及游戏生活。而细察研究的结果，教材之属于以上三种者只23.7%，而国民小学学生心目中无甚意义之政治和抽象的道德反占52.2%，是修身教材之支配不适于儿童生活之范围也。

（五）**不能造成法律的观念也** 修身学科之目的在个人道德之修养，而公民学科除培植个人道德外，并能造成儿童法律的概念。我国人民最富感情作用，其能以法律为行为之准则者盖鲜。近来，社会之紊乱大都系法律知识和守法习惯缺乏所致。窃谓今日不欲为法治之国家则已，如其欲之，非造就法律观念和守法习惯，不克为功。修身学科多重感情而忽法律，故不适用于法治国家也。

由上五端言之，修身科实无久占课程表上"首席"之必要，故应一律改为公民科。


国民革命以后，党化教育之呼声正高，大学院于民国十七年〔1928〕二月颁布《小学暂行条例》，亦以总理遗教之急待灌输，因于公民科外，增设三民主义科。嗣后更嫌三民主义之范围，犹未足以概括总理遗教之全部，乃易名党义，更包括公民在内。党义课程标准另由中央党部训练部主持编订。

民国二十一年〔1932〕十月教育部颁布《小学课程标准》，规定小学科目为公民训练、卫生、体育、国语、社会、自然、算术、劳作、美术、音乐。党义科不特设，而将党义教材充分融化于国语、社会、自然等各科中，社会科中加入公民教材，并修正其内容。另增加公民训练标准，以为公民训练的根据。

从修身科说到公民训练科，名称已一变再变，教学之目标、时间、材料、方法等，自亦随之而异。兹再分别论之，以明其实况。

# 本　论

## 一　科目名称之变更

前清光绪二十八年〔1902〕七月，《钦定学堂章程》，将初等教育分为蒙学堂、寻常小学、高等小学三级。蒙学堂课程，规定修身第一、字课第二、习字第三、读经第四、史学第五、舆地第六、算学第七、体操第八；寻常小学课程，规定修身第一、读经第二、作文第三、习字第四、史学第五、舆地第六、算学第七、体操第八；高等小学课程，规定修身第一、读经第二、读古文词第三、作文第四、习字第五、算学第六、本国史第七、本国舆地第八、理科第九、图画第十、体操第十一。修身之列入学科，盖自此始。

光绪二十九年十一月〔1904年1月〕，公布《奏定初等小学堂章程》，规定初等小学学科凡八；同时公布《高等小学堂章程》，规定高等小学学科凡九。修身科俱为第一主要科。

民国元年〔1912〕九月，教育部公布《小学校令》，民国四年〔1915〕七月，公布《国民学校及高等小学令》，各规定修身为必修科。

民国十二年〔1923〕六月，全国教育联合会新学制课程标准起草委员会刊布《新学制课程纲要》，规定初级小学课程为国语、算术、社会、自然、工用艺术、形象艺术、音乐、体育等八科；而社会一科，又分公民、卫生、历史、地理四目。规定高等小学课程为国语、算术、公民、卫生、历史、地理、自然、园艺、工用艺术、形象艺术、音乐、体育等十二科。修身科至此始被取消，而增设公民一科目。其理由为："公民科和修身科有些不同，修身好像注重涵养德性方面，公民则重在研究社会环境的状况。因此公民可并入社会科。关于修身的涵养德性的事项可并入国语读文中，训话作法各事项，也可附入各科教学。所以不另立修身一科，也不是把修身换称公民科。"

民国十七年〔1928〕二月，大学院公布《小学暂行条例》，规定初级小学课程为三民主义、公民、国语、算术、历史、地理、自然、乐歌、体育、党童子军、图画、手工等十三科；高级小学另加职业科目。至是公民科之外，更增设三民主义一科目。

民国十八年〔1929〕八月，教育部公布《小学课程暂行标准》，规定小学课程为党义、国语、社会、自然、算术、工作、美术、体育、音乐等九科。以三民主义科改名党义科，并包括公民科在内。

民国二十一年〔1932〕十月，教育部又公布《小学课程标准》，规定小学课程为公民训练、卫生、体育、国语、社会、自然、算术、劳作、美术、音乐等十科，党义科不特设，将党义教材融化于国语社会自然等各科中。社会科中加入公民教材，并修正其内容。又因为小学不特设公民和修身等关于道德训练的科目，所以增加公民训练标准，以为公民训练的依据。

## 二　教学目标之变更

光绪二十九年十一月〔1904年1月〕公布之《奏定初等小

学堂章程》第二章云："修身要义，在随时约束以和平之规矩，不令过苦，并指示古人之嘉言懿行，动其欣慕效法之念，养成儿童德性，使之不流于匪僻，不习于放纵，尤须趁幼年时，教以平情公道，不可但存私吝，以求合于爱众亲仁恕以及物之旨。此时具有爱同类之知识，将来成人后，即为爱国家之根基。尤当以俗语解说，启发儿童之良心，就其浅近易能之事，使之实践。为教员者，尤当以身作则，示以模范，使儿童变化气质于不自觉，兼令诵读有益风化之古诗歌，以涵养其性情，舒畅其肺气，则听讲授经书之理，不视为迂板矣。"

民国元年〔1912〕十一月公布之《小学校教则及课程表》中《小学校教则》第二条云："修身要旨，在涵养儿童之德性，导以实践。"

民国五年〔1916〕公布之《国民学校令》，其施行细则第一章云："修身要旨，在遵照教育纲要，涵养儿童之德性，导以实践。"

民国十二年〔1923〕六月刊布之《小学新学制课程标准纲要》中，有云："公民科主旨，在使了解自己和他所生息的社会（家庭、学校、组织、国家、国际）的关系，启发改良社会的常识和思想，养成适于营现代生活（如热心、从公等）的习惯。"

民国十七年〔1928〕二月大学院公布之《小学暂行条例》中，对于三民主义及公民两科目标，无明文规定。

民国十八年〔1929〕八月公布之《小学课程暂行标准》中，说明党义一种另由中央党部训练部主持编订。

民国二十年〔1931〕二月，中央训练部党义课程编订委员会，规定前期小学党义教学目标如下：

（1）使略知中山先生革命的史略。

（2）使略知三民主义的大要。

(3) 使略知地方自治的大要。

(4) 使略知帝国主义者侵略中国的事略。

(5) 使略知民权初步实际的运用。

同时又规定后期小学党义教学目标如下：

(1) 使略具求生存为人类历史中心的观念。

(2) 使略具中国国民革命为中国民族求生存唯一道路的观念。

(3) 使略具三民主义为革命最高指导原则的观念。

(4) 使略知在三民主义指导之下国人对社会、对国家及对世界应负的责任。

至于《公民训练之课程标准》，已于民国二十二年〔1933〕二月二十日，由教育部通令公布，兹摘录《小学公民训练标准》之目标如下：

发扬中国民族固有的道德，以忠、孝、仁、爱、信、义、和平为中心，并采取其他各民族的美德，制定下列目标，训练儿童以养成健全公民。

(一) 关于公民的体格训练：养成整洁卫生的习惯，快乐活泼的精神。

(二) 关于公民的德性训练：养成礼义廉耻的观念，亲爱精诚的德性。

(三) 关于公民的经济训练：养成节俭劳动的习惯，生产合作的知能。

(四) 关于公民的政治训练：养成奉公守法的观念，爱国爱群的思想。

### 三 教学时间之变更

修身一科，向列为首要科目，可于下述历届规定之教学时间上证明之。

1. 光绪二十八年〔1902〕七月,《钦定学堂章程》中所规定之每周修身教学时间:

| 学堂＼教学时间＼学年 | 第一学年 | 第二学年 | 第三学年 | 第四学年 |
|---|---|---|---|---|
| 蒙 学 堂 | 12 小时 | 12 小时 | 8 小时 | 8 小时 |
| 寻常小学堂 | 12 小时 | 12 小时 | 12 小时 | |
| 高等小学堂 | 4 小时 | 4 小时 | 4 小时 | |

附注:每周日数为 12 日

2. 光绪二十九年十一月〔1904 年 1 月〕,《奏定学堂章程》中所规定之每周修身教学时间:

| 学堂＼教学时间＼学年 | 第一学年 | 第二学年 | 第三学年 | 第四学年 | 第五学年 |
|---|---|---|---|---|---|
| 初等小学堂 | 2 小时 | 2 小时 | 2 小时 | 2 小时 | 2 小时 |
| 高等小学堂 | 2 小时 | 2 小时 | 2 小时 | 2 小时 | |

3. 民国元年〔1912〕十一月,《小学校教则及课程表》中所规定之每周修身教学时间:

| 学校＼教学时间＼学年 | 第一学年 | 第二学年 | 第三学年 | 第四学年 |
|---|---|---|---|---|
| 初等小学校 | 2 小时 | 2 小时 | 2 小时 | 2 小时 |

| 高等小学校 | 2小时 | 2小时 | 2小时 | |

4. 民国五年〔1916〕一月，《国民学校令》施行细则及《高等小学校令》施行细则中所规定之每周修身时间：

| 学校＼教学时间＼学年 | 第一学年 | 第二学年 | 第三学年 | 第四学年 |
| --- | --- | --- | --- | --- |
| 国民学校 | 2小时 | 2小时 | 2小时 | 2小时 |
| 高等小学校 | 2小时 | 2小时 | 2小时 | |

5. 民国十二年〔1923〕《小学新学制课程标准纲要》中规定小学校授课以分钟计，初级前二年，每周至少1080分钟；初级后二年，每周至少1260分钟，高级每周至少1440分钟，初级公民科教学时间，与卫生、历史、地理合并规定，计每科至少须210分钟；高级公民科教学时间，每周至少约须60分钟。

6. 民国十八年〔1929〕八月《小学暂行课程标准》中所规定之每星期党义教学时间：

| 科目＼教学时间＼年级 | 低年级 | 中年级 | 高年级 |
| --- | --- | --- | --- |
| 党义 | 30分钟 | 60分钟 | 90分钟 |

7. 民国二十一年〔1932〕十月《小学课程标准》中所规定之每周公民训练教学时间：

| 年　　级 | 低年级 | 中　年　级 | 高　年　级 |
|---|---|---|---|
| 分　　数 | 60 | 60 | 60 |

公民训练和别种科目不同，重在平时的个别训练，表内所列的是团体训练时间，故时间虽较前为减少，但实际训练时间，反较前增加。

### 四　教学材料之变更

修身科设立之主旨，既极单纯，故材料亦至简单，嗣后名称屡易，目标变更，材料遂亦随之而异，兹分述如下：

光绪二十八年〔1902〕七月公布之《钦定学堂章程》中，规定蒙学堂之修身教学材料为"教以孝悌、忠信、礼义、廉耻、敬长、尊师、忠君、爱国。"规定寻常小学堂之修身教学材料为"取曲礼朱子小学诸书之平近切实者教之。"规定高等小学堂之修身教学材料为"授以性理通论，伦常大义，宜选先哲前言往行平近切实者教之。"

光绪二十九年十一月〔1904年1月〕公布之《奏定学堂章程》中，规定初等小学堂之修身教学教材为"摘录朱子小学，刘忠介人谱，各种养蒙图说，读有益风化之极短古诗歌。"规定高等小学堂之修身教学材料为"讲四书之要义，以朱注为主。以切于身心日用为要，读有益风化之古诗歌。"

民国元年〔1912〕十一月，《小学校教则及课程表》中，规定小学校修身教学材料为"初等小学校，宜就孝悌、亲爱、信实、义勇、恭敬、勤俭、清洁诸德，择其切近易行者授之，渐及于对社会、对国家之责任，以激发进取之志气，养成爱国爱群之精神。高等小学校，宜就前项扩充之。对于女生，尤须注意贞淑之德，并使知自立之道。……又宜授以民国法制大意，俾具有国家观念。"

民国五年〔1916〕一月公布之《国民学校令》施行细则中，规定修身科之教材为"宜就孝悌忠信、亲爱、义勇、恭敬、勤俭、清洁诸德，择其切近易行者授之，渐及于对社会国家之责任，以激发进取之志气，养成爱国爱群之精神。对于女生尤须注意于贞淑之德，并使知自立之道。……自第三年起兼授公民须知，示以民国之组织及立法行政司法之大要。"同时公布之《高等小学令》施行细则中规定者与上述同。

民国十二年〔1923〕六月，《小学校新学制课程标准纲要》中，规定小学公民科之教学材料如下：

第一学年
1. 家庭团体的生活概况——例如父母子女的服务责任以及与自己相互的关系等
2. 学校中所规定公约的原由和遵守方法等
3. 自己对于家庭、学校各种作法和责任

第二学年
1. 学校团体的生活概况——例如学校的性质、事业经费的由来以及教师、学生的职守并与自己的关系
2. 邻居人互相间的公共学业的研究
3. 市乡公共机关的观察研究
4. 续自己对于家庭、学校的作法和责任

第三学年
1. 市乡团体生活的概况——例如市乡的性质、经济事业以及市乡与自己和一般居民的关系
2. 县省组织的概况——例如县省机关的性质事业等
3. 学校自治的服务等

4. 自己对于家庭、学校、地方、团体的责任

第四学年

1. 参与县省公务的直接和间接的方法

2. 国家组织的概况——例如国家的宪法大要和机关权能与国民的关系、国际的关系等

3. 公民对于地方、国家的责任

4. 时事研究（与历史、国语等科联络）

第五学年

1. 学校的组织和公民与教育的关系

2. 地方自治事业与公民的关系并改良方法

3. 团体的组织研究

4. 公民的责任和娱乐

5. 读书法、研究法以及各种服务公众的方法

6. 时事研究（与历史国语等科联络）

第六学年

1. 县省国的组织事业同事业扩充范围

2. 国内的家庭妇女劳动……各特殊问题

3. 职业的种类和择业的方法

4. 本省中等学校的种类和选校应试等的升学方法

5. 时事研究续前年

6. 完成一个公民的条件

民国十八年〔1929〕八月教育部颁行《小学暂行课程标准》，说明党义一种由中央党部训练部主持，未列入。

至民国二十年〔1931〕二月中央党部训练部拟订《小学党义课程标准草案》中，规定前期小学党义教材内容如下：

（一）中山先生革命史略

1. 党、国旗和党歌

2. 翠亨乡里和幼年生活

3. 檀香山旅居和学生生活

4. 国内游历和医生生活

5. 广州举义

6. 伦敦蒙难

7. 黄花冈之役

8. 武昌首义

9. 成立临时政府

10. 广州蒙难

11. 北伐和北上

12. 逝世和遗嘱

(二) 三民主义大要

甲、民族主义——应注意下列各点

1. 中国民族的地位

2. 中国民族的精神

3. 恢复中国民族地位的方法

4. 自由和平等

乙、民权主义——应注意下列各点

1. 政权

2. 治权

3. 实施民权主义的方法

丙、民生主义——应注意下列各点

1. 平均地权

2. 节制资本

3. 衣食住行

(三) 地方自治大要

甲、现行制度

1. 县长

2. 区长

3. 乡长和镇长

4. 园长

5. 邻长

乙、训政时期重要工作

1. 识字

2. 保甲

3. 造林

4. 筑路

5. 卫生

6. 合作

7. 提倡国货

（四）帝国主义侵略中国史略

1. 鸦片战争

2. 中日战争

3. 八国联军

4. 五九国耻

5. 五卅惨案

6. 五三惨案

7. 日俄帝国主义者和东三省

8. 废除不平等条约

9. 世界弱小民族被压迫惨状

（五）民权初步演习

1. 开会

2. 推举会场职员

3. 讨论

4. 表决

5. 选举（委员会委员或职员）

6. 闭会

同时规定后期小学党义教材内容如下：

(一) 总理遗嘱浅说

(二) 以党治国浅说

(三) 三民主义概说

1. 三民主义的意义

2. 三民主义的来历

3. 三民主义与"知难行易"

(四) 认识中华民族

1. 中华民族的独立性

2. 中华民族的光荣史

3. 近代中国民族被压迫的状况

(五) 认识帝国主义

1. 帝国主义的狂言

2. 亡国民族的哭诉

3. 全世界被压迫民族的哀号

4. 帝国主义国内被压迫民众的悲鸣

(六) 民族独立运动

1. 中华民族独立运动的问题

2. 被压迫民族独立运动的现状

3. 中华民族独立运动与世界被压迫民族独立运动的关系

(七) 认识人民在政治上的地位

1. 平等与自由的真义（附革命民权）

2. 民治民有民享的关系

3. 各国民权发达的历史与趋势（附直接民权、间接民权）

4. 权能区分的民主制

5. 民权主义的障碍

(八) 政权（附练习民权初步）

1. 选举权

2. 罢免权
3. 创制权
4. 复决权
(九) 治权
1. 行政权
2. 立法权
3. 司法权
4. 考试权
5. 监察权
(十) 地方自治（附练习民权初步）
(十一) 认识民生问题
1. 民生是历史的重心
2. 民生痛苦的来源
3. 民生主义
(十二) 实现民生主义的方法
1. 平均地权
2. 节制资本

全民国二十二年〔1933〕二月二十日教育部公布《小学公民训练课程标准》，确定训练目标，根据目标规定公民训练纲要如次：

公民训练要目
- 关于体格的——强健　清洁　快乐　活泼
- 关于德性的
  - 自制　勤勉　敏捷　精细　诚实
  - 公正　谦和　亲爱　仁慈　互助
  - 礼貌　服从　负责　坚忍　知耻
  - 勇敢　义侠　进取　守规律　重公益
- 关于经济的
  - 节俭　劳动
  - 生产　合作
- 关于政治的
  - 奉公　守法
  - 爱国爱群　拥护公理

后根据目标纲要，规定中国公民愿词一则，规律32项，使教员易于指导儿童信守，更根据规律，条分缕析，得263目，分年训练（一、二学年一段，三、四学年一段，五、六学年一段），按步实施，务期养成儿童做个健全公民，达到训练目标。兹录愿词规律及条目如下：

一、愿词

我愿遵守《中国公民规律》，使我身体强健，道德完全，做一个中国的好公民，准备为社会国家服务。

二、规律

（一）关于体格的

1. 中国公民是强健的　我的全身各部分都要锻炼强健。

2. 中国公民是清洁的　我的身体、衣服、饮食以及我所在的地方，都要保持清洁。

3. 中国公民是快乐的　我的精神要常常愉快，遇到了困难也不垂头丧气。

4. 中国公民是活泼的　我要有饱满的精神、活泼的态度。

（二）关于德性的

5. 中国公民是自制的　我要自己管束自己，摒绝恶习惯，养成好习惯。

6. 中国公民是勤勉的　我读书、做事，都要刻苦、专心、努力，决不懈怠。

7. 中国公民是敏捷的　我读书、做事，一切举动，都要迅速。

8. 中国公民是精细的　我对于一切事物，要仔细地鉴别善恶，精密地判断是非。

9. 中国公民是诚实的　我要说真话，干实事，自己信托自己，也可以受别人的信托。对待朋友、尊长以及团体、国家，都要忠实不二。

10. 中国公民是公正的　我要主张公道、正义，绝对不自私自利，也不因别人的地位势力而有所阿附。

11. 中国公民是谦和的　我态度要和蔼，尊敬智识能力高出于我的人，对于无论什么人都要和气。

12. 中国公民是亲爱的　我要孝父母、敬长辈、爱兄弟姊妹以及国内的同胞、国外的朋友。

13. 中国公民是仁慈的　我是人类的同胞，物类的朋友。我要同情并帮助年幼的和力弱的以及劳动的和穷困的人；原谅无心伤害我的人；爱护无害于人的动物。

14. 中国公民是互助的　我和我的朋友以及全国同胞，要守望相助，患难相救，疾病相扶持。遇事都要与人合作。

15. 中国公民是有礼貌的　我对人家——尤其是弱者、老者、残疾、困苦的人，都要有礼貌。举止行动，力求合于礼节。

16. 中国公民是服从的　我要服从父母师长的指导和团体的决议。

17. 中国公民是负责的　我应当做的事情，一定去做，并且要做得好，决不推诿、敷衍，即使遇到了困难，也不放弃责任。

18. 中国公民是坚忍的　我的意志要坚定，不顾一切的阻碍，力求贯彻自己的计划；无论如何吃苦，也能忍耐。

19. 中国公民是知耻的　我要洗雪自己和国家的耻辱。临财毋苟得，临难毋苟免。

20. 中国公民是勇敢的　我应该做的事情，要大胆去做，不怕一切困难、危险、失败。我要拒绝朋友的谄媚、敌人的讥诮恐吓。

21. 中国公民是义侠的　我要时时准备帮助别人，济困扶危，在必要的时候，我不惜牺牲自己。

22. 中国公民是进取的　我的学问、思想、行为、事业，要常常向前猛晋，不愿落后。我充满着进步的希望。

23. 中国公民是守规律的　我要遵守学校以及团体的各种规则和秩序。

24. 中国公民是重公益的　我要尊重公共的利益，决不因自己的便利而损害公物、糟蹋公地、妨碍公众。

（三）关于经济的

25. 中国公民是节俭的　我要撙节钱财，在不必用的时候，决不浪费；但是我不吝啬，也不贪得。

26. 中国公民是劳动的　我要做劳动工作，求得做工的技能，将来因劳动而生活，不愿意不劳而获。

27. 中国公民是生产的　我要学习生产的知能，增进社会生产的效率，为大众谋福利。

28. 中国公民是合作的　我要与大众共有、共治、共享；生产、消费、贩卖都要合作化，以求生活的圆满。

（四）关于政治的

29. 中国公民是奉公的　我要尽民国应尽的义务，享民国应享的权利，决不假公济私。

30. 中国公民是守法的　我要遵守国家的法律，决不违法玩法。

31. 中国公民是爱国爱群的　我要爱护我的团体，尊敬我的国家，准备和同胞团结，为国家奋斗。

32. 中国公民是拥护公理的　我要主持公道，同情弱小，准备为公理而抵抗横暴。

三、条目

（一）中国公民是强健的

第一、二学年起

1. 我不把不能吃的东西放在嘴里。

2. 我不用手指挖鼻孔、挖耳朵、擦眼睛。

3. 我吃东西分量不过多。

4. 我吃东西细细地嚼碎了才咽下去。

5. 我在应当吃东西的时间吃东西。

6. 我不吃不容易消化的食物。

7. 我不多吃糖食。

8. 我除饭食外不吃零食。

9. 我穿衣不太多。

10. 我不穿太窄或太长大的衣服。

11. 我每天大便,有一定的时候。

12. 我每天早睡早起,睡起都有一定的时间。

13. 我睡觉的时候,头要露在被窝外面。

14. 我用鼻子呼吸,嘴常常要闭着。

15. 我坐立和走路的时候,都要留意腰和背的正直。

16. 我在下课的时候做适当的游戏。

第三、四学年

17. 我在屋子里要留心开关窗户,调换空气。

18. 我要常常留心天气的寒暖而增加衣服。

19. 我在食前或者食后,都不做剧烈的运动。

20. 我每天要有适当的时间去运动。

21. 我在天气好的时候,常常往户外散步游戏。

22. 我不在光线不足或光线过强的地方看书。

23. 我每天要练习一种体操或国术。

第五、六学年

24. 我要用冷水洗脸。

25. 我要听医生的指导,种牛痘、打防疫针。

26. 我生病时听医生的话。

27. 我努力扑灭蚊蝇等害人的东西。

(二) 中国公民是清洁的

第一、二学年起

1. 我身边要常常带手帕。

2. 我咳嗽或喷嚏的时候能用手帕掩住口鼻。

3. 我不用衣袖抹嘴脸。

4. 我要常常洗指甲、剪指甲。

5. 我的手和脸要常常保持清洁。

6. 我不吃不清洁的东西。

7. 我饭后一定要漱口。

8. 我常常留心使头发清洁。

9. 我要多洗澡。

10. 我每天早晚一定要刷牙齿。

第三、四学年

11. 我洗脸一定用自己的手巾。

12. 我的图书用品，要安放得整齐。

13. 我的帽鞋衣服，不用时要收拾好。

14. 我的服装要常常保持清洁雅观。

15. 我住的屋子要常常保持清洁。

16. 我要留心保持公共地方的清洁。

17. 我不随地吐痰。

18. 我在便所里大便小便，并且留心保持用具的清洁。

19. 我不随地抛弃纸屑果壳。

(三) 中国公民是快乐的

第一、二学年起

1. 我喜欢听笑话、说笑话。

2. 我对人家要常常面带笑容。

第三、四学年

3. 大家快乐的时候，我也要快乐。

4. 我做事要很高兴，很有乐趣。

5. 我要利用空闲时间，做正当的娱乐。

第五、六学年

6. 我喜欢种植花卉，布置庭园。

7. 我喜欢欣赏山水风景和美术品。

8. 我喜欢欣赏音乐戏剧。

9. 我遇到困难，不垂头丧气。

10. 我在烦躁的时候，不随便生气。

11. 我要从日常生活中,找到乐趣。

(四) 中国公民是活泼的

第三、四学年起

1. 我遇见了生人,要不畏缩,也不羞涩。

2. 我在没有事的时候,要活泼地去游戏。

第五、六学年

3. 我在大庭广众间,不失平时活泼的态度。

4. 我做事的时候,要有充满活动的精神。

5. 我要留意练习,使各种官能活泼而不呆钝。

(五) 中国公民是自制的

第三、四学年起

1. 我不轻易向人家借东西。

2. 我不向人借钱。

3. 我不到不正当的场所去玩。

4. 我未得允许,不动别人的东西。

第五、六学年

5. 我不做不正当的娱乐。

6. 我不唱卑劣的歌曲。

7. 我自己不高兴的时候,不拿别人出气。

8. 我要控制我的脾气。

9. 我要摒除不良的嗜好。

10. 我不因羡慕人家的好东西,而强要家长购置。

11. 我要遏止不正当的欲望。

12. 我在危险的时候,要力持镇静。

(六) 中国公民是勤勉的

第一、二学年起

1. 我要自己穿衣服,脱衣服。

2. 我自己能做的事,一定要自己做。

3. 我要收拾保管我自己的一切东西。

第三、四学年

4. 我做事的时候，要专心的做。

5. 我要用功修习一切功课。

6. 我要尽力做轮值的事情。

7. 我没有特别事故，一定不请假。

第五、六学年

8. 我缺了课，要赶快补习。

(七) 中国公民是敏捷的

第三、四学年起

1. 我收发用品，要快而整齐。

2. 我要把教师所指定的功课赶紧做完。

3. 我每天应该做完的事，一定做完。

4. 我遇见车马及一切危险，要敏捷的避免。

5. 我做事要迅速而有效率。

第五、六学年

6. 我在应对的时候，也要敏捷。

7. 我阅读图书力求迅速。

(八) 中国公民是精细的

第三、四学年起

1. 我要仔细地观察事物。

2. 我不盲从、不随声附和。

3. 我不信鬼神。

4. 我选择品行好的人做朋友。

第五、六学年

5. 我做事不草率。

6. 我在做事之前，先要预定计划。

(九) 中国公民是诚实的

第一、二学年起

1. 我借了人家的东西，要如期归还。

2. 我拾到别人遗失的东西,想法送还。

3. 我损坏了东西,要自己承认或赔偿。

4. 我不说谎话、不骗人。

第三、四学年

5. 人家有事问我,我要恳切地回答他。

第五、六学年

6. 我做事要切实。

7. 我和人家约会,一定准时践约。

8. 我不掩饰自己的过失。

(十)中国公民是公正的

第三、四学年起

1. 我自己不愿做的事,不叫别人去做。

2. 我不讲私情,不做假见证。

第五、六学年

3. 有人被人家欺侮,我要主张公道。

4. 我看见别人失败,一定不讥笑他。

5. 我对于和自己不同的意见,也要尊重。

6. 我对于别人正当的建议,要牺牲个人的成见。

7. 我参加各种比赛,要保持公正的态度。

(十一)中国公民是谦和的

第三、四学年起

1. 我说话要轻而和气。

2. 我对人要和颜悦色。

第五、六学年

3. 别人和我争论,我心平气和地回答他。

4. 我对于人家的正当的指导或责备,要乐于接受。

5. 我要宽恕人家无心的错处。

6. 我受了师长等的奖誉,要不骄傲。

(十二)中国公民是亲爱的

第三、四学年起

1. 我要孝顺父母家长。

2. 我对待兄弟姊妹要亲爱和睦。

3. 我对同学要亲爱和睦,和兄弟姊妹一样。

4. 我对别人不厌恶,不鄙视。

(十三) 中国公民是仁慈的

第一、二学年起

1. 我要爱护花木

第三、四学年

2. 我要爱护有益于人类的动物。

第五、六学年

3. 我在拥挤的地方一定要让年老年幼的先走先坐。

4. 我爱护弟妹和年幼的同学。

5. 我要帮助残弱和困穷的人。

(十四) 中国公民是互助的

第三、四学年起

1. 我看见同学有危险的举动立刻劝止他。

2. 我要随时随地帮助他人。

第五、六学年

3. 我要救护有疾病的人。

4. 我每天要做一件有益于人的事。

5. 别人有过失,我能婉言规劝他。

6. 我和同学朋友,要常常互相策励。

7. 别人有困难的时候,我要设法救济。

(十五) 中国公民是有礼貌的

第一、二学年起

1. 我出外和回家,一定告诉家长。

2. 我遇见老师和尊长,一定行礼。

3. 我每天遇见熟人,一定招呼。

4. 我的头发要梳得整齐。

5. 我穿衣的时候,要把钮扣扣好。

6. 我不打人,也不骂人。

7. 我说话的时候,要留心不喷吐沫。

8. 我不在路上吃东西。

9. 我笑的时候要留心不露牙龈。

10. 我受了别人的赠品,要表示感谢。

第三、四学年

11. 我要感谢扶助我的人。

12. 我要是得罪了人家,要道歉。

13. 我静听别人对我说的话。

14. 我和长者在一起,要替他服务。

15. 我不打断人家的说话。

16. 我不扰乱别人的作业。

17. 我不站在妨碍人家的地方。

第五、六学年

18. 我进别人的屋子,要轻轻地敲门,没有得到允许,不随便进去。

19. 我不私自开看人家的信札包裹或抽屉。

20. 我尊敬社会上有劳绩的人。

21. 我和别人并行的时候,要让年幼或年老的人靠里边走。

22. 我和别人并行的时候,常常留心同步伐。

(十六)中国公民是服从的

第一、二学年起

1. 我听从父母和师长的训导。

第三、四学年

2. 我听从维持秩序的人的指导。

第五、六学年

3. 我服从领袖的指导。

4. 我服从团体的决议。

5. 我尊重大多数人的意见。

6. 我受了训诫,不恼恨,要反省,并且改正过失。

(十七) 中国公民是负责的

第五、六学年起

1. 我答应做的一定要做到。

2. 我说要做的要尽力去做。

3. 我应当做的事一定去做,并且要做得好。

4. 我做事遇到了困难,不推诿,不敷衍。

(十八) 中国公民是坚忍的

第三、四学年起

1. 我做事要能耐劳苦。

第五、六学年

2. 我做事要有毅力,坚持到底,非成功不丢下。

3. 我受了屈辱,要忍耐地设法伸雪。

4. 我受了降级等的处分,要不灰心,坚忍地用功。

5. 我做事遇到了痛苦或困难,不畏缩、不懊悔。

6. 我要意志坚定,贯彻自己的计划。

(十九) 中国公民是知耻的

第三、四学年起

1. 我不私用公共或别人的物件。

2. 我有了过失,要悔悟、要改正。

第五、六学年

3. 我不取非分的钱财、不受非分的奖誉、不贪非分的便宜。

4. 别人无理侮辱我,要和他讲理,不随便忍受。

5. 我受了耻辱,要努力洗雪。

6. 我要爱惜名誉,不做不名誉的事,不说不名誉的话。

7. 我要知道国家的耻辱,就是自己的耻辱。

8. 我要牢记国耻事实,时时准备雪耻。

9. 我遇到了患难要挺身而出，不规避，不苟免。

10. 人家有不名誉的事情，我不耻笑他。

11. 我要自修以止谤，力行以雪耻。

(二十) 中国公民是勇敢的

第一、二学年起

1. 我在黑暗里不害怕。

2. 我吃了小亏不哭，也不告诉父母师长。

第三、四学年

3. 别人有危险的时候，我立刻去救护他。

第五、六学年

4. 我做事要勇往直前。

5. 我不怕一切困苦。

6. 我受了不正当的攻击，不灰心，不屈服。

7. 我不受强暴的威胁。

8. 我拒绝别人的谄媚。

(二十一) 中国公民是义侠的

第五、六学年起

1. 别人有急难的时候，我要竭力帮助。

2. 我扶助别人的时候，要肯牺牲自己。

3. 我帮助别人，不受酬谢，也不夸矜自己的功劳。

4. 国家社会有大难的时候，我要尽力扶持，并且有牺牲的决心。

(二十二) 中国公民是进取的

第三、四学年起

1. 我在课外多看有益的书报。

2. 我看见新事物，要常常留心研究。

3. 我发生了疑问就要想法去解决。

4. 我效法人家的长处。

第五、六学年

5. 我要使我的知识能力，和我的年龄同时增进。

(二十三）中国公民是守规律的

第一、二学年起

1. 我每日准时到校，准时回家。

2. 我每天上学，一定携带要用的课业用品。

3. 我排队很敏捷，在队里很安静。

4. 我依次出入教室，不争先。

5. 我上课时很安静。

6. 我在上课时，要发言必先举手。

7. 我开关门窗，移动桌椅，一定很轻很注意。

8. 我离开座位时，一定把桌椅放端正。

9. 我用过东西以后，一定收拾起来。

10. 我不高声乱叫。

11. 我在室内行走，脚步很轻。

12. 我走路注意常靠左边，不乱跑。

13. 我不在路上逗留。

第三、四学年

14. 我在开会的时间一定很安静。

15. 我使用公共器具，一定依照先后的次序。

16. 我一听见信号，立刻遵行。

17. 我离开了教师或家长，也能严守秩序。

18. 我不因别人不守规则，自己也不守规则。

19. 我常穿校服。

(二十四）中国公民是重公益的

第一、二学年起

1. 我不攀折公共的花木。

2. 我不涂刻墙壁、黑板、桌椅等物。

3. 我不独占公共游戏的器具。

第三、四学年

4. 我爱惜公用的图书。

5. 我在众人聚集的地方，不叫嚣。

6. 我能除去地上的纸屑和障碍物。

7. 我竭力做有益于公众的事情。

8. 我不因人家不顾公益，自己也不顾公益。

(二十五) 中国公民是节俭的

第一、二学年起

1. 我爱护用品。

2. 我不浪费笔墨纸张。

第三、四学年

3. 我不浪费金钱。

4. 我能定期储蓄。

5. 我服装要朴素。

第五、六学年

6. 我对于损坏的用具，常常设法自己修理。

7. 可以利用的废物，我尽量利用它。

(二十六) 中国公民是劳动的

第三、四学年起

1. 我早上起床，亲自折叠被褥。

2. 我愿意并且很高兴的做洒扫等事。

3. 我喜欢做家庭中的一切事。

第五、六学年

4. 我不规避校内的各项操作。

5. 我不轻视劳动的工作。

6. 我不轻视或侮谩做劳动工作的人。

(二十七) 中国公民是生产的

第五、六学年起

1. 我量力帮助父母做生产的工作。

2. 玩具用品，能够自制的，我一定想法自己去做。

3. 我喜欢饲养家禽家畜和蜂蚕等物。

35

4. 我要利用空地，我种花草蔬菜。

（二十八）中国公民是合作的

第三、四学年起

1. 我要参加学校内的合作组织。

2. 我遇事都要与人合作。

第五、六学年

3. 我热心参加社会的合作运动。

4. 我与人合作的时候，要牺牲自己的成见。

（二十九）中国公民是奉公的

第三、四学年起

1. 我不放弃选举权，并且自由选举我所佩服的人。

2. 我热心参加学校内的各种团体组织。

3. 应当出席的会议我都出席。

第五、六学年

4. 社会团体委托我做的事情，我一定热心去做。

（三十）中国公民是守法的

第三、四学年起

1. 我遵守公共的规则。

第五、六学年

2. 我爱护法律赋予公民的自由和权利。

3. 我遵守国家的法律。

4. 我对于应尽的义务不推诿，法定的权利不放弃。

（三十一）中国公民是爱国爱群的

第一、二学年起

1. 我敬重党旗国旗。

2. 我唱党歌或国歌时，一定立正脱帽。

3. 我听见国旗升落的信号，一定起立致敬。

第三、四学年

4. 我爱用本国货。

5. 我尊重校徽。

第五、六学年

6. 我不做损害学校团体或社会国家的事情。

7. 我爱护自己的学校和团体。

8. 我愿意牺牲自己，爱护国家。

9. 我常常看报，留心公众的事情。

（三十二）中国公民是拥护公理的

第五、六学年起

1. 我用全力拥护公理。

2. 我同情于受强暴压迫的人们或国家。

3. 我厌恶一切违反公理的事件。

4. 我对任何人、任何国都依着公理平等看待。

## 五 教学方法之变更

清季小学修身一科，徒具名称，无所谓教学方法，如光绪二十八年〔1902〕七月《钦定学堂章程》中有云："……比附古人言行，绘图贴说，以示儿童。"又如光绪二十九年十一月〔1904年1月〕《奏定学堂章程》中，有云："……尤当以俗语解说，启发儿童之良心，就其浅近易能之事，使之实践，为教员者，尤当以身作则，示以模范……"统称之，曰"教法入门"可耳。

民国初年〔1912〕，修身教学法之见于教育法令者，亦至简单，如民国元年〔1912〕十一月《小学校教则及课程表》中，规定"教授修身宜于嘉言懿行及谚辞等，指导儿童，使知诫勉，兼演习礼仪。"又民国五年〔1916〕一月《国民学校令》施行细则中所规定者亦然。

民国十二年〔1923〕六月公布之《小学新学制课程标准纲要》中，规定公民科之教学方法，较为详尽，照录如下：

（一）以讲述表演等为关于公民修养故事的教学方法，以参观调查讨论等为社会组织的教学方法，以学校服务自治为训练公民的具体方法。

（二）前四年与卫生、历史、地理、合作、社会科教学，五、六年仍须与各科联络。

民国二十年〔1931〕二月公布之《党义课程标准草案》中，规定前期小学之党义教学法要点如下：

（一）本项教材，应斟酌情形，妥为分配于各课程中，使党义之教学，得与全体课程及课外作业相贯连，以期知识道德，融会贯通于党义之下，而收笃信力行之效。

（二）前期小学儿童，程度甚低，教学时宜多讲具体的事实，少谈抽象的理论。

（三）国耻史料，最能动人，教学时应引起儿童悲壮沉痛之情绪，激发其爱国心而发扬民族观念。

（四）各学年所选材料，应按儿童程度，定分量之多寡与程度之深浅。

（五）编制教材，应多采用故事体裁，以使儿童易于领会。

（六）民权初步，注重演习，应于各种集会之中，随时演习，随时讲授。

（七）地方自治，重使儿童略知现行概况，不必多为理论之讲述。

（八）教材中之各种图画照片，应尽量搜罗利用，以引起儿童之兴趣，并领导参观革命遗迹，以激发其革命情绪。

（九）教材内容所定各项，不过为便利教师之参考，分量多寡，教者可斟酌损益之。同时规定后期小学之党义教学法要点如下：

（一）在本课程教学应力求设备之完善

（二）应尽量发扬民族精神

（三）应充分准备儿童可以阅读之党义书报

（四）应尽量启发民权思想

（五）应尽量启发增进民生幸福的常识和思想

（六）应尽量培养革命精神
（七）要运用三民主义的原则去指导学生讨论一切时事问题
（八）要使学生多注意实际知识
（九）要指导学生实行
（十）要尽量与本课程有关之课程切实联络

至于公民训练科之教学要点：于小学课程标准总纲内，教学通则第三条，述及："公民训练的指导，不在文字教学和理论的探讨，应就学校家庭及社会生活方面，指导儿童身体力行。"

民国二十二年〔1933〕二月《小学公民训练标准》颁布，对于实施方案，规定极详，其要点有公共训练和个别训练之别，并定有18目办法。兹照录如下：

一　公民训练，应分两方面实施。
（1）公共的训练
（甲）在各科教学时间　由各教员间接的指导儿童；或直接的根据纲要条目，加以申说。
（乙）在随时随地　由各教员注意儿童的各种活动，直接间接引用规律和各条目，指导儿童遵守。
（丙）在某一时期　随儿童公共的需要，或发现儿童公共的缺点、时期，择定适当的德目为训练的中心，用种种方法作公共的训练，时期以一周至二周为度。
（丁）在每星期间　愿意在每星期纪念周时，全体宣读；或将词意编成歌曲吟唱。又每星期也可择定一个适当的德目，特加注重，作为公共的训练。但切不可流于叫口号贴标语的形式。
（戊）在每周60分钟　特定时间把60分钟分作3次，间日教学，或分作6次，逐日指导。在每次特定时间，由教员将偶发事项引用条目，加以申说。如举行训练周，就应注重和中心德目有关系的条目。
（2）个别的训练　可酌量全校师生的多寡，分成若干组或若干团，每一教员负一组或一团的个别训练责任。对本团的儿童用种种方法督导他实践条目，自行检察，并注意考查成绩。

二　各校应设一公民训练委员会，共同议定公民训练的组织系统和公民训练的具体方法。全体教员都须参加。

三　各校在每学期开始时，应将训练条目、分别阶段，印成小册或活页，由各组或各团分发儿童，使儿童明了本学期内应该注意的事项，并得反省的机会。

四　各阶段训练条目，由各校自行排列次序，分成四个小阶段，平均支配于各年级儿童，实行训练作为四学期之用。

五　儿童每学期做到的训练条目，以后仍须继续训练和考查。

六　训练条目，各地方主管教育行政机关，得辅导各校根据事实的需要，酌量增减或更改阶段。

七　各校教员，应利用机会，根据本标准，用暗示的方法，和儿童共同拟定条目，并讨论实现各种条目的方法，以避免强制的方式。

八　公民训练考查法，除由教师平时视察记载外，各组或各团，应每星期或每月定期举行考查，把训练条目，使儿童自己反省或共同批评，并利用比赛及名誉奖励等，以增进训练的效率。

九　考查公民训练的成绩，应编制儿童反省记载表，教师观察记载表，一组或一团比较表和报告家长用表，使师生及家长对于公民训练的成绩，可以一目了然。

十　公民训练，专重实践，不用教科书。

十一　公民训练，注意人格感化，教师需以身作则。

十二　学校环境应根据《中国公民规律》加以适当的布置和设备。例如合于健康原则的设备等，能使儿童于不知不觉中，受到良好的环境训练。

十三　公民训练，应多用积极的活动，使儿童潜移默化，养成种种良好的习惯。切忌用消极的压制方法，造成儿童有所畏而不敢为的虚伪态度。

十四　个别的训练比公共的训练尤为重要，所以儿童个性及其能力体力、家庭状况、社会环境、与公民训练有关系的，都需精密的检验和调查。

十五　公民训练须与家庭联络，使家长常把子女的特性报告学校，学校方面也定期把考查成绩报告家长，以求互相合作。

十六　团体组织的训练，如关于自治组织及其他学术、健康、艺术、交际等集团活动，应随时予以充分的训练的机会。

十七　应酌量各年级儿童的能力随时使儿童参加社会活动，以帮助社会事业的进行。例如举行灭蝇运动，户口调查等。

十八　较高年级，应随时训练儿童调查并判断自己各种团体组织及社会环境中各种事业的优点和劣点，并计划如何改进。

## 余　论

由修身科改为公民科、由公民科改为三民主义或党义科、由三民主义或党义科改为公民训练科，科目名称凡四变，教学目标、教学时间、教学材料、教学方法亦随之而有变更。考公民训练和别种科目不同，重在平时的个别训练，其指导不在文字教学和理论的探讨，应就学校家庭及社会生活方面，指导儿童身体力行。顾一般小学对于公民训练，只知努力于形式上的铺张而却少有考虑到效果的能否收获；假如站在客观地位上批评这句话，我想决不会视为一种过火话。

教学的效果和改进，大家都很注意。所以编造了各种测验和量表，去考查儿童所有的知识技能，在教师可以观察自己指导的缺憾而图补救；在儿童晓得自己的成绩而激起努力，这差不多为一般教育同志所熟知的事。可是对于行为训练便不然了：在他们揭示了若干训练具体标准以后，至多把条文约略和儿童讨论明白了大意和注意点以外，认为就已了事。至于（1）为什么要注意这条训练具体标准？（2）实现了这条训练具体标准有什么好处？

（3）怎样才能实行这条训练具体标准？（4）训练具体标准通过以后怎样？（5）……或顾到一小部分或全不顾到，这还是行为的养成，比知识的获得容易，故不须考查呢？或者不必使儿童知道自己的行为如何，而儿童自己会注意呢？像在这样畸形的教育实施之下，儿童合理的习惯、态度、技能、理想的培养从何奏效？

儿童富模仿性，教师的一举一动，儿童在不知不觉间会照样学起来，所以教师的行为，影响于儿童，实在是很大的，行为训练关系尤大。当每条训练具体标准实施的时候，教师一方固要观察儿童的活动，但同时又须注意自己的行为。这样"律己"的精神，才能感化儿童的行为，趋于正轨。可是在实际方面，教师每忽视这点，譬如唱国歌、党歌、校歌要立正的，教师在平时常常提醒儿童要怎样怎样；但他们自己在唱的时候，放开脚、随意谈话，是常见的事，其他真举不胜举，这种教师对儿童施行行为训练，怎样获得优良的效果？

抑从前各地著名小学对于行为的训练。亦编有不少的书籍，这许多书籍，十之八九，载着成文式的训练具体的标准；可是对于实施方面，率多语焉不详；就是翻遍各种教育刊物，关于这点有系统的发表，真是绝无仅有。所以对于编订了理想的训练具体标准以后，怎样去施以合理的训练，而收相当的效果，乃是目前急于解决而不可容缓的事。

上中实小曾编有《怎样实施小学训练具体标准》一书，可供读者参考。

小学公民训练标准能否收效，大非一朝一夕的事情。大家都觉得有这样的情形吧？每有儿童通过了某条训练具体标准，没有几天或几个星期，重新违犯起来，那算他养成呢？还算他没有养成？这实很难解答的问题，而需大家研究的。不过我想如果能够实行下面两个办法，或许能够减少这种现象：（1）随时指导和鼓励儿童对训练具体标准的助己助人。(2) 鼓励通过训练具体标准的儿童作更进一步的修养。我们还觉得知识符号的教学,多少有些凭借而较易,可是行为的训练,既没有什么凭借,也没有什么量尺可以考核……所以做教师的,唯有多麻烦一些,多费些精力,努力搜讨近似科学的方法,而努力促其实现。

# 从读经、字课、作文、习字等科说到国语科

## 引　言

从有学校教育以来，国语一科目，已经有几度变迁，此诚为我国教育界之好现象。欲说明此种变迁现象，录《万有文库小学国语科教学法》总论中大意于篇首，使读者于国语一科在二三十年来中国教育史上发展之情形，先有初步明了。

国语一科目，在民国教育史上发展之情形，虽如社会、自然、公民等科目一般幼稚，然民国以来，已发生二三次革新运动矣。第一次革新运动发生在元、二〔1912～1913〕年间，此时一般教育人士，深觉国文教学，完全采用注入方式，实有改革之必要，于是开会商榷，提案讨论，将所谓自学辅导主义者，引用于国文教学中。因此，变更教授顺序，注重字典检查……，一时咸认为重要工作。此番革新，可谓教法方面之革新也。至三、四年〔1914～1915〕间，有许多学校因儿童学习国文时，阅读、讲解、发表等，均须经翻译，遂群起提倡试用国语文，以减少文字方面之种种障碍。至六、七年〔1917～1918〕间，又因从前所用之国

语读本，简短枯窘，学生读之，昏昏欲睡；于是又鼓吹国语读本应以儿童文字为主体。此番革新，一注重形式；二注重内容可谓教材方面之革新也。至十一、二年〔1922～1923〕，教育科学化之声浪日益高涨；国语科方面许多问题，佥谓可用科学方法解决。近十年来，我人批览图书、谛听演讲，关于读书心理、作文心理、写字心理等客观的研究资料，时有获得。即如中国文字横写直写，比较研究，试行设计法以后之读书教学，作文题目客观的研究等小问题，亦有不少可靠材料，可供我人参证。而默读测验、识字测验、默字测验、作文量表、写字量表等造成以后，则欲试行预断诊断之事，更不患无可用之工具。此番革新，较前两次之成功，当然更远大矣！

编者按国语一科目，历来名称不一，始则分成读经、字课、作文、习字等科，继则合为读经国文、今则统称为国语。三十年中，名称迭变，教学之目的、时间、材料、方法亦随名称而异。兹依次分别论之，以明变迁之实际情形。

## 本　　论

### 一　科目名称之变更

清光绪二十八年〔1902〕七月，管学大臣张百熙《奏定学堂章程》，将初等教育划分为蒙学堂、寻常小学堂、高等小学堂三段，规定蒙学堂之教授科目凡八：一修身、二字课、三习字、四读经、五史学、六舆地、七算学、八体操。寻常小学堂之科目，除改字课为作文外，余同蒙学堂。高等小学堂之科目，加读古文词、理科、图画三科目，余同寻常小学堂。此时当清末变法，科举与学校递嬗之际，所设课程中，读经与文字教学极重视，读、

—— 45

作、写三科目，显然分列，初未发生关系焉。

光绪二十九年十一月〔1904年1月〕公布之《奏定初等小学堂章程》中，规定之教授科目凡八：一修身、二读经讲经、三中国文字、四算术、五历史、六地理、七格致、八体操。高等小学堂之教授科目凡九：一身修、二读经讲经、三中国文字、四算术、五中国历史、六地理、七格致、八图画、九体操。两等学堂所授科目较上年所定，均有变更。除读经仍独立一科目，并注重讲解外，且将字课、作文、习字等科目，合为一科，在初等小学堂里称"中国文字"，在高等小学堂里称"中国文学"。读、作、写三者发生关系，盖自此始。

光绪三十三年〔1907〕正月公布《奏定女子小学堂章程》，规定之教授科目中，但有国文科，而无读经科。宣统元年、二年〔1909～1910〕间，两等小学课程，几经改订，科目稍有变更。而读经讲经，依然如故。虽经中央教育会议提议废止，但未能通过。以前之"中国文学"，此时则一律改称"国文"。名称虽改，性质则一，无甚出入耳。

民国元年〔1912〕五月教育部通电中，有小学读经科应一律废止之主张。同年〔1912〕九月公布之小学校令中，初等小学之教科目为修身、国文、算术、手工、图画、唱歌、体操，女子加课缝纫。高等小学之教科目为修身、国文、算术、本国历史、地理、理科、手工、图画、唱歌，男子加课农业、女子加课缝纫。所定科目中，与清末绝异者，厥惟废止读经。而在国文一科中，则分读法、作法、书法、语法四项。从此，名称方面更形复杂矣。

民国四年〔1915〕七月公布之国民学校令中规定国民学校之教科目为修身、国文、算术、手工、图画、唱歌、体操，女子加课缝纫。同时公布之高等小学校令中，规定高等小学校之教科目为修身、读经、国文、算术、本国历史、地理、手工、图画、唱歌、体操，男子加课农业、女子加课家事。此次所定，高小加入读经一科，未及普遍施行，而洪宪失败，五年〔1916〕十月乃明令废止。读经与帝制相始终，此为显著之事实。

自民国五、六年〔1916~1917〕始，南方各著名小学，群起主张以国语易国文。其后新文学运动与国语运动相继而起，小学改用语体文之趋势，乃不可遏。民国八年〔1919〕全国教育会联合会建议于国民学校全用"国语"，于高等小学，"国语"、"国文"相参合教授。教育部采用其说，"国文"改称"国语"，于民国九年〔1920〕一月十二日通令遵行。此为最近时期初等教育上最大之改革也。

民国十二年〔1923〕六月全国教育联合会新学制课程标准起草委员会复订刊布之《新学制课程纲要》总说明中，规定学校课程分为国语、算术、卫生、公民、历史、地理、自然、园艺、工用艺术、形象艺术、音乐、体育等十一目。在国语一科目中，包括语言、读文、作文、写字四目。在课程纲要中，读书规定以儿童文学为中心，文字之外，并有语言一目。从此，国语在小学课程中，更具体化矣。

民国十八年〔1929〕八月，教育部公布《小学课程暂行标准》，其中所列科目，有国语、社会、自然、算术、工作、美术、体育、音乐，凡八目国语一科之内容，包括说话、读书、作文、写字四项，与前订之《小学新学制课程标准》在名称方面无大别。至二十一年〔1932〕十月教育部颁行《小学课程标准》，国语名称如前，其内容则根据试行结果稍加修改矣。

## 二 教学目的之变更

国语教学之目的，随名称而变更，前已言之。撮其要点，以前教学之目的在明经达理，现在教学之目的在实际应用；前者仅求在形式上之欣赏，后者并重在实质上之探求。兹更详述国语教学目的之变更如下：

光绪二十九年十一月〔1904年1月〕公布之《奏定初等小学堂章程》第二章第四节读经讲经目有云，"读经讲经其要义在授读经文，字数宜少，使儿童易记，讲经文宜从浅显，使儿童易解。令圣贤正理，深入其心，以端儿童知识初开之本。"又同章同节中国文字目有云："中国文字其要义在使识日用常见之字，解日用浅近之文理，以为听讲能领悟读书能自解之助；并当使之以俗语叙事及日用简短书信，以开他日自己作文之先路，供谋生应世之需要。"

同时公布之《奏定高等小学堂章程》第二章第三节读经讲经目有云："读经讲经其要义亦宜少读浅解。《诗》、《书》、《易》三经文义虽多，有古奥之处，亦甚有明显易解之处，可讲其明显切用者，缓其深奥者，以待将来入高等学堂再习。……十二岁以后，为知识渐开外诱纷至之时，尤宜令圣贤之道时常浸灌于心，以免流于恶习开离经叛道之渐。"又同章同节中国文学目有云："中国文学其要义在使通四民常用之文理，解四民常用之词句，以备应世达意之用……并使习通行之官，期于全国语言统一，民志因以团结。"

民国元年〔1912〕十一月公布之《小学校教则及课程表》中《小学校教则》第三条云："国文要旨在使儿童学习普通语言文字，养成发表思想之能力，兼以启发其智德。"

民国五年〔1916〕一月公布之《国民学校令》，其施行细则第四条所定国文教学要旨，与元年所定相同。同时公布之高等小学令中规定者，又与国民学校令中，规定者相同。

民国十二年〔1923〕六月刊布之《小学新学制课程纲要》中

有云："国语目的在练习运用通常的语言文学；并涵养感情德性；启发想象思想；引起读书趣味，建立进修国文的良好基础；养成能达己意的发表能力。"

民国十八年〔1929〕八月教育部颁行之《小学课程暂行标准》规定国语科目标为：

1. 练习运用本国的标准语，以为表情达意的工具，以期全国语言相通。

2. 学习平易的语体文，以增长经验，养成透彻迅速、扼要等阅读儿童图书的能力。

3. 欣赏相当的儿童文学，以扩充想象启发思想，涵养感情，并增长阅读儿童图书的兴趣。

4. 运用平易的口语和语体文，以传达思想，表达感情，而使别人了解。

5. 练习书写，以达于正确清楚匀称和迅速的程度。

民国二十一年〔1932〕十月教育部颁行之《小学课程标准》中规定国语科目标为：

1. 指导儿童练习运用国语，养成其正确的听力和发表力。

2. 指导儿童学习平易的语体文，以欣赏儿童文学，以培养其阅读的能力和兴趣。

3. 指导儿童练习作文，以养成其发表情意的能力。

4. 指导儿童练习写字，以养成其正确敏捷的书写能力。

至是，国语教学之目的，已较前详尽，说话读书作文写字均具有明显之目标，可见国语教学之日趋具体化与科学化矣。

## 三 教学时间之变更

历来法令中规定之国语教学时间,较任何科目为多,可见今昔之一般重视也。兹表列自光绪二十八年〔1902〕迄今之国语教学时间如下:

1. 光绪二十八年〔1902〕七月公布之《钦定学堂章程》中规定者:

### 第一表 蒙学堂

| 教科目\每周教授时数\学年 | 第一学年 | 第二学年 | 第三学年 | 第四学年 |
|---|---|---|---|---|
| 字 课 | 12小时 | 12小时 | 12小时 | 12小时 |
| 习 字 | 12小时 | 12小时 | 12小时 | 12小时 |
| 读 经 | 12小时 | 12小时 | 12小时 | 12小时 |

### 第二表 寻常小学堂

| 教科目\每周教授时数\学年 | 第一学年 | 第二学年 | 第三学年 |
|---|---|---|---|
| 读 经 | 12小时 | 12小时 | 12小时 |
| 作 文 |  | 6小时 | 6小时 |
| 习 字 | 12小时 | 6小时 | 6小时 |

### 第三表 高等小学堂

| 教科目\每周教授时数\学年 | 第一学年 | 第二学年 | 第三学年 |
|---|---|---|---|
| 读 经 | 12小时 | 12小时 | 12小时 |
| 读古文词 | 4小时 | 4小时 | 4小时 |

| 作 文 | 2 小时 | 2 小时 | 2 小时 |
|---|---|---|---|
| 习 字 | 6 小时 | 4 小时 | 4 小时 |

附注：(1) 每 12 日为一周，授课 72 点钟

(2) 加外国文者得除去读古文词

2. 光绪二十九年十一月〔1904 年 1 月〕公布之《奏定学堂章程》中规定者：

### 第一表　初等小学堂

| 教科目＼每周教授时数＼学年 | 第一学年 | 第二学年 | 第三学年 | 第四学年 | 第五学年 |
|---|---|---|---|---|---|
| 读经讲经 | 12 小时 | 12 小时 | 12 小时 | 12 小时 | 12 小时 |
| 中国文字 | 4 小时 | 4 小时 | 4 小时 | 4 小时 | 4 小时 |

### 第二表　高等小学堂

| 教科目＼每周教授时数＼学年 | 第一学年 | 第二学年 | 第三学年 | 第四学年 |
|---|---|---|---|---|
| 读经讲经 | 12 小时 | 12 小时 | 12 小时 | 12 小时 |
| 中国文字 | 8 小时 | 8 小时 | 8 小时 | 8 小时 |

附注：(1) 每 7 日为一周，授课共 36 点钟

(2) 读经讲经时刻计每星期读经 6 点钟，挑背及讲解 6 点钟，合 12 点钟。另有温经钟点，每日半点钟

3. 宣统二年〔1910〕十一月改订之《高初两等小学年期科目及课程》中规定者：

| 阶段 | 学科 | 学年 | 每周教课时数 | 注 |
|---|---|---|---|---|
| 初等小学 | 读讲经 | （一）（二）（三）（四） | 无<br>5小时 | （一）代表第一学年，（二）代表第二学年，余类推。 |
| 初等小学 | 国文 | （一）（二）（三）（四） | 14小时<br>15小时 | |
| 高等小学 | 读讲经 | （一）（二）（三）（四） | 11小时<br>10小时 | |
| 高等小学 | 国文 | （一）（二）（三）（四） | 8小时 | |

4. 民国元年〔1912〕十一月公布之《小学校教则及课程表》中规定者：

**第一表　初等小学校**

| 教科目 \ 学年 | 第一学年 | 每周教授时数 | 第二学年 | 每周教授时数 | 第三学年 | 每周教授时数 | 第四学年 | 每周教授时数 |
|---|---|---|---|---|---|---|---|---|
| 国文 | （发音）简单文字之读法、书法及日用文章之读法、书法、作法、语法 | 10小时 | 简单文字之读法、书法及日常文章之读法、书法、作法、语法 | 12小时 | 简单文字及日用文章之读法、书法、作法、语法 | 14小时 | 简单文字及日用文章之读法、书法、作法、语法 | 14小时 |

**第二表　高等小学校**

| 教科目 \ 学年 | 第一学年 | 每周教授时数 | 第二学年 | 每周教授时数 | 第三学年 | 每周教授时数 |
|---|---|---|---|---|---|---|
| 国文 | 日用文字及普通文之读法、书法、作法 | 10小时 | 日用文字及普通文之读法、书法、作法 | 8小时 | 日用文字及普通文之读法、书法、作法 | 8小时 |

5. 民国五年〔1916〕一月公布之《国民学校令》施行细则中规定者：

| 教科目＼学年 | 第一学年 | 每周教授时数 | 第二学年 | 每周教授时数 | 第三学年 | 每周教授时数 | 第四学年 | 每周教授时数 |
|---|---|---|---|---|---|---|---|---|
| 国文 | （发音）简单文字之读法、书法及日用文章之读法、书法、作法、语法 | 10小时 | 简单文字之读法、书法及日用文章之读法、书法、作法、语法 | 12小时 | 简单文字及日用文章之读法、书法、作法、语法 | 14小时 | 简单文字及日用文章之读法、书法、作法、语法 | 14小时 |

6. 民国五年〔1916〕一月公布之《高等小学校令》施行细则中规定者：

| 教科目＼学年 | 第一学年 | 每周教授时数 | 第二学年 | 每周教授时数 | 第三学年 | 每周教授时数 |
|---|---|---|---|---|---|---|
| 读经 | 讲授论语 | 3小时 | 讲授论语 | 3小时 | 讲授论语 | 3小时 |
| 国文 | 日用文字及普通文之读法、书法、作法 | 10小时 | 日用文字及普通文之读法、书法、作法 | 8小时 | 日用文字及普通文之读法、书法、作法 | 8小时 |

7. 民国十二年〔1923〕六月公布之《小学新学制课程标准纲要》中规定者：

小学校授课以分数计，初级前二年每周至少 1080 分钟，后二年至少 1260 分钟，高级每周至少 1440 分钟，各科约定百分比。国语教学时间所占之百分比如下表：

| 科　　目 | 百分比 ||
| --- | --- | --- |
| | 初　级 | 高　级 |
| 国语 | 语　言 | 30 小时 | 6 小时 |
| | 读　文 | | 12 小时 |
| | 作　文 | | 8 小时 |
| | 写　字 | | 4 小时 |

编者根据上表，计算小学国语每周至少教学分数如下：

第一、二学年——324 分钟；

第三、四学年——378 分钟；

第五、六学年——432 分钟；

语言——86 分钟；

读文——173 分钟；

作文——115 分钟；

写字——58 分钟。

初等小学教学时间，较从前酌减；

高等小学教学时间，与从前相仿。

8. 民国十八年〔1929〕八月颁行之《小学暂行课程标准》中规定者：

| 科目 | 每周时间 学年 | 第一、二学年 | 第三、四学年 | 第五、六学年 |
|---|---|---|---|---|
| 国语 | 说话 | 60分钟 | 30分钟～60分钟 | 30分钟 |
| | 读书 | 270分钟 | 120分钟 | 120分钟 |
| | 作文 | | 90分钟 | 120分钟 |
| | 写字 | | 120分钟 | 120分钟 |
| 共计 | | 330分钟 | 360分钟～390分钟 | 390分钟 |

初级小学教学时间与前相仿，高级小学则稍减，但相差亦不多。

9. 民国二十一年〔1932〕十月颁行之《小学课程标准》中规定者：

| 科目 | 每周时间 学年 | 第一、二学年 | 第三、四学年 | 第五、六学年 |
|---|---|---|---|---|
| 国语 | 说话 | 60分钟 | 30分钟 | 30分钟 |
| | 读书 | 330分钟 | 210分钟 | 210分钟 |
| | 作文 | | 90分钟 | 90分钟 |
| | 写字 | | 60分钟 | 60分钟 |
| 共计 | | 390分钟 | 390分钟 | 390分钟 |

初级小学教学时间较前年暂行课程标准稍增，与高级小学教学时间相同，此为最近之变更也。

## 四 教学材料之变更

清季小学所用教学材料，悉为前人经验之概要。读经则为圣贤经训，国文则为古文，准古文。此种教材，既非儿童需要，又不是现实社会，教师用尽心力，学者却不过耸耳静听，记忆若干毫无用处之死知识而已。兹将光绪二十八年〔1902〕七月公布之《钦定学堂章程》中规定者表列如下：

### 第一表　蒙学堂

| 教科目＼学年材料 | 第一学年 | 第二学年 | 第三学年 | 第四学年 |
|---|---|---|---|---|
| 字　课 | 实字。凡天地人物诸类实字皆绘图加注指示之 | 静字、动字，兼教以动静字，加于实字之上之方法 | 虚字 | 积字成句法 |
| 习　字 | 即用所授字课教以写法 | 同上教法 | 同上教法 | 同上教法 |
| 读　经 | 《孝经》《论语》 | 《论语》《孟子》 | 《孟子》 | 《大学》《中庸》 |

### 第二表　寻常小学堂

| 科目＼学年材料 | 第一学年 | 第二学年 | 第三学年 |
|---|---|---|---|
| 读　经 | 《诗经》 | 《诗经》《礼记》 | 《礼记》 |
| 作　文 | 教以口语四五句使联属之 | 授以口语七八句使联属之 | 作记事文七八句 |
| 习　字 | 今体楷书 | 同上学年 | 同上学年兼习行书 |

57

**第三表　高等小学堂**

| 科目＼学料材年 | 第一学年 | 第二学年 | 第三学年 |
|---|---|---|---|
| 读　　经 | 《尔雅》《春秋左传》 | 《春秋左传》 | 《春秋左传》《公羊传》《谷梁传》 |
| 读 古 文 词 | 记事之文 | 说理之文 | 词赋诗歌 |
| 作　　文 | 作记事文短篇 | 作日记浅短书札 | 作说理文短篇 |
| 习　　字 | 楷书兼习行书 | 楷书　行书兼习小篆 | 同上学年 |

光绪二十九年十一月〔1904年1月〕公布之《奏定初等小学堂章程》中规定者稍有变更兹表列如下：

| 科目＼学料材年 | 第一学年 | 第二学年 | 第三学年 | 第四学年 | 第五学年 |
|---|---|---|---|---|---|
| 读经讲经 | 读《孝经》、《论语》每日约40字，兼讲其浅近之义 | 《论语》、《中庸》每日约60字兼讲其浅近之义 | 《孟子》每日约读100字，兼讲其浅近之义 | 《孟子》及《礼记》节本每日约读100字兼讲其浅近之义 | 《礼记》节本每日约读120字，兼讲其浅近之义 |

58

| 中国文字 | 讲动字、静字、虚字、实字之区别，兼授以虚字与实字联缀之法习字即以所授之字告以写法 | 讲积字成句之法，兼随举寻常实事一件，令以俗语二三句联贯一气写于纸上习字同前 | 讲积句成章之法，或虚指日用一事，或假设一事，另以俗语七八句联成一气写于纸上习字同前 | 同前学年 | 教以俗语作日用书信习字同前 |

同时公布之《奏定高等小学堂章程》中规定者，亦有变更兹表列于下：

| 科目＼学年材料 | 第一学年 | 第二学年 | 第三学年 | 第四学年 |
|---|---|---|---|---|
| 读经讲经 | 《诗经》每日约读120字并讲解 | 《诗经》、《书经》每日约读120字兼讲解 | 《书经》、《易经》每日约读120字兼讲解 | 《易经》及《仪礼》节本每日约读120字兼讲解 |

59

| | | | | | |
|---|---|---|---|---|---|
| 中国文学 | 读浅显古文，即授以命意遣词之法兼使以俗话翻文话写于纸上约10句内外习楷书习官话 | 读古文使以俗语翻文话写于纸上约20句内外习楷书习官话 | 读古文作极短篇记事文约在百字以内习行书习官话 | 读古文作短篇记事文说理文约在200字以内习行书习官话 |

附注：习官话者即以读圣谕广训直解习之其文皆系京师语每星期一次即可

民国初年小学国文教材，较清季略有变更，时读经已废止，但所用教材仍脱胎于清末，以前为古人之死知识，现在改为现实社会之实用知识；以前为成人之死技能，现在改为近于儿童之需要技能。较诸清末，换汤而不换药，仍不能引起儿童之学习需要。如民国元年〔1912〕十一月公布之《小学校教则及课程表》中规定："读本文章宜取平易切用，可为模范者，其材料就修身、历史、地理、理科及其他生活必需事项，择其富有趣味者用之，女子读本宜加入家事要项。"

民国五年〔1906〕一月公布之《国民学校令》施行细则中第四条第二项规定者：为"读本文章宜取平易切用可为模范者，其材料就各科内择其富有趣味及为生活所必需用之，女子所用读本宜加入家事要项。"同时公布之《高等小学令》施行细则中规定者与国民学校令中规定者同。

民国五、六年〔1916~1917〕间，南方各著名小学，竭力提倡国语，教学儿童改用语体文。民九年〔1920〕，北京教育部乃毅然下令，改国文为国语并令小学教科书一律改用语体文编辑，并注重儿童文学。此为教学材料上之重大变更也。

从此，国语教学材料，便从儿童生活上着想，根据儿童之生活需要，编订教材，形式则注重儿童化，内容则适合儿童经验。如民国十二年〔1923〕六月公布之《新学制课程标准纲要》中所规定之国语教学材料，较前大备。兹依次分录如下：

第一学年

1. 演进语言练习，简单会话童话演讲。
2. 记载要项和字句多反复的童话故事并儿歌谜语等的诵习。
3. 重要文字的认识。
4. 简单语言的发表。
5. 写字的设计练习。

第二学年

1. 同第一年注重会话和童话讲演。
2. 字句多反复的童话、故事和儿歌、谜语的诵习。
3. 同第一年加指导阅读浅易图书。
4. 同第一年。
5. 同第一年。

第三学年

1. 童话、笑话、史话、小说等讲演。
2. 童话、笑话、传记、剧本、儿歌、谜语、故事、诗歌等的诵习。
3. 同第二年。
4. 通信、条告、记录的设计和日用文、说明文的作法研究练习。
5. 楷书的临摹。

第四学年

1. 同第三年加普通的演说。

2. 传记、剧本、小说、儿歌、谜语、山歌、故事诗、新诗的诵习。

3. 加授检查字典的方法并指导阅儿童报和参考图书。

4. 同第三年注重日用文，说明文的作法研究练习。

5. 同第三年加简便行书的练习。

第五学年

1. 同第四年加辩论会的设计练习。

2. 同第四年注重传记小说。

3. 注重指导阅报和参考图书。

4. 日用文、说明文、议论文的作法研究练习设计。

5. 同第四年加行书的练习——可临帖。

第六学年

1. 同第五年注重演习。

2. 同第五年可酌加浅易文言文和浅易文言诗的诵习。

3. 同第五年注重指导阅普通的日报。

4. 同第五年。

5. 同第五年注重行书练习加通行的草书的认识。

民国十八年〔1929〕八月教育部颁行《小学课程暂行标准》中所规定之国语教学材料，殊为精密。兹录作业类别及各学年作业要项如下：

(A) 作业类别

(一) 说话

1. 日常的——日常的耳听口说和耳听兼口说的练习。

2. 临时的——特定时间练习，如故事会、演说竞进会和辩论会等。

(二) 读书

1. 精读的——选用适当的教材诵习研究，多由教员直接教导，以使儿童由兴感而欣赏，由理解而记忆。——重在质的精审。

2. 略读的——利用许多补充读物参考书和其他儿童图书，支配工作，指导读法，令儿童按期概览，再由教员分别考查并和儿童互相讨论。——重在量的增加。

(附件)：读书阅报，凡和读书类似的作业，都包括在读书作业中。

(三) 作文

1. 练习的——分口述、笔述两种：口述的由师生商定范围，练习以国语表情达意，重在矫正语法，整理思想，以写作文的辅助。笔述的随机设计，或临时命题，或自由发表，练习以语体文表情达意。

(四) 写字

1. 练习的——随机设计，书写应用的书信，柬帖等文件及规定时间习写范书或字帖。

2. 认识的——通用字的俗体、破体、草书的认识，书信、柬帖等书写格式的辨别。

(B) 作业要项

第一、二学年

(一) 说话

1. 童话的看图听讲。

2. 教室等处日常用语的听讲和仿效。

3. 各种有定式的简单语料的演习。

4. 简易有趣味的日常会话。

5. 童话、笑话等的讲述练习。

(二) 读书

1. 故事图的讲演欣赏。

2. 童话、笑话的欣赏表演。

3. 儿歌、谜语的欣赏吟咏表情。

4. 上两项童话、笑话、儿歌、谜语等中重要词句的熟习和运用。

5. 各种浅易儿童图书的指导阅览。

6. 简易标点符号的认识。

(三) 作文

1. 图画故事的口述或笔述说明。

2. 故事和日常事项的口述和笔述。(包括日记)

3. 简易记叙文、实用文的练习研究。

4. 其他作文的设计练习。

(四) 写字

1. 布告标识的书写。

2. 简易熟字的书写练习。

3. 其他写字的设计练习。

第三、四学年

(一) 说话

1. 有定式的语料练习。

2. 有趣味的日常会话。

3. 故事的讲述练习。

4. 普通的演说练习。

5. 国音字母的熟习运用。

(二) 读书

1. 史话、寓言、传说、笑话、游记、短剧的欣赏。

2. 杂歌、故事诗、短歌剧、短诗等的欣赏吟咏表情或表演。

3. 上两项故事诗歌中重要词句的熟习和运用。

4. 各种浅易儿童图书的阅览。

5. 普通标点符号的熟习。

6. 检查字典、辞书的熟习和国音字母的熟习运用。

(三) 作文

1. 图书、模型、实物、实事等的口述和笔述说明。

2. 故事和日常事项,偶发事项的记述。(包括日记)

3. 读书笔记。

4. 儿童刊物拟稿。

5. 普通文、实用文（注意寻常信札的练习）的练习研究。

（四）写字

1. 布告、标识、书信、柬帖等的书写。

2. 正书中小字习写。

3. 简便行书的学写。

4. 行书的认识。

5. 俗体、破体、帖体字等的认识。

第五、六学年

（一）说话

1. 日常会话。

2. 故事的讲述练习。

3. 普通演说的练习。

4. 辩论的练习。

5. 国音字母和汉字的互译。

（三）读书

1. 故事、短篇小说、带文学性质的普通文、实用文的欣赏吟咏或表演。

2. 诗歌、戏曲、鼓词、平易文言诗词的欣赏吟咏或表演。

3. 上两项散文、韵文中重要词句的熟习和运用。

4. 各种儿童图书及浅易日报等的阅览。

5. 选择参考书的指导。

（三）作文

1. 日常事项和偶发事项等的笔述。（包括日记）

2. 读书笔记。

3. 儿童刊物和学级或学校新闻的拟稿。

4. 演说辩论稿的拟具。

5. 剧本的编辑。

6. 对于某事的计划。

7. 普通文、实用文的练习研究。

（四）写字

1. 实用文的书写。（注重书信格式）

2. 正书中、小字习写。

3. 简便行书中、小字习写。

4. 通用字行书、草书的认识。

5. 继续三、四学年。

附注

1. "各种有定式的简单语料"指演进语、命令语等而言。

2. 童话包括物话、神话。

3. 故事为童话、史话、寓言、传记等总称。

4. 演为诗歌的故事称故事诗。

5. 普通文为记叙文、说明文、议论文的总称，或称"通用文"。实用文为书信、条告的总称，或称"特用文"。

6. 说话，年龄小的较为容易学习，所以第一学年开始教学。

7. 时间支配以在课内由教员直接指导的计算。

8. 一、二学年读作写作业应混合，所以上表一、二年作业要项从一至十三顺次排列，时间也不分别。

9. 第三、四年起读作写虽分列，但仍可混合教学，如实行分别教学时，也应互相联络。

民国二十一年〔1932〕十月教育部颁行《小学课程标准》中所规定之国语教学材料，益臻完善。兹录其作业类别及各学年作业要项于下，以资比较。

（A）作业类别

（一）说话

1. 日常谈话的耳听口说。

2. 演说，辩论，报告和讲述故事等的练习。

（附注） 这项作业应用标准语教学以期全国语言相通。倘师资缺乏，不能用标准语时，亦应充分用近于标准语的口语教学。

（二）读书

1. 精读——选取适当的教材，指导儿童阅读深究或熟读，使儿童欣赏理解，或由理解而记忆。——重在质的精审。

2. 略读——选取适当的教材，或补充读物，限定时间指导儿童阅读，再由教员分别考查并和儿童互相讨论。——重在量的增加。

（三）作文

1. 利用环境，随机设计，使儿童口述或笔述，练习叙事说理达意。

2. 使儿童对于普通文，实用文的格式、结构、文法、修辞、标点等，能理解和运用。

（四）写字

1. 练习——规定时间练习正书、行书并随机设计习写应用的书信、公告等。

2. 识认——通用字的行书，草书及俗体的认识。

(B) 作业要项

第一、二学年

（一）说话

1. 看图讲述。

2. 日常用语的练习。

3. 有组织的语言材料的演习。

4. 简易有趣味的日常会话。

5. 故事等的讲述练习。

（二）读书

1. 故事的图讲述和欣赏。

2. 生活故事、童话、自然、故事、笑话等的欣赏表演。

3. 儿歌、杂歌、谜语的欣赏吟咏和表演。

4. 上两项教材中重要词句的熟习和运用。

5. 各种浅易儿童图书的阅览。

6. 简易标点符号的认识。

（三）作文

1. 图书故事的说明。

2. 故事和日常事项的口述或笔述。（包括日记）

3. 简易普通文、实用文的练习。

4. 其他作文的设计练习。

（四）写字

1. 简易熟字的书写练习。

2. 布告标识的习写。

3. 其他写字的设计练习。

第三、四学年

（一）说话

1. 有组织的语言材料的练习。

2. 有趣味的日常会话。

3. 故事等的讲述练习。

4. 简短的演说练习。

5. 国音注音符号的熟习。

（二）读书

1. 自然故事、历史故事、生活故事、传说、寓言、笑话、剧本、杂记、游记、书信等的欣赏或表演。

2. 儿童、杂歌、民歌、短歌剧、短诗等欣赏吟咏表演。

3. 上两项材料中重要词句的熟习和运用。

4. 简易普通文、实用文的阅读。

5. 各种浅易儿童图书的阅览。

6. 普通标点符号的熟习。

7. 检查字典，词书的练习及国音注音符号的熟习和运用。

（三）作文

1. 图书、模型、实物等的笔述说明。
2. 故事和日常事项,偶发事项的记述。
3. 读书报告。
4. 儿童刊物拟稿。
5. 普通文、实用文(注重寻常书信的练习)的练习。
6. 普通标点符号的运用练习。

(四)写字

1. 布告、标识、书信、柬帖等的习写。
2. 正书中、小字的习写。
3. 行书的认识。
4. 俗体、破体字笔的认识。

第五、六学年

(一)说话

1. 日常会话。
2. 故事的讲述练习。
3. 普通演说的练习。
4. 辩论的练习。
5. 国音注音符号的熟习运用。

(二)读音

1. 历史故事、生活故事、自然故事、寓言、传说、笑话、剧本、游记、杂记、书信的欣赏研究或表演。
2. 诗歌,歌曲的欣赏吟咏或表演。
3. 上两项教材中重要词句的熟习和运用。
4. 普通文、实用文的阅读和法式的理解。
5. 各种儿童图书及浅易日报、小说等的阅览。
6. 选择课外读物的练习。
7. 继续标点符号的熟习。
8. 检查字典,词书的熟习。

(三)作文

1. 日常事项和偶发事项的笔述和讨论。
2. 读书笔记。
3. 儿童刊物和级报或学校新闻的拟稿。
4. 演说辩论的拟稿。
5. 诗歌、故事、剧本等的试作。
6. 普通文、实用文（注重计划书和报告书）的练习。
7. 标点符号的运用练习。

（四）写字

1. 正书中、小字习写。
2. 实用文（注重书信格式）的习写。
3. 简便行书的习写。
4. 通行字行书、草书的认识。
5. 俗体、破体、帖体字等的认识。

附注：

1. 读书项精读的教材，以儿童文学为中心，兼及含有文学性质的普通文、实用文。
2. 时间支配以在课内由教员直接指导的计算。
3. 第一、二学年说话、读书、作文、写字，应混合教学。
4. 第三、四学年起说话、读书、作文、写字，仍可混合教学，如分别教学时，也应互相联络。
5. 重要的史地材料，应加入普通文、实用文及诗歌内。

综观以上国语教学材料之变迁，可分三时期来比较研究。第一期约在民国以前，盛行注入法及启发法之时；第二期约在十年以前，盛行自学辅导及分团教学之时；第三期为近数年来之新趋势，盛行设计教学法道尔顿制之时。比较三时期之教材，第一为教材内容上之不同；第二为教材采择法之不同；第三为教材组织上之不同，一言蔽之，即从成人本位变到儿童本位。

## 五　教学方法之变更

清季小学，读经国文之教授，重讲解，次为诵书，最后为背诵，此外无他法也。

民国初年，小学国文科教学方法之见于法令者，颇为简易。如民国元年〔1912〕十一月公布之《小学校教则课程表》中所规定者如下：

1. 初等小学校首宜正其发音，使知简单文字之读法、书法、作法，渐授以日常文章并使练习语音。
2. 高等小学校首宜依前项教授渐及普通文之读法、书法、作法并使练习语言。
3. 国文作法宜就读本及他科目已授事项，或儿童日常闻见与处世所必需者，令记述之。
4. 书法所用字体为楷书及行书。
5. 教授国文务求意义明了并使默写短文或就成句改作，俾读法、书法、作法联络一致，以资熟习。
6. 凡语言文字在教授他科时，亦宜注意练习。
7. 遇书写文字，务使端正，不宜潦草。

民国五年〔1916〕一月公布之《国民学校令》施行细则及《高等小学校令》施行细则中规定者与元年公布者同。

民国十二年〔1923〕六月公布之《新学制课程标准纲要》中所定国语之教学方法，较为详备，兹分录如下：

1. 言语　初年多用演进法，以后多用会话、讲演、表演。
2. 读文　注重欣赏表演。
3. 文字　注重反复练习。

读文与作文,写字合并教学并与他科联络。

4. 前三年注重设计,后三年注重自学辅导。

5. 语言或独立教学,或与作文等联络教学,如无师资可暂从缺——独立教学时,在方言与标准语相近的地方,时期可以一年为限。

民国十八年〔1929〕八月教育部颁行之《小学暂行课程标准》中所定国语科教学方法要点,视前益详。兹照录于下:

(一)说话

1. 学习的程序要先用耳多听,后用口多说。

2. 语料,初学开始,就要用完整的语句,后乃用成段的话。

3. 语料要用自然的口语并且要注意儿童语和成人语的不同。

4. 说话要生动而有情景;教学和动作,要结合表现;已经讲过的故事,要使儿童表演。……在实际的动境中练习,可以增进学生的努力。

5. 凡容易错误的话,要格外说得清楚,听得多,练习得多;意义不明显的话,可用实物、图型、动作、说明、翻译等表示意义。

(二)读书

6. 教材教科书的选择,应注意下列各点:

甲、不背本党主义或是以奋兴民族精神,启发民权思想,养成民生观念的。

乙、积极前进,乐观解放,而非消极退缩,悲观束缚的。

丙、提倡合作、互助、勇敢、劳动、规律,而非自私自利懒惰浪费的。

丁、是有曲折,有含蓄,而且含有优美、壮美、滑稽美的儿童文学,但不取可怕而无寓意的纯粹神话。

戊、是流利的国语的语体文。

巳、合于儿童学习心理并便于教学的。

7. 教材排列的程序,要注意下列各点:

甲、初学先用口述故事，次用演进连续的图画故事，再次用句语多反复的故事，到三四年级才可多用通常的故事。

乙、开始用一段故事入手，不用单字单句入手；后来用完整成段或成篇的文章，更不用零碎的字句。

丙、各文体错综排列，低年级诗歌宜多，高年级逐渐减少。

8. 读书教学，要先全体而后分析，先内容的吸取而后形式的探求，先理解而后记忆。

9. 欣赏材料的教学，要充分的补助想象，并随机设计表演，把内容情景显露无遗，以引儿童入胜。

10. 读法练习，低年级默读朗读并重，二年级以上，默读的时机要较朗读的为多。

11. 要设法训练增进读书的速率和读书的组织力。

12. 文字的分析，应约略指点文字构成的意义，以帮助儿童的记忆。

13. 略读的图书，须欣赏的、实用的、参考的三项并重，但依年级而异其分量。

（三）作文

14. 作文的研究材料，须以可做模范的实用文，普通文为主。

15. 文法、语法的研究，要用归纳的过程，把国语文中已习过的材料做基础并搜集类似的材料，比较研究。

16. 口述和笔述并重，低年级口述多于笔述，高年级口述可少于笔述。但在教学标准语的学校，口述的分量可减少。

17. 口述的用语，以近乎标准的语言为原则。

18. 口述笔述的材料，以儿童经验所及，或想象所及的为依归。

19. 无论口述或笔述，都要注重内容的价值，而不仅着眼于形式。

20. 要养成思想贯注和起腹稿的习惯。

21. 如命题：一应取有趣味的，二应多出题目，以备选择，三应常由儿童自己命题。

22. 低年级作文的指导，可多用"助作法"，中年级可多用"共作法"。

23. 研究口述应和笔述常相联络，例如同一题材，先演讲（口述），继以记述（笔述），再继以讨论（研究），或先演讲，继以记述；或先记述，继以讨论。

24. 为矫正巨大的错误起见，可将容易错误的文法句法，用听写法、仿作法等充分练习。

（四）写字

25. 写字的材料，应用习用字和易误写的字，组成有意义句子，以减少机械的作用。

26. 写字的姿势，工具的应用以及字的笔顺、结构、位置等，开始的时候，就应注意指导。

27. 临写、摹写、自由写，应交互参用。

（五）总则

28. 说话写字和读书作业中文字练习等时间的排列，都应恰合分布练习的原则。

29. 各种作业都须有自然的动机，明确的目的；作文写字，尤需以实际的需要为动机。

30. 语言文字多须充分的练习。练习的方式要多变换，练习的机会要普遍均匀。

31. 语法、文法、作文法、格式等一切规则，要在发生困难时或实际需要时，从已经熟习的材料中指点，不要死教。

32. 读书、作文、写字等各项作业成绩的批评指导，应充分利用现成的量表，使儿童知道自己的程度和进步量。

33. 利用课外的表演、讲演会、展览会、作文比赛会、写字竞进会、刊物投稿等，以增加学习的效率。

民国二十一年〔1932〕十月教育部颁行之《小学课程标准》中所定国语科教学要点，更形完善。兹照录于后，以资比较。

(一) 说话

1. 开始教学时，就用完整的语句，后用成段的说话。
2. 教师应预编案例作为语言材料。语料分三种如下：

甲、有组织的演进语科，每套要有一个题目，每句要单说动作的一步，但不可太繁琐，要从一个主位说起并且要容易看、容易做，每套的句子不可太多。

乙、会话的话料，要集中于一件有趣的事情上，而且有一个有趣味的题目。

丙、故事的语料，要含有儿童文学趣味，而不违反党义。

3. 说话要自然并且要注意儿童语和成人语不同。
4. 说话要生动而有情景；教学和动作，要结合表现；已经讲过的故事，最好要使儿童表演。
5. 凡容易错误的音或话，要格外说得清楚，听得多，练习得多，并根据发音部位指导矫正之。意义不明显的话，要用实物、图型、动作、说明、翻译等表示意义。

(三) 读书

6. 教材排列的程序，要注意下列各点：

甲、开始用演进连续的图书故事，次用半图半文的故事，到三、四年级所用的故事，文字可逐渐增多，图画可逐渐减少。

乙、文字教学用整段故事入手，不可单字单句入手，后来用完整成段成篇的文章。

丙、各文体错综排列，低年级诗歌宜多，高年级逐渐减少。

7. 读书教学要先全体的概览，而后局部的分析；先内容的吸取，而后形色的探求；先理解而后记忆。
8. 文艺材料的教学，要多方的补充想象并随机设计表演，把内容情景显露无遗，使儿童得充分的欣赏。
9. 每周除精读外，应有定时指导儿童略读。精读教材，低年级朗读、默读并重，二年级以上，默读的时机要较朗读的为多。教学朗读,宜注意发音、语调;教学默读,宜注意正确、迅速、扼要。

10. 自二年级起,得视相当机会约略指点文字构成的意义,以帮助儿童的记忆,并约略指导简易的文法,以增进儿童阅读和发表的能力。

11. 略读的图书,须欣赏的、实用的、参考的三项并重,但依年级而异其分量。除课内指导外,应督励儿童课外阅读,并作读书报告。

12. 自四年级起,应指导儿童练习读书笔记。

(三)作文

13. 无论口述或笔述,都要注重内容的价值,而不仅着眼于方式。

14. 口述应和笔述常相联络。

15. 低年级作文的指导可多用"助作法",中年级要多用"共作法"。

16. 要养成起腹稿的习惯。

17. 命题方法应注意:(1)利用机会命题;(2)常由儿童自己命题;(3)多出题目,以备选择。

18. 命题性质应注意:(1)合于儿童生活的;(2)便于儿童发挥的;(3)富于兴趣的。

19. 批改成绩指导认真,应多保留儿童本意并予儿童以公同批物研究的机会;并得于高年级中酌用"订正符号",使儿童自己修改。

20. 订正错误,应多个别指导。如有巨大的错误,可将其容易错误的文法句法,用听写法、仿作法等,充分练习。

21. 文法语法的指导要用归纳的过程。把国语文中已习过的材料做基础并搜集类似的材料,比较研究。

22. 作文的范例,须以模范的实用文、普通文为主。

23. 开始练习作文时,就应指导儿童练习日记。

(四)写字

24. 写字的材料,初学时应采习用的字,易谈的字,组成有意义的句子，以减少机械的作用。

25. 写字的姿势，工具的应用以及字的笔顺、结构、位置等，开始的时候。就应注意指导。

26. 初学写字应用铅笔，以便操纵。至二年级除铅笔字仍须练习外，开始注意毛笔字的训练。至五六年级，得兼课钢笔字的训练。

27. 摹写、临写、自由写应交互参用。

28. 须时常定期举行比赛练习。

观此，可见历来国语教法之变迁，却在一直线上向前进行。从教师本位变到学生本位；从成人化变到儿童化；从被动变到自学，此实国语教学上之进步现象也。

## 余　论

国语一科目，在今小学校中，不论初级或高级，均占重要位置；此于社会需求上，学校设施上，教师着眼上，学生努力上，可得而知。此科目由读经、字课、作文、习字等科改为国文科，由国文科改为国语科，名称迭变，教学目的、教学时间、教学材料、教学方法，亦相继而变更。顾中国文字复杂，语音不能统一，内地国语教师，因限于技术，教学时辄发生困难。虽每星期费300至500分钟之久，而卒业生每尚不获得"发表思想"之能力。补救之方，除注意教学材料、教学方法外，尤须特别注意教师技术之培养。兹将拟定之初步办法，条陈于后，以供教育同志之共同研究与讨论：

一、教师技术方面：师范学校注重国语话的训练；

利用星期，举行国语讲习会：

联合附近学校请国语专家演讲国音。

二、教学材料方面：改良坊间出版的国语教科书；

采用适当的活叶课本；

置备最低限度的儿童读物。

三、教学方法方面：研究国语科儿童学习心理；

选择国语教学法上之小问题，加以研究或实验；

采用经各校研究或实验后的有效方法。

# 从算学科说到算术科

## 引 言

算术系数学领域中之一部分，而数学为精密科学中之最古者，为中国人、希腊人、腓尼基人、埃及人所始创，而尤以希腊人为最著，盖使数学成为科学的研究者，首推泰勒斯（Thales）其所建立之几何命辞，虽不连续，惟其证法，则为演绎法。此学至毕达哥拉斯（Pythogaras）大有进展。其学说则以数学为根据，可分为四大部分。一为动量或天文学；一为静量或几何学；一为纯粹学，算术是已；一为应用学，音乐是已。此四学艺为文艺复兴时代前所公认之学科。吾人于此可了然算术在当时西洋人眼光中地位若何。

毕氏之算术，研究数目之性质，以别于计算之法则。至纪元前5世纪之末年，雅典与西齐古（Cyzicus）① 二地，为数学研究之中心点。约当纪元前300年时，亚历山大大学成立，未及百

---

① 〔特编注〕又译基齐库斯，古地名，土耳其境内。

年，已产生古代著名之数学家三人，即欧基里得，阿普洛尼斯，阿基米德。此后亚历山大之数学研究率奉此三人之言论与方法为圭臬。纪元后3世纪带奥薪塔斯倡代数的算术，惟其时学者则不甚注意之。

方罗马帝国之后叶，西欧数学知识甚为肤浅。然在印度，则已有古代数学学校一所，其所贡献，颇可称道，如十进记数法等。印度之思想，不久为阿拉伯人所吸收，纪元后830年，阿尔加里斯米（Alkarismi）取算术之知识而整理之，遂为欧洲人研究数学之基础。

15世纪，印刷术发明，便利于知识之传播不少。此时各种算术，均颇活动。数学中先引起人之注意者，厥为算术。

17世纪之初年，赫里奥特（Harriot）与奥特赖德（Oughtred）整理当时算术之知识。

1637年，解析几何为笛卡尔（Descartes）所发明，17世纪之后半，数学界得牛顿（Newton）之发明，而大有声色。迨至20世纪初年世人对于数学兴趣，盖无有如今日之盛者。而研究此科学之学者，为数之多，亦为前所仅见。

吾国古时，有周一代，学校之科目凡六：礼、乐、射、御、书、数，其顺序大体以书、数为先，乐为次，然后及于射、御，以至于礼，可见中国古代如何重视"数"的一科目矣。

清末，戊戌政变，兴办学堂。惟当时学校，亦无中学小学之别，无非"中西""时务"学堂而已。算术一科，反不被人重视。当时算术教材，为加、减、乘、除极初步之算法，所用符号，仍为我国旧有者。

"科学救国"为近来最普遍之呼声，欲研究科学，当以数学为基础，而算术为研究科学基础之基础。故小学校中，算术一科，近来极为国人所重视。兹将三十年来中国小学校中算术一科之名称、教育目的、教学时间、教学材料、教学方法等更变之迹，于本论中分别详述之。

## 本　论

**一　科目名称之变更**

南洋公学外院，允为我国最早的新式小学，创设于前清光绪二十三年〔1897〕。当时的教学科目凡六：国文、读经、算学、舆地、史学、体操。算术一科，称为算学。

光绪二十八年〔1902〕七月，张百熙《奏定学堂章程》中，（按是即《钦定学堂章程》，未实行。）分初等教育为蒙学堂，寻常小学堂，高等小学堂三段。从蒙学堂第三年起，加授算学一科。当时仍称算术为算学。

迨至光绪二十九年十一月〔1904年1月〕公布之张之洞《奏定初等小学堂章程》中规定科目除修身、读经、讲经、中国文字、历史、地理、格致外，并改算学科为算术科。同年所公布之《高等小学堂教学科目》中，亦改算学为算术。吾国小学科目中"算术"之名自此始。

三十年来，学制屡变，小学校各科目常有增减，名目亦多更变，惟算术一科，直至民国二十一年〔1932〕十月教育部公布之课程标准为止，仍维旧名。

**二　教学目的之变更**

算术科教学目的屡有变更：

光绪二十九年十一月〔1904年1月〕公布之《奏定初等小学堂章程》第二章有云："算术其要义在使知日用之计算，与以

———— 81

自谋生计必需之知识。兼使精细其心思……并宜授以珠算，以便将来寻常实业之用。"

同时公布之《奏定高等小学堂章程》第二章有云："算术其要义在使习四民皆所必需之算法，为将来自谋生计之基本。"

民国元年〔1912〕十一月公布之《小学校教则及课程表》中规定"算术要旨在使儿童熟习日常之计算增长生活必需之知识兼使思虑精确。"

民国五年〔1916〕国民学校令，其施行细则第一章有云："算术要旨在使儿童熟习日常之计算，增长生活之知识，兼使思虑精确。"同时公布之高等小学校施行细则中规定算术要旨适用《国民学校令》中规定者。

民国十二年〔1923〕六月刊布之《小学新学制课程标准纲要》中有云："算术目的在处理数和量的问题，以运用处理问题的必要工具。要点如下：

（一）在日常的游戏和作业里，得到数量方面的经验。

（二）能解决自己生活状况里的问题。

（三）能自己寻求问题的解决法。

（四）有计算正确而敏速的习惯。"

吾人观于《新学制课程标准》中之算术目的较光绪二十九年〔1904年1月〕及民国五年〔1916〕所规定者，愈加具体而详细矣。

民国十八年〔1929〕八月，教育部颁行之《小学课程暂行标准》中规定算术科目标为：

"（一）助长儿童生活中关于数的常识与经验。

（二）养成儿童解决日常生活里数量问题的实力。

（三）练成儿童日常计算敏速和准确的习惯。"

民国二十一年〔1932〕十月，教育部颁行之《小学课程标准中》规定之算术科目标，与暂行标准大体相同，兹照录如下：

1. 增进儿童生活中关于数的常识和经验。
2. 培养儿童解决日常生活问题的计算能力。
3. 养成儿童计算敏速和准确的习惯。

## 三 教学时间之变更

三十年来，小学算术课教学时间，屡有变更，兹表列于下：

1. 光绪二十八年〔1902〕《钦定学堂章程》中规定者：

**第一表　钦定蒙学堂章程中规定者**

| 教科目＼学年 | 第一学年 | 每周教授时数 | 第二学年 | 每周教授时数 | 第三学年 | 每周教授时数 | 第四学年 | 每周教授时数 |
|---|---|---|---|---|---|---|---|---|
| 算　学 | 无 | 无 | 无 | 无 | 数目之名 | 8 | 加减法 | 8 |

**第二表　钦定小学堂章程中规定者**

(A) 寻常小学堂

| 教科目＼学年 | 第一学年 | 每周教授时数 | 第二学年 | 每周教授时数 | 第三学年 | 每周教授时数 |
|---|---|---|---|---|---|---|
| 算　学 | 加减乘除 | 4 | 加减乘除繁数 | 4 | 同上年 | 8 |

(B) 高等小学堂

| 教科目＼学年 | 第一学年 | 每周教授时数 | 第二学年 | 每周教授时数 | 第三学年 | 每周教授时数 |
|---|---|---|---|---|---|---|

| 算　　学 | 度量衡时刻之计算 | 8 | 分数小数 | 10 | 比例 | 10 |

附注：钦定学堂章程中规定 12 日为一周。

2. 光绪二十九年十一月〔1904 年 1 月〕公布之《奏定学堂章程》中所规定者。

**第一表　初等小学堂**

| 教科目＼学年 | 第一学年 | 每周教授时数 | 第二学年 | 每周教授时数 | 第三学年 | 每周教授时数 | 第四学年 | 每周教授时数 | 第五学年 | 每周教授时数 |
|---|---|---|---|---|---|---|---|---|---|---|
| 算术 | 数目之名，实物计数，20 以下之算数，书法，记数法，加减 | 6 | 百以下之算术，书法，记数法，加减乘除 | 6 | 常用之加减乘除 | 6 | 通用之加减乘除，小数之书法，记数法，珠算之加减 | 6 | 通用之加减乘除，简易之小数，珠算之加减乘除 | 6 |

**第二表　高等小学堂**

| 教科目＼学年 | 第一学年 | 每周教授时数 | 第二学年 | 每周教授时数 | 第三学年 | 每周教授时数 | 第四学年 | 每周教授时数 |
|---|---|---|---|---|---|---|---|---|

| 算术 | 加减乘除,度量衡,货币及时刻之计算,简易之小数 | 3 | 分数,比例,百分法,珠算之加减乘除 | 3 | 小数,分数,简易之比例,珠算之加减乘除。 | 3 | 比例,百分法,求积,日用簿记,珠算之加减乘除 | 3 |

附注：每周规定为 7 日。

3. 民国元年〔1912〕十一月公布之《小学校教则及课程表》中规定者：

### 第一表　初等小学校

| 教科目＼学年 | 第一学年 | 每周教授时数 | 第二学年 | 每周教授时数 | 第三学年 | 每周教授时数 | 第四学年 | 每周教授时数 |
|---|---|---|---|---|---|---|---|---|

85

| 算术 | 二十数以内之数书法及加减乘除 | 5 | 百数以内之数书法及加减乘除 | 6 | 通常之加减乘除 | 6 | 通常之加减乘除，小数之读法及简易之加减乘除等 | 5 |

第二表　高等小学校

| 教科目＼学年 | 第一学年 | 每周教授时数 | 第二学年 | 每周教授时数 | 第三学年 | 每周教授时数 |
|---|---|---|---|---|---|---|
| 算术 | 整数，小数，诸等数，（珠算加减） | 4 | 分数，百分数，（珠算加减乘除） | 4 | 分数，百分算，比例（珠算加减乘除） | 4 |

4. 民国五年〔1916〕一月公布之《国民学校令》施行细则中规定者：

| 教科目＼学年 | 第一学年 | 每周教授时数 | 第二学年 | 每周教授时数 | 第三学年 | 每周教授时数 | 第四学年 | 每周教授时数 |
|---|---|---|---|---|---|---|---|---|

| 算术 | 百数以内之书法数法，二十数以内之加减乘除 | 5 | 千数以内之书法及数法，百数以内之加减乘除 | 6 | 通常之加减乘除（珠算加减乘除） | 6 | 通常之加减乘除及简易之小数诸等数加减乘除（珠算加减乘除） | 5 |

5. 民国五年〔1916〕一月公布之《高等小学校令》施行细则中规定者：

| 教科目\学年 | 第一学年 | 每周教授时数 | 第二学年 | 每周教授时数 | 第三学年 | 每周教授时数 |
|---|---|---|---|---|---|---|
| 算术 | 整数，小数，诸等数（珠算加减乘除） | 4 | 分数，百分算，（珠算加减乘除） | 4 | 分数，百分算，比例，（珠算加减乘除） | 4 |

6. 民国十二年〔1923〕六月公布之《小学新学制课程标准纲要》中规定者：

算术一科，所占时间，如下表：

第一、二学年——108分钟

第三、四学年——126分钟

第五、六学年——144分钟

7. 民国十八年〔1929〕八月颁行之《小学暂行课程标准》中规定者：

第一、二学年——120分钟

第三、四学年——150分钟

第五、六学年——180分钟

编者按：民国十八年〔1929〕公布之《暂行课程标准》所规定之时间，较民国十二年〔1923〕公布之《新学制课程纲要》中所规定之时间为多。

8. 民国二十一年〔1932〕十月颁行之《小学课程标准》中所规定者：

| 年 级 | | 分 钟 |
|---|---|---|
| 低年级 | 一年级 | 60分钟 |
| | 二年级 | 150分钟 |
| 中年级 | 三年级 | 180分钟 |
| | 四年级 | 240分钟 |
| 高年级 | | 240分钟 |

## 四 教学材料之变更

清季小学算术教材，极为简单。如光绪二十九年十一月〔1904年1月〕《奏定初等小学堂章程》规定"加减乘除之方……然后渐加数至万而止，兼及小数并宜授以珠算。"同时《奏定高等小学堂章程》中规定,"宜授以复杂之算术。"

民国初年小学算术教材较前清略有变更。如民国元年〔1912〕十一月公布之《小学校教则及课程表》中规定:"初等小学校首宜授十数以内之数法、书法及加减乘除,渐及于百数以内,更进至通常之加减乘除;并授小数之读法、书法及其简易之加减乘除,兼授本国度量衡、币制之要略。高等小学校首宜就前项扩充之,渐进授以整数、小数诸等数分数百分算比例,并得酌授日用簿记之要略。"

民国五年〔1916〕一月公布之《国民学校令》施行细则中,规定:"首宜授以十数以内之数法、书法及加减乘除,渐及于百数以内,更进至通常之加减乘除,并授以简易之小数、分数诸等数加减乘除。"同时公布之《高等小学校令》施行细则中规定,"算术宜就《国民学校令》施行细则第五条第二项之要旨扩充,渐近授以百分算,比例,并得酌授日用簿记之要略。"

民国十二年〔1923〕六月公布之《新学制课程标准纲要》中所规定之算术教学材料,较前大备,兹录其程序如下:

第一学年

1. 随机或用游戏法解决数量问题——不必用计算的形式。
2. 随机教学共多少剩大小长短方圆等的数量用语。
3. 随机读写数目符号。

第二学年

1. 10以下的加减、九九几十上加几和凑合成10的补法加法,用二为法数和加倍折半的乘除法,两位数的乘除法,两位数的加减法(不进位、不退位的)。
2. 单数、双数、多少、长度(如尺寸)、量数(如升斗石)、方、立方……的数观念和用语。
3. 二位数、三位数的写法以及加法、减法、乘法简除法的形式。

89

第三学年

1. 同第二年加加减九九（全）二三四的乘除九九有进位退位的加减法几十乘几十有进位的乘法，有余数的除法。

2. 长量方立方 $\frac{1}{2}$，$\frac{1}{3}$，$\frac{1}{4}$，……的数量观念和用语。

3. 四位五数的读法、写法、罗马数字的认识。

第四学年

1. 同第三年加乘除九九（全）两法数的乘法，退位的除法长除法。

2. 小数长量重方立方时间货币法票，$\frac{1}{5}$，$\frac{1}{6}$，$\frac{1}{7}$，$\frac{1}{8}$，$\frac{1}{9}$，……的数量观念和用语。

3. 小数和诸等数的读法、写法。

第五学年

1. 同第四年加四则练习诸等小数分数百分初步的教学。

2. 明了分数化法分数和小数的关系分数小数和百分的关系。

第六学年

1. 同第五年加简利法、简比例求积等。

2. 明了百分的应用……

民国十八年〔1929〕八月教育部颁行《小学暂行课程标准》中，教材范围，视前更广，兹照录作业要项如下：

第一、二学年

1. 1 到 9 数目的认识。

2. 日、星期、月、年的认识。

3. 和不过 9 的（如 $\begin{array}{r}5\\+4\\\hline\end{array}$ $\begin{array}{r}4\\+5\\\hline\end{array}$）加法基本九九的练习。

4. 9 以下各数的减法基本九九的练习。

5. 0 的认识,和关于 0 的加减九九练习。

6. 0 到 19 数目的认识。

7. 关于 10 的加减九九练习。

8. 尺寸的认识和应用。

9. 时刻的认识。

10. 20 以内不进位的加法练习。

11. 20 以内不退位的减法练习。

12. 铜元、银元的认识和应用。

13. 三角形、圆形和方形的认识。

14. 积在 18 以内的乘法练习。

15. 20 到 100 数目的认识。

16. 寒暑表的使用。

17. 和在 11 以上的加法基本九九练习如 ($\begin{array}{c}5\\+6\end{array}$ $\begin{array}{c}4\\+7\end{array}$)

18. 和上项相逆的减法基本九九的练习。

19. 升斗的认识和应用。

20. 元角的应用。

21. 正方形、长方形的认识。

22. 关于 2,3,4,乘法九九的练习。

23. 关于 2,3,4 的除法九九的练习。

24. 法数一位不进位的乘法的练习。

25. 分(时刻的分)的认识和应用。

26. 方寸、方尺的认识和应用。

27. 法数一位不退位除法的练习。

第三、四学年

1. 千以内数目的认识。

2. 丈和尺的认识和应用。

3. 进位的加法。

4. 退位的减法。

5. 石的认识和应用。

6. 有名小数的加减法练习。

7. 圆和椭圆的认识。

8. 5，6，7，8，9和1的乘法九九练习。

9. 同上除法九九的练习。

10. 几分之一和几分之几的认识和应用。

11. 有余的除九九的练习。

12. 方分方丈的认识和应用。

13. 法数一位的进位的乘法和退位的除法的练习。

14. 斤两的认识和应用。

15. 立方寸，立方尺的认识和应用。

16. 万以内数目的认识。

17. 菱形、梯形、平行四边形的认识和应用。

18. 法数10或10的倍数的乘法练习。

19. 同上的除法练习。

20. 亩分厘毫的认识和应用。

21. 法数二位的乘法的练习。

22. 同上除法的练习。

23. 立方、立方寸、立方丈的认识和应用。

24. 日、星期、月、年的计算。

25. 元、角、分、厘的应用。

26. 非十进诸等数的加减乘除练习。

27. 合的应用。

28. 秒的应用。

29. 法数三位的乘法的练习。

30. 同上除法的练习。

31. 里的实测计算。

32. 担的认识和应用。

33. 吨的计算。

34. 整数乘有名数的练习。

35. 整数除有名数的练习。

36. 折扣成分初步的练习。

第五、六学年

1. 万以上和兆数目的认识和应用。

2. 两、钱、分、厘的应用。

3. 方里的认识和应用。

4. 无名小数加减法的练习。

5. 无名小数乘法的练习。

6. 无名小数各式除法的练习。

7. 折扣成分的应用。

8. 简利息的计算练习。

9. 分数、小数的关系的认识和计算。

10. 分数和诸等数的关系的认识和计算。

11. 分数和成分的关系的认识和计算。

12. 浅易分数的四则练习。

13. 简易统计图表的认识和制作。

14. 家用簿记的习练。

15. 关于量度衡公制的研究和应用。

16. 中外度量衡的比较。

17. 中外货币的比较。

民国二十一年〔1932〕十月教育部颁行《小学课程标准》中，算术科作业类别修订如下：

（一）心算　包括在笔算、珠算中，是算术的基础。第一学年应纯用心算为作业；其余各学年，也应和笔算、珠算并重。并可于算术教学时，至少作五分钟的心算练习。

（二）笔算　各学年顺次教学。

(三)珠算 从第四年起教学,应常和笔算联络,互相参证。

民国二十一年〔1932〕十月教育部颁行《小学课程标准》中,算术科各学年作业要项,与民国十八年〔1929〕《暂行标准》中所规定者,大同小异。

第一、二学年

(一)笔算

1. 大小、长短的认识。

2. 轻重、厚薄的认识。

3. 1到9各数目的认识和应用。

4. 日、星期、月、年的认识。

5. 每天出席人数的计算。

6. 10到19各数目的认识。

7. 尺、寸的认识和应用。

8. 铜元、银元的认识。

9. 三角形、圆形、方形的认识。

10. 各种算术游戏的练习(如拍皮球、掷藤圈等。)

11. 和不过9的加法基本练习。

12. 9以内各数的减法基本练习。

13. 关于0的加减九九的练习。

14. 20以内不进位的加法的练习。

15. 20以内不退位的减法的练习。

16. 积在18以内的乘法的练习。

17. 20到100各数目的认识。

18. 进位的加法基本九九的练习。

19. 减法基本九九的练习。

20. 升斗的认识和应用。

21. 元角的应用。

22. 儿童生活中所用物品的调查和估计。

23. 正方形、长方形的认识。

24. 关于2，3，4，5的乘法九九的练习。

25. 关于2，3，4，5的除法九九的练习。

26. 法数一位不进位的乘法的练习。

27. 时刻，分的认识和应用。

28. 法数一位不进退的除法的练习。

29. 寒暑表的使用。

第三、四学年

（一）笔算

1. 千以内数的认识。

2. 丈和尺的认识和应用。

3. 进位的加法。

4. 退位的减法。

5. 石和斗的认识和应用。

6. 圆和椭圆的认识。

7. 6，7，8，9和0的乘法九九的练习。

8. 6，7，8，9除法九九的练习。

9. 不尽数的除法九九的练习。

10. 方寸方尺的认识和运用。

11. 乘数一位的进位乘法的练习。

12. 法数一位的退位除法的练习。

13. 法数10或10的倍数的乘法的练习。

14. 同上的除法的练习。

15. 小数（名数）的练习。

16. 斤两的认识和应用。

17. 万以内数目的认识。

18. 菱形、梯形、平行四边形的认识和应用。

19. 方分方丈的认识和应用。

20. 亩、分、厘、毫的认识和应用。

21. 法数二位的乘法的练习。

22. 同上的除法的练习。

23. 简易的四则的练习。

24. 日、星期、月、年的计算。

25. 元、角、分、厘的应用。

26. 合的应用。

27. 秒的应用。

28. 法数三位的乘法的练习。

29. 同上的除法的练习。

30. 里的实测计算。

31. 担的认识和应用。

32. 磅和吨的计算。

33. 整数乘有名小数的练习。

34. 整数除有名小数的练习。

35. 票据的认识和计算。

36. 账折的认识和计算。

37. 家庭、学校所用物品的成本、工价、时值的估计调查。

(二) 珠算

1. 拨珠的方法。

2. 定位的方法。

3. 加法的练习。

4. 减法的练习。

5. 法数一位的乘法的练习。

6. 法数二位的乘法的练习。

第五、六学年

(一) 笔算

1. 万到万万各数的认识。

2. 整数四则的应用。

3. 两、钱、分、厘的应用。

4. 十进复名数和小数的关系的认识和计算。

5. 非十进复名数的加减乘除的练习。

6. 面积和地积的关系的实测和计算。

7. 方里的认识和应用。

8. 圆周的长和圆面积的计算。

9. 立方寸、立方尺、立方丈的认识和应用。

10. 小数（不名数）加减法的练习。

11. 小数（不名数）乘法的练习。

12. 小数（不名数）各式除法的练习。

13. 小数、整数的四则应用。

14. 分数的初步练习。

15. 折扣，成分的初步练习。

16. 简利息的初步练习。

17. 分数和小数的关系的认识和计算。

18. 分数和复名数的关系的认识和计算。

19. 分数和成分的关系的认识和计算。

20. 浅易分数的四则练习。

21. 百分的应用。

22. 日常应用的利息的计算。

23. 合作商店的研究和实习。（课外作业）

24. 物价涨落的调查和计算。（课外作业）

25. 关于度量衡市制和公制的比较和应用。

26. 中英度量衡的比较计算。

27. 家用簿记的练习。

28. 简易统计图表的认识制作和计算。

（二）珠算

1. 复习加法。

2. 复习减法。

3. 复习乘法。

4. 法数一位的除法。

5. 万以内数目的记法和读法。

6. 法数三位以上的乘法。

7. 法数两位的除法。

8. 整小数的加减法。

9. 整小数乘法。

10. 整小数除法。

11. 四则的应用。

12. 斤两法。

附注：

1. 笔算第一、二学年的 1 至 11 各项在第一学年教学，不用算式，只须随机给以算术的知识，所以时间每周只定 60 分；12 以下在第二学年教学。第三、四学年的 1 至 16 各项，可列在第三学年，17 以下可列在第四学年，第五、六学年的 1 至 16 各项列第五学年，余可列入第六学年。珠算从第四学年开始。

2. 在乡村里或偏僻的地方。一、二学年的儿童年龄较长，没有入学以前，已有了不少的数量经验和常识，以及计算的习惯，所以宜把一、二年各项和三、四年 1 至 16 的各项作业，重新分配，大约分作二年学完。

3. 外国度量衡及外国货币，各地方倘有需要，可酌量增加。例如青岛、南满等处，可加中、日制的比较，余类推。内地不需要者，可迳不用。

## 五　教学方法之变更

光绪二十九年十一月〔1904 年 1 月〕公布之《奏定学堂章程》中规定教学方法："当先就 10 以内之数，示以加减乘除之方，使之纯熟无误……"又云："教授之时……兼使熟习运算之法。"

民国元年〔1912〕一月十九日公布《普通教育暂行办法通令》中有"初等小学算术自第三年起兼课珠算"一语，又同年十一月公布之《小学校教则及课程表》中规定"算术宜用笔算、珠算。""教授算术务令解释精审，运算纯熟，又宜说明运算之方法理由，在初等小学校，尤宜熟习心算。"算术问题，宜择他科目已授事项，或参酌地方情形，切于实用者用之。

民国五年〔1916〕一月公布之《国民学校令》施行细则中所规定者为："算术宜用笔算兼及珠算。""教授算术，务令解释精审，演算纯熟。又宜说明演算之方法理由，尤宜令熟习心算。"又云："算术问题宜择他科目已授事项，参酌地方情形，切于实用者用之。"换言之，即算术教学时宜与他科联络，并利用环境。同时公布之《高等小学校令》施行细则中规定者与《国民学校令》中规定者相同。

民国十二年〔1923〕六月公布之《小学校新学制课程纲要》中所规定之教学方法，较前周详，兹照录于下：

"（一）宜注意从学生生活里，使学生发生需要工具的动机——第一年不正式学算，可随机利用上课时或休息时，家里或学校里，学生碰到的数量问题，帮他解决，并且乘机培养他的数量的基本观念，或特设时间，使学生在游戏的生活里，觉得数量之需要，因此学习工具。第二注重表演（买卖表演，家事表演……）游戏；并从此在生活之外，利用学生的想象环境，教学一切。

（二）计算宜注意练习，以便养成正确敏速的习惯——练习的材料，要把互相有关系的组合在一起；并且要用竞算法等明白表示学生的进步，以维持练习的兴味。

（三）问题以切合学生生活为主体。成人的事务，若是学生不能想象的，虽似实用，也所不宜。

（四）方法原理宜用归纳的建造，不宜用演绎的推展。"

民国十八年〔1929〕八月教育部颁行之《小学课程暂行标准》中所规定之算术教学方法要点照录如下：

一　第一、二学年的算术，或随机教学而不特定正式时间，或和别的设计联络教学，或特定正式时间教学，由各校各依自己的方便而施用。

二　第三、四学年以下的算术，应充分和别的设计联络教学。在每节时间内，三、四年应抽出 5 分钟到 10 分钟，五、六年级应抽出 10 分钟，单独练习计算技能；四年级起，并且应当使用"算术练习测验。"

三　取材第一、二学年以日常衣，食用品等问题为范围；第三、四学年以衣、食、住、行和学校作业、家庭经济等为问题范围；第五、六学年以衣、食、住、行，学校、家庭、社会、国际等经济问题为范围，特别注重买卖、找钱、折扣等的练习。但须就本地情形，儿童兴趣，而随时活用。

四　第一、二学年之作业，必须寄托于游戏之中，利用竞争比赛或开店演习等的方法而教学，第三学年以后，也须时常应用此种方法，以使儿童因兴趣而努力。

五　问题要具体而有兴趣：低年级充分用表演的方法，把问题演成事实，让儿童直观；稍进，也应使问题故事化，帮助儿童想象事实。

六　用文字写示问题，要力求清楚浅显。内容事实，不可曲折多而使儿童不易一贯的领会。

七　新的方法原理，应从实在的需要出发，先使儿童明白方法的功用，用归纳一步一步的进行，切忌用演绎法推求。

八　解决问题的计算法，不多用论理的分析，而须诉诸儿童的经验和常识。

九　心算是算术的基础，尤须练习得十分纯熟。

十　日常生活所用的短数（就是千以内之数目）的算法，尤应注意练习。

十一　笔算、珠算都是帮助心算的工具，各校当然可以兼教。珠算因有五进的关系，比十进的笔算，较为难学；但两者应密切的联络教学，不宜分开了教。

十二　连算等习惯的养成，是由渐而来，不可一蹴即几的。所以应该细细的判定了步骤，按部就班的应用练习的方法。以求由生疏而渐进于纯熟。

十三　练习的方法，应多方变化，并应利用儿童成功的兴味，使自努力。

十四　概算、验算等，应从低年级最初教学时便时时注意。

民国二十一年〔1932〕十月教育部颁布之《课程标准》中所规定之教学方法与暂行标准中所规定者大同小异，兹录教学要点于下：

教学要点

一　第一学年的算术，应随机教学而不特定正式时间，或和别的设计联络教学，第二学年或如第一学年，或特定正式时间教学，由各校各依自己的方便而施行。

二　第三、四学年以下的算术，应充分和别的设计联络教学，在每节的教学时间内；三、四年应抽出5分钟到10分钟，单独练习计算技能；四年级起并且应当使用"算术练习测验。"

三　取材：第一、二学年以日常食、衣、用品等问题为范围；第三、四学年以食、衣、住、行和学校作业、家庭经济等问题为范围；第五、六学年以食、衣、住、行，学校、家庭、社会、国际等经济问题为范围；特别注重买卖、找钱、折扣等的练习。但须就本地情形，儿童兴趣而随时应用。

四　第一、二学年的作业，必须寄托于游戏，利用竞争比赛或开店演习等方法而教学；第三学年以后，也须时常应用此种方法，以使儿童因兴趣而努力。

五　问题要具体而有兴趣；低年级应充分用表演的方法，把问题演成事实，让儿童直观；至三、四年级，也应使问题故事化，帮助儿童想象事实。

六　用文字写示问题，要力求清楚浅显。内容事实，不可曲折多而使儿童不易领会。

七　新的方法原理，应从实在的需要出发，先使儿童明白方法的功用，用归纳法一步一步的进行，切忌用演绎法推求。

八　解决问题的计算法，不必多用论理的分析，而须诉诸儿童的经验和常识。

九　心算是算术的基础。

十　日常生活所用的短数（就是千以内的数目）的算法，尤须注意练习。

十一　笔算、珠算都是帮助心算的工具，各校当然可以兼教，珠算因有五九进的关系，比十进的笔算，较为难学，教学时应与笔算充分联络，并注意于手指的熟习。

十二　速算等习惯的养成，是由渐而来，不可一蹴而就的。所以应该细细的划定了步骤，按部就班的应用练习的方法，以求由生疏而渐进纯熟。

十三　练习的方法，应多方变化，并应利用儿童的"成功的兴趣"，使自努力。

十四　概算、验算等，应从低年级最初教学时起使时时注意。

十五　五、六年级宜注重日常生活需要的四则应用问题的练习，惟以浅易的为原则。

## 余　论

由算学科改为算术科，科目名称虽仅一变，然三十年来，该科之教学目的、教学时间、教学材料、教学方法，已不下五、六变矣。

兹拟改进算术科教学初步办法数条，尚祈共同讨论：

一、教具方面：学校当局应充分制备算术教学之实物、挂图等。

二、教学方面：师范学校应增设"实用数学"一门课程，专授有关小学校算术科的各方面。

暑期讲习会酌设"小学算术"课程，养成教法优良的算术教师。

三、教材方面：应根据儿童生活为出发点。应活泼，不宜作枯燥的叙述。应因事制宜，利用环境。

# 从史学、舆地等科说到社会科

## 引　言

按我国民国十二年〔1923〕《新学制课程标准》，将小学高级的公民、卫生、历史、地理四项，统括于社会科之下。民国十八年〔1929〕公民纳于党义，独立一科，而将公众、卫生、历史、地理三项，划入社会科。民国二十一年〔1932〕起，公民训练科、卫生科又告独立，将公民知识、历史、地理三项，统属于社会科。兹溯社会科之起源，姑分公民知识、历史、地理三项说明之。

### 一　公民知识

按在1830年的时候，享佩尔、奥托（Hempel and Atto）读本中，首先提出小学校里，应列有国民科或市民科之主张。后德人德普菲尔德（Dorpfeld）也主张以此等——法律经济——知识，加入小学教科之内，顾时人多置而不问，影响甚微。殆至1884,1885年之间，有一法官，主张普及法律知识于国民，为运用政治上的绝大经济，1887年德国诸贵族，曾陈请普鲁士教务大臣，以经济的知识，加入小学校科目，一时教育界人士，颇以为然。但也有人以此种材料，在各科中教学的机会极多，不必另设一科目，其后意大利、美利坚等国，亦将此种材料，附于历史科内教学，法国则另设国民一科，以与修身科密接，以上所述，为国民科的起源。此种国民科，实与我国现在之公民训练科相同；而最近颁布之课程标准，社会科中列有公民知识一项，实与意美等国将国民科材料附入历史科内教学相仿。

## 二　历史

小学校教科中，设有历史一科的理想，实始发于夸美纽斯所著《教授大全》①一书。这书内容主张选择史材，视儿童之程度，分别教学，并主张用开化史的方法，由道德、技艺、风俗习惯、考察其事实而为教授；先使儿童直观历史的概念，以为预备，所以儿童在家庭时，即应使其为历史的观察。在学校最初的二年中，应由谈话中引起儿童爱闻史事的兴趣，然后乃课以历史。在18世纪中，如戈泰市的中学校，夫兰垲塾的中学，虽然已立有历史一科，但不过记诵些名称数目，如历代年表而已，18世纪末叶，中学以上学校，始各立有历史一科。当时各小学校，尚未立有专科者，仅在其他教科中，连带教学。19世纪之初，事实上各小学，始设历史一科，但亦不过因世界史之一部。后经裴斯泰洛齐及其弟子的研究，始感到采用本国历史的重要，教学用的挂图，亦因之而出。至巴泽多（Johann Bernhard Basedow）始利用画图和讲故事的方法，取历史的材料，助儿童的了解。扎尔茨曼（Christian Gotthilf Salzmann）更专取乡土事实，使儿童

---

①〔特编注〕今译《大教学论》。

直观，而得历史的概念。其后历史教学，日渐进步，直至19世纪，便更加昌明了。

### 三 地理

研究地理的发端，远自古者；然以之加于学校课程，实为夸美纽斯所倡。他以教授地理，当从事实观察始。近在目前的，像山谷、田圃、流水、市村，先使学生明了；其次乃及于日月星辰的运行，再次乃研究万国地理，与详细的本国地理和天文学，而本国地理，尤为特重。迨恩斯特·弗罗姆（Herzog Ernst Von Fromme）如将此说实施于他所辖的中小学校。

迨法卢梭主张直观教授，痛斥当时教地理用图画之非。他在《爱弥儿》一书里说："儿童之居所与房屋，即地理教授之地点，然后及于左近河流，与知太阳的位置，识方位的方法，"故他使《爱弥儿》尽其所居与其父所居村落之间的地图，附记其间之河流与自然之形势。此外犹有加特雷尔（Gatterer）和赫德（Herder）等，主张地理教学，要（1）重观察，（2）以乡土为教学的中心，（3）善用地图，（4）重自然地理，（5）使儿童自画地图。但在18世纪以前，能实行此种教法者，还在少数。19世纪裴斯泰洛齐主张教地理宜从最近地起，由乡土而及于地球全体的知识。其主张之特异者，为（1）多方观察，（2）重自然地理，（3）重地理上事实原因，结果的关系，（4）务使儿童自动。

近世地理教学，创一大革新者，为李特尔氏（Karl Ritter）他一反以前枯寂无味记诵名称之法，而以各种知识为有机结合，务依原因结果的法则，而结合于全体，故主张以自然地理为教授地理的基础，使于地球上种种地理学的要素，皆为有机的关系，而尤重视所及于土地人类的影响，此种思想，实为近世地理教学法的先河。且其主张教授地理，常使儿童就万物所生存之处，为实地观察，至于令儿童研究某地，必须由全体观察，绘为地图，因藉以了解别地方之图，故绘图尤为特重。他又最重比较法，由已知者推及未知，自后虽多改良进步，要终不能出其范围呀！

　　我国从兴学以来，小学课程里关于史地等科目，屡有变更。光绪二十三年〔1897〕盛宣怀创办南洋公学师范院外院，其课程即设有舆地、史学两门。至光绪二十九年十一月〔1904年1月〕颁布《奏定章程》，其中初等小学堂有历史、地理两科，高等小学堂则有中国历史、地理两科。光绪三十二年〔1906〕，《学部奏定女子小学章程》，初小不设史地。宣统元年〔1909〕三月，《变通初等小学堂章程》，又规定五年完全科，将史地、格致编入文学读本。直至民国十二年〔1923〕六月全国教育联合会新学制课程标准起草委员会，复订刊布之《新学制课程纲要》总说明中，规定小学校课程，有卫生、公民、历史、地理，（前四年卫生、公民、历史、地理合并为社会），至是社会科的名称，始乃确定。而初级小学课程中，历史、地理材料始与文学读本划分。民国十八年〔1929〕八月，教育部颁布之《小学暂行课程标准》，社会科低中高各级均分历史、地理、公共卫生三项，而将公民取消，另由中央党部训练部主持编订党义科课程以纳之。民国二十一年〔1932〕十月教育部颁行之《小学课程标准》，除中低级的作业纲要外，高级作业纲要，分公民知识、历史、地理三项，卫生科又告独立。更取消党义科，特设公民训练科。如是一变再变，而教学之目的、时间、材料、方法，亦随之而不同，兹分别论述于下，以明其变迁之迹象。

# 本　论

## 一　科目名称之变更

清光绪二十三年〔1897〕，盛宣怀创办南洋公学师范院。其秋设外院，（后改南洋公学附属小学）招生128，分大小两班，由师范生轮流教之。其课程分国文、算术、英文、舆地、史学、体操六门，这是我国学校有史地学科之开端。

光绪二十五年〔1899〕，吴县陆基创办崇辨蒙学于苏州，分甲、乙两班，编《启蒙图说》，《启蒙问答》，以教乙班；分国文、算学、历史、地理等科以教甲班。这时已有历史、地理的名称。

光绪二十八年〔1902〕七月，颁布《钦定学堂章程》，为中国规定学制之始。关于小学方面，分蒙学堂，寻常小学堂，高等小学堂三级。其教科目如下：（A）蒙学堂，（一）修身、（二）字课、（三）习字、（四）读经、（五）史学、（六）舆地、（七）算学、（八）体操，每12日为一周，授课72小时。（B）寻常小学堂改字课为作文，余同蒙学堂。（C）高等小学堂加（一）读古文词，（二）理科，（三）图书，余同寻常小学堂。这时史地二科又称史学舆地。

光绪二十九年十一月〔1904年1月〕颁布《奏定初等小学堂章程》中，规定初等小学教科目如下：

（一）修身，（二）读经讲经，（三）中国文字，（四）算术，（五）历史，（六）地理，（七）格致，（八）体操，（九）图画，（十）手工。（图画、手工为随意科）又为贫家儿童设简易科，其学科目凡五：（一）修身及读经，（二）中国文字，（三）史地格致，（四）算术，（五）体操。同时颁布之《奏定高等小学堂章程》中，规定学科目如下：（一）修身，（二）读经讲经，（三）中国文学，（四）算术，（五）中国历史，（六）地理，（七）格致，（八）图画，（九）体操，（十）手工，（十一）农业，（十二）商业。（手工、农业、商业为随意科，预备升学者毋庸加授，）这时史地二科又改称历史地理。

清季自开始创办学校以至光绪三十二年〔1906〕，史地二科一向都从初等小学教起。迨光绪三十三年〔1907〕正月《学部奏定女子小学章程》，分初等小学、高等小学两级。女子初等小学之科目凡五：（一）修身，（二）国文，（三）算术，（四）女红，（五）体操，又音乐图画为随意科，缺史地，初等小学不特设史地科自此始。女子高等小学之科目凡九：（一）修身，（二）国文，（三）算术，（四）中国历史，（五）地理，（六）格致，（七）图画，（八）女红，（九）体操。又音乐为随意科。

宣统元年〔1909〕三月《变通初等小学章程》，分初等小学为三种：（一）五年完全科，（二）四年简易科，（三）三年简易科。同时修正初等小学课程：（甲）五年完全科之教科目，并为修身、读经讲经、中国文学、算术、体操五种。以旧制之史地格致编入文学读本，以手工图画为随意科，（乙）四年简易科之教科目为修身、国文、算术、体操四种。（丙）三年简易科之教科目同上。这时初等小学也不特设史地科目。

民国元年〔1912〕九月二十八日颁布之《小学校令》，小学校教则及课程中，规定（A）初等小学校之教科目为（一）修身，（二）国文，（三）算术，（四）手工，（五）图画，（六）唱歌体操，（七）缝纫（女）。手工，图画，唱歌得暂缺之。（B）高等小学教科目为（一）修身，（二）国文，（三）算术，（四）本国历史，（五）本国地理，（六）理科，（七）手工，（八）图画，（九）唱歌，（十）体操，（十一）农业，（十二）缝纫，（十三）英语（随意科）。农业得缺或改商业。手工、唱歌亦得暂缺。

民国四年〔1915〕七月三十一日，公布之《国民学校令》第十三条，规定国民学校之教科目，为修身、国文、算术、手工、图画、唱歌、体操。女子加课缝纫，遇不得已时，可暂缺手工、图画、唱歌之一科目，或数科目。同时公布之《高等小学校令》第八条中规定高等小学校之科目，为修身、读经、国文、算术、本国历史、地理、理科、手工、图画、唱歌、体操。男子加课农业，女子加课家事。

民国十二年〔1923〕六月，全国教育联合会，所刊布之《新学制课程纲要》总说明中，规定小学校科目分为国语、算术、卫生、公民、历史、地理、自然、园艺、工用艺术、形象艺术、音乐、体育等。但在初级小学，以教学之便利，可依各科性质，合并数科目为一科目，除卫生、公民、历史、地理合并为社会科。社会科、自然科更可合并为常识科。其合并之理由，说明如下：（一）卫生、公民、历史和人生地理等，实际是人生环境的社会事项，所以称社会。（二）公民科和修身科，有些不同。修身好像注重涵养德性方面，公民则重在研究社会环境的状况，因此公民可并入社会科，又云社会自然合并，没有适当的名词，就称常识，比乡土两字明白些。至是初级小学生，始重享学习历史、地理两种知识之幸福。

民国十八年〔1929〕八月教育部公布《小学课程暂行标准》，规定小学校科目，有国语、社会、自然、算术、工作、美术、体育、音乐等八目，社会科的内容，较前稍异。包含历史、地理和公共卫生三项。减去公民一项，因为这时另有党义一科，以纳公民。

民国二十一年〔1932〕十一月教育部颁行之《小学课程标准》，规定小学科目，为公民训练、卫生、体育、国语、社会、自然、算术、劳作、美术、音乐十目，这时社会科的内容；又和十八年颁行之暂行标准所规定者稍异。其不同点有二：（1）将暂行标准"社会""自然"两科的卫生部分划出，另行订定卫生科课程标准。（2）社会科中加入公民知识教材，并修正其内容。

从史学舆地，一变而为中国历史与地理，再变而为社会，此名称上之变更也。在这一变再变之中，最可注意者，即从光绪三十三年〔1907〕起，一直至民国十二年〔1923〕为止，其间有十八年之久，初级小学竟无独立教学历史地理的机会（自然方面亦然），盖纳之于文学读本中也。

## 二 教学目的之变更

光绪二十九年十一月〔1904年1月〕公布之《奏定初等小学堂章程》第二章，有云："历史——其要义在略举古来圣主贤君，重大美善之事，俾知中国文化所由来；及本朝列圣德政，以养国民忠爱之本源：尤当先讲乡土历史，采本境内乡贤、名宦、流寓诸名人之事迹，令人敬仰叹慕，增长志气者，为之解说，以动其希贤慕善之心。""地理——其要义在使知今日中国疆域之大略，五洲之简图，以养成其爱国之心，兼破乡曲僻陋之见；尤当先讲乡土有关系之地理，以养成其爱乡土之心。"同时公布之《奏定高等小学堂章程》第二章有云："中国历史——其要义在陈述黄帝、尧舜以来，历朝治乱兴衰大略，俾知古今世界之变迁，邻国日多，新器日广，尤宜多讲本朝仁政，俾知列圣德泽之深厚，以养成国民自强之志气，忠爱之性情。""地理——其要义在使知地球里面，及人类生计之情状，并知晓中国疆域之大概，养成其爱国奋发之心：更宜发明地文地质之名称、功用，大洋、五洲、五带之区别，人种竞争与国家形势利害之要端。"

民国元年〔1912〕十一月二十二日教部公布之《小学校教则

及课程表》中第五条有云:"本国历史要旨,在使儿童知国体之大要,兼养成国民之志操,"又第六条"地理要旨,在使儿童略知地球表面,及人类生活之状态,本国国势之大要,以养成爱国之精神。"

民国五年〔1916〕公布之《高等小学校令》施行细则,所定本国历史及地理之教学目的,与民国元年〔1912〕十一月所公布者相同。

民国十二年〔1923〕六月刊布之《小学新学制课程标准纲要》中,关于社会科之主旨,规定如下:(一)使知社会的过去现在情状和社会与人生的关系,(二)培养儿童观察社会的兴趣,和尽力社会的精神,(三)养成在社会里生活的必要习惯。

其关于历史科之目标又另定如下:(一)使知生活演进,社会变迁,和世界趋势的大概,(二)培植正确的人生观念,并探索事物原委的兴趣和习惯。

又规定地理科之目的(一)启发研究环境生活的兴趣,并使了解人事生活与地理关系的各种重大问题,(二)培养人生和自然的情感,养成对于环境,喜考察、思索、研究等习惯。

其他若公民卫生之教学目的,另文详述兹不赘。

民国十八年〔1929〕教育部公布《小学课程暂行标准》中,规定社会科目标为:

(一)启发关于社会的基本知识,引导对于人生、社会活动、文明进化、革命意义等的认识。

(二)增进对于社会文物制度的探索、思维、设计改进、参加活动等的兴趣和经验。

(三)培养改进生活、救助民生、革新经验组织等的思想和愿望。

(四)启迪尽力社会、服从公意、信赖民权、忠于团体等的精神。

（五）培植爱己爱人，参加民族运动，促进世界大同等的道德，知识和志愿。

民国二十一年〔1932〕十月教育部颁行之《小学课程标准》中，规定社会科目标为：

（一）指导儿童认识个人与社会的关系，并培养儿童良好的道德习惯和参加社会活动必须的知识经验。

（二）指导儿童了解国家民族的历史演进，地理状况和文物制度的大概；并培养儿童爱护国家努力自卫的精神。

（三）指导儿童明了人类生活状况、世界大势和文明进化的意义，并培养儿童尽力社会、爱护人类及促进世界大同的愿望。

至是社会科的目标，始重新确定，由个人而进于国家民族及世界，条文精密显明而又确当，信较过去之目标为较妥善。

## 三　教学时间之变更

光绪二十八年〔1902〕七月《钦定蒙学堂章程》，在12日一周中，史学舆地，各占6小时。又同时颁布之《寻常小学堂章程》，在十二日一周中，第一、第二学年，史学均占12小时，即每日一小时，舆地均占8小时。第三学年，史学仍占12小时，舆地占4小时。又同时颁布之《高等小学堂章程》，在12日一周中第一学年，史学10小时，舆地8小时，第二学年，史学8小时，舆地8小时，第三学年，史学8小时，舆地6小时。

光绪二十九年十一月〔1904年1月〕颁布《奏定初等小学堂章程》中，规定各学年每星期中，历史地理各占1小时，又同时颁布《高等小学堂章程》中，各学年每星期中，中国历史及地理各占2小时。

民国元年〔1912〕十一月公布之《小学校教则及课程表》

中，规定初小不特设史地科目，高小史地科各学年之教授程度，及每周教授时数如下表：

| 教科目＼学年 | 每周教授时数 | 第一学年 | 每周教授时数 | 第二学年 | 每周教授时数 | 第三学年 |
|---|---|---|---|---|---|---|
| 本国历史 | 3 | 本国历史之要略 | 3 | 本国历史之要略 | 3 | 本国历史之补习 |
| 地理 |  | 本国地理之要略 |  | 本国地理之要略 |  | 外国地理之要略 |

民国五年〔1916〕一月公布之《高等小学校令》施行细则中规定者：

| 教科目＼学年 | 第一学年 | 每周教授时数 | 第二学年 | 每周教授时数 | 第三学年 | 每周教授时数 |
|---|---|---|---|---|---|---|
| 本国历史 | 本国历史之要略 | 1 | 本国历史之要略 | 2 | 本国历史之补习 | 2 |
| 地理 | 本国地理之要略 | 1 | 本国地理之要略 | 2 | 外国地理之要略 | 2 |

民国十二年〔1923〕六月公布之《小学新学制课程标准纲要》中规定者：

小学校授课以分数计。初级前二年每周至少 1080 分钟，后二年至少 1260 分钟。高级每周至少 1440 分钟。各科约定的百分比，实际计算如有除不尽者，应加整数，以符至少之意。

| 教 科 目 | 初 级 百 分 比 | 高 级 百 分 比 |
|---|---|---|
| 卫 生 | 社 会  20 | 4 |
| 公 民 |  | 4 |
| 历 史 |  | 6 |
| 地 理 |  | 6 |

编者根据上列小学授课分数，及各科约定百分比，计算小学社会科每周至少教学分数如下：

第一、二学年　　216 分钟

第三、四学年　　252 分钟

第五、六学年
  卫生约 58 分
  公民约 58 分
  历史约 86 分
  地理约 86 分

民国十八年〔1929〕八月颁行之《小学暂行课程标准》中规定者：

| 年　级 | 低年级 | 中年级 | 高年级 |
|---|---|---|---|
| 分　数 | 90 | 120 | 150 |

此因工作，体育，美术等科时间加多，故社会科时间较前减少。

民国二十一年〔1932〕十月教育部颁行之《小学课程标准》中规定者：

| 年　　级 | 低　年　级 | 中　年　级 | 高　年　级 |
|---|---|---|---|
| 分　　数 | 90 | 120 | 180 |

## 四　教学材料之变更

清季初办学校时，关于史地科教材之规定，略而不详。如光绪二十八年〔1902〕七月颁布之《钦定蒙学堂章程》中，规定史学、舆地二科，各学年之教材大纲如下：

第一年
史学　　历代国号　　帝王世系
舆地　　以地球行星图指授之
第二年
史学　　历代帝王年数　　建元
舆地　　地球上洲岛方位　　各洲国名
第三年
史学　　历代兴亡之大事
舆地　　各省府厅州县名目方位
第四年
史学　　历代疆域及分割之情形　　兼授地图
舆地　　各省名山大川方位情状　　兼授地图

又《钦定学堂章程》中规定史学、舆地二科各学年之教材大纲如下：

第一年
史学　　上古三代之大略
舆地　　地球大势

第二年
史学　秦汉之大略
舆地　本乡各境　本县各境
第三年
史学　两晋南北朝之大略
舆地　本府各境

又《钦定高等小学堂章程》中规定史学、舆地二科各学年之教材大纲如下：

第一年
史学　唐五代之大略
舆地　本省各境
第二年
史学　宋辽金元之大略
舆地　本国各境
第三年
史学　明之大略
舆地　同上学年

光绪二十九年十一月〔1904年1月〕，《奏定初等小学堂章程》中，规定历史、地理二科，各学年之教材大纲如下：

第一年
历史　讲乡土之大端故事，及本地古先名人之事实。
地理　讲乡土之道里建置，附近之由水，以及本地先贤之祠庙遗迹等类。
第二年
历史　同前学年

——117

地理　　同前学年

第三年

历史　　讲历朝年代、国号、及圣主贤君之大事。

地理　　讲本县、本府、本省之地理山水，中国地理之大概。

第四年

历史　　同前学年

地理　　讲中国地理幅员大势，及名山大川之梗概。

第五年

历史　　讲本朝开国大略，及列圣仁政。

地理　　讲中国幅员与外国毗连之大概，名山大川都会之位置。

同时《奏定高等小学堂章程》中规定如下：

第一年

中国历史　　中国历史之大要

地理　　　　中国地理之大要

第二年

中国历史　　续前学年

地理　　　　外国地理之大要

第三年

中国历史　　续前学年

地理　　　　续前学年

第四年

中国历史　　补习中国历史前三年所未及讲授者。

地理　　　　补习中外地理前三年所未及讲授者。

民国元年〔1912〕十一月公布之《小学校教则及课程表》中，奏定"本国历史，宜略授黄帝开国之功绩，历代伟人之言行，亚东文化之渊源，民国之建设，与近百年来中外之关系，"

"地理首宜授本国之地势、气候、区划、都会、物产、交通。以及地球之形状运动等。进授各洲地志之梗概，并重要各国之都会物产等。兼授本国政治经济上之状态，及对于外国所处之地位。"

民国五年〔1916〕一月公布之《高等小学校令》施行细则中，奏定之史地教材大纲，与元年〔1912〕十一月公布之《小学校教则及课程表》中，所奏定者完全相同。

民国十二年〔1923〕六月公布之《新学制课程标准纲要》中规定初级社会科教材程序如下：

第一学年

1. 家庭的设计研究。

2. 身体衣物的清洁。

3. 纪念日和节气的研究——历史事迹风俗惯例等与自然研究联络或混合教学。

4. 关于公民卫生史地各种故事。

第二学年

1. 学校市乡的观察研究。

2. 衣食住的卫生。

3. 原始人生活。

4. 异地人生活。

5. 纪念日和节气的研究。

第三学年

1. 加县和省的研究。

2. 增进健康的卫生常识和公共卫生大要。

3. 原始人生活。

4. 异地人生活。

5. 事物发明史。

6. 纪念日和季节的研究。

7. 学校自治的参加。

第四学年

1. 本国研究。

2. 注重公众卫生和浅易的急救法、治疗法。

3. 近代本国大事。

4. 事物发明史。

5. 史地观念的整理。

6. 地方自治讨论。

## 同时又奏定小学历史科教材程序如下：

第一学年

1. 基本的历史故事的讲述——例如动物的原始野生人类的裸体生食穴居、树居的片段故事。

2. 关于纪念日的历史事迹。

第二学年

1. 原始人生活——如居处的变迁（树居、穴居），火的发现等。

2. 由本地祠庙等纪念物推考故物的历史事实。

3. 关于纪念日的历史事迹。

第三学年

1. 原始人生活——衣食住的进化，社会的形成和变迁。

2. 事物发明史——注重属于文化事业例如文具等。

3. 续第二年。

4. 关于纪念日的历史事迹。

第四学年

1. 近代本国大事——例如中华民国成立前后的历史和近代外交大事。

2. 事物发明史——注重农工商业发达的事迹和应用器物。

3. 续第三年。

4. 历史观念的整理——例如朝代种族境界的历代观念等。

5. 时事研究。

第五学年

1. 本国历史大事——注重种族的分并，文化学术的演进等。

2. 时事研究。

第六学年

1. 续第五年注重社会国家的变迁等。

2. 世界历史大事——例如西洋文明由来、文艺复兴、各种建立、世界大战、民治运动……

3. 时事研究（与公民科联络合并）。

## 同时又规定小学地理科教材程序如下：

第一学年

1. 家庭设计以研究气候和衣食住的关系。

2. 环境观察以了解山丘河流平原——自然地理的名物关系。

3. 实地或用沙盘等设计，以了解位置、地势等。

第二学年

1. 继续家庭设计加学的观察研究。

2. 由衣食住研究生产、输运、气候等关于地理的各问题。

3. 用沙盘装排或图片、地图等观察本地大势。

4. 异地人生活的讲述研究。

第三学年

1. 继续由衣食住研究生产、输送、气候等关于地理各问题。

2. 连带研究本地和各地自然地理特色。

3. 用沙盘装排或画片、地图等观察本县和本省大势。

4. 继续异地人生活的讲述研究。

第四学年

1. 第三年等一项续。

2. 连带研究日月星风雨雪和四季昼夜等各简单问题。

3. 用沙盘、画片、地图、地球仪等观察本国大势和世界各国的普通关系。

4. 继续异地人生活的讲述研究。

第五学年

1. 本国地文地理——例如本国地势气候天然的政治区域等。

2. 本国的人文地理——例如国内团体生活、工商业、交通、政治、教育、军事、生产和对外贸易的现状和改良方法等。

3. 本国与地球和各国关系的各问题——例如外国人在中国的劳力债权以及本国在地球上的方向位置与邻国的关系等。

第六学年

1. 继续研究本国的地理问题。

2. 研究同洲各国各现状并与我国的关系——例如地势位置、工商业、政治、文化、交通、物产。

3. 研究世界著名各国的现状并与我国关系——连带华侨问题。

4. 研究地球转运天气差异以及关系人类文化的种种问题。

民国十八年〔1929〕八月教育部颁行之《小学暂行课程标准》中，规定社会科作业类别及各学年作业要项如下：

(A) 作业类别

(一) 关于历史的，儿童环境所接触和想象所能及的，古今人生活、古今文物制度、古今历史大事、纪念日。国耻史，民族独立运动史。时事等的探索、比较、记载、发表等。

(二) 关于地理的，儿童环境所接触和所能及的异方人本地人生活，学校、家庭、市、乡、省、国家等的组织，地方风景时令、国家文物、区域、民族地位、世界情势的调查、比较、记载、发表等。

(三) 关于公共卫生的，儿童所应具的公共卫生知识和习惯的研究、设计、练习。

(B) 作业要项

第一、二学年

(一) 历史

1. 纪念日、历史事迹的讲述研究。

2. 我国初民生活如裸体、生食、穴居、巢居、取火、渔猎、自卫、御敌、迁居、娱乐、组织政府、休闲活动等片段有趣的故事的设计研究、表演等——和今人比较。

3. 本地祠、庙和其他纪念物所包含的历史故事的讲述研究。

4. 伟人儿童时代历史故事的讲述研究。

(二) 地理

1. 本地人民生活（如农业、市集、商店和其他生产事业等）社会事业（如村会、合作社、地方政府、消防机关、警察局或自卫团、交通或运输机关、公园、教育机关、娱乐机关、宗教机关等）以及各种特点的观察研究——从家庭生活、学校生活设计出发，以至于市乡县的范围。

2. 衣食住行和气候时令关联的地理问题的研究。

3. 本地山水、名胜、建筑、街道等观察研究。

4. 异地儿童（寒带的如俄蒙，热带的如南洋，文明的如欧美，野蛮的如苗、徭）生活的研究。——和本地人比较。

5. 方向位置本地区域大概等的认识。——实地并利用沙盘设计、画片、地图等观察。

(三) 公共卫生

1. 家庭学校四周的卫生问题的调查研究、设计改善等。

2. 校中和本地卫生组织的意义作用的研究。

3. 清洁运动、卫生运动的设计施行。

第三、四学年

(一) 历史

1. 继续前学年第一项。

2. 继续前学年第二项。加衣食住行和日常事物的发明进化和渔猎时代、游牧时代以至部落政治、国家政治的演进等。

3. 继续前学年第三项。

4. 中国君权的推移，中华民国开国等历史问题的推求讨论。

5. 国耻痛史的讲述研究。

6. 时事的讲述研究。

（二）地理

1. 继续前学年第一项……扩充到世界的范围，注重本国各种独具的天惠和本国重要的产业以及开发此种天惠产业的方法和产业对于世界的影响等。

2. 异地人生活研究——和本国人相比较，并及世界人类相维击的关系，以及民族间彼此歧视的因果。

3. 本国地势、山脉、河流等大概情形的设计研究——用沙盘装排画片，地图观察等。

4. 国耻纪念地如割让地、租借地、租界并不平等条约等大概情形的设计研究。民族地位和民族独立运动的认识和启发。

5. 我国政制（注意民权）和世界民权大概情形的设计研究。

6. 地球形状、大洋、大洲，我国和世界重要各国路点的认识。

（三）公共卫生

1. 继续前学年第一项，范围扩大。

2. 国家卫生组织的意义和作用的研究。

3. 继续前学年第三项。

4. 卫生会的组织。

第五、六学年

（一）历史

一 中外历史大事的设计研究。

(1) 关于民族的：例如中华民族的演进，世界各著名民族的由来，各民族的文化，帝国主义侵略史迹，我国国耻史，我国民族独立运动史等。

(2) 关于民权的：例如我国和各国神权时代的史迹，封建制度和君权政治的流弊，英国的革命运动，美国的独立，法国的革命，中华民国的民权运动，各国的民权趋势等。

（3）关于民生的：例如衣食住行记载等各种代表物质的进化，农业社会经济状况，中外的通商，各洲交通，欧美的工业革命，帝国资本主义的形成。列强对各国和我国的社会革命的经济侵略，俄国的社会革命，我国经济改革的趋势等。

二　时事研究。

（二）地理

一　我国和世界大势所关的地理问题的设计研究。

（1）关于：民族的例如我国各民族，我国民族的特点，地位……帝国主义和殖民地帝国主义对我国的侵略压迫，各民族的独立运动，海外华侨生活等。

（2）关于民权的：例如我国政府的组织，我国民的权利义务，我国民权的趋势，国民党党治，著名各国的政制现状等。

（3）关于民生的：以总理的建国方略中的实业计划为范围，并及世界资本主义、社会主义的趋势等。

二　我国人文地理的问题研究。

三　地球和太阳系各行星大概的研究。

（三）公共卫生

一　继续前学年第一项，范围更扩大。

二　世界各国公共卫生的推究。

三　继续前学年第三项。

四　拒毒运动的设计实行。

五　继续前学年第四项。

附注：上列各项，是理论的排列，实际教学时，不但不应照这次序，并且不可史地、卫生分开。

民国二十一年〔1932〕十月教育部颁行之《小学课程标准》，规定社会科作业类别及各学年作业要项如下：

(A) 作业类别

(一) 儿童所应具的公民知识、道德和习惯的研究、设计、练习。

(二) 儿童在环境所接触和想象所能及的今人生活、古今文物制度、古今历史大事、纪念日、国耻史、民族运动史时事等的探索、比较、记载、发表等。

(三) 儿童在环境中所接触和想象所能及的异方人、本地人生活、学校、家庭、市、乡、省、国家等组织、地方、风景、时令、国家文物区域、民族地位、世界情势的调查、比较、记载发表等。

(B) 作业要项

第一、二学年

1. 党旗国旗的认识和讲述。

2. 中山先生儿童时代故事的讲述。

3. 参加纪念周及其他集会的训练。

4. 节日（如植树节……）的讲述研究。

5. 忠孝、仁爱、信义、和平等道德故事的讲述（注重实践）。

6. 家庭生活的研究。

7. 邻里生活的研究。

8. 学校生活的研究。

9. 本地公共场所的观察研究。

10. 本地名胜古迹和纪念物的实地观察及其所包含的历史故事的讲述研究。

11. 方向、位置和本地区域、山水、道路等的观察研究。

12. 本地物产的观察研究。

13. 异地儿童生活的设计比较研究。

14. 原始人生活如裸体、生食、穴居、巢居、取火、渔猎、自卫、御敌、迁居、娱乐等的设计比较研究。

15. 纪念日的讲述研究。

16. 有教育价值的本地时事要闻的讲述研究。

第三、四学年

1. 党国先进故事的讲述研究。

2. 我国革命运动史和中华民国开国史大概的讲述研究。

3. 三民主义大要的讲述研究。

4. 纪念日和国耻痛史的讲述研究。

5. 不平等条约大概的讲述研究。

6. 民权初步的演习。

7. 选举、罢免、创制、复决四种民权的设计练习。

8. 人民对于地方国家的权利义务的研究。

9. 继续第一、二学年第五项。

10. 地方自治及本地重要事业的观察调查和研究。

11. 我国政治组织大概的讲述。

12. 本地人民生活和职业状况的观察，调查和研究。

13. 异地人生活的比较研究。

14. 食、衣、住、行等日常事物的发明进化的研究。

15. 历史上重要人物和发明家故事的讲述研究。

16. 渔猎、畜牧、农耕、工商各时代人类生活进化大概的研究。

17. 家族、民族、部落、国家、人类社会、政治组织的演进大概的情形。

18. 我国地势、气候、物产、交通、区域等大概的研究。

19. 我国首都、上海、北平、汉口、广州等重要都市的研究。

20. 地球形状，大洋大洲，我国和世界重要各国位置的认识。

21. 有教育价值的本地新闻和重要时事的讲述研究。

第五、六学年

1. 总理遗嘱的意义的讲述研究。

2. 中国国民党党治及军政训政宪政等意义的讲述研究。

3. 继续第三、四学年第三项。

4. 继续第三、四学年第六项。

5. 继续第三、四学年第七项。

6. 继续第三、四学年第九项。

7. 平等与自由的真义的研究。

8. 地方风俗习惯的观察调查和改善方法的研究。

9. 地方自治的观察调查研究。

10. 市政的观察研究。

11. 社会生活和社会服务的观察研究。

12. 家庭贫乏等社会问题的观察、调查、讨论、研究。

13. 生产、消费等社会经济状况的观察、调查、讨论、研究。

14. 人民的权利义务的研究。

15. 我国政治制度和五权宪法的研究。

16. 我国现行重要法制的大概的研究。

17. 职业种类，择业方法和职业上必需的品性行为的讨论研究。

18. 有教育价值的本地新闻和重要时事的讲述研究。

——以上关于公民知识的——

19. 中国民族的起源演进和现状的研究。

20. 我国古代文化的研究。

21. 我国历代学术思想的重要事实的研究。

22. 我国历代重要发明的研究。

23. 我国历代重要人物的讲述的研究。

24. 我国近百年来的内政外交的重要事实和革命运动的研究。

25. 帝国主义的侵略，我国和世界各弱小民族独立运动的研究。

26. 日本的维新及其在太平洋上活动的研究。

27. 英法的革命，美国的独立和我国民权运动的研究。

28. 俄国革命的研究。

29. 产业革命及其对于我国影响的研究。

30. 欧洲大战及其对于我国的关系的研究。

——以上关于历史的——

31. 我国地势、山脉、河流、区域、气候物产等的研究。

32. 我国各省、市和蒙古、西藏的研究。

33. 我国重要都市的研究——和世界重要都市比较。
34. 我国交通事业和世界交通的研究。
35. 我国水利和民生关系的研究。
36. 实业计划的大概研究。
37. 我国边界失地和邻近各国（尤注重日本）的研究。
38. 我国和帝国主义国家地理上种种关系的研究。
39. 世界重要各国的地点、国势等及世界大势的研究。
40. 地球形状、两极、赤道、五带、经纬线、大洲、大洋等的认识研究。

——以上是关于地理的——

综此可见从光绪二十八年〔1902〕七月颁布之《钦定蒙学堂章程》，所规定之史学、舆地，改至现在的社会科，内容已大加改组，昔之专以记诵枯燥无味之数字或系统图等为要务者，今则一变而为以生活为中心；同时着重于民族运动与世界情势等，准昔酌今，其教育上与实用上价值之悬殊，当可想见了。

## 五 教学方法之变更

按前清光绪二十三年〔1897〕，兴办学校后，其时固徒具学校之名，无所谓教学方法也。直至光绪二十九年〔1904年1月〕时，在《奏定初等小学堂章程》第二章中，载"历史宜悬历代帝王统系图一幅于壁上，则不劳详说而自能记忆。"地理当"先自学校附近指示其方向子午、步数多少、道里远近，次及于附近之先贤祠墓，近处山水间，亦带领小学生寻访古迹，为之解说，俾其因故事而记地理兼及居民之职业，贫富之原因，舟车之交通，物产之生殖，并使认识地图，渐次由近及远，令其凑合木版分合地图尤善。地理宜悬本县图、本省图、中国图、东西中球图，五洲图于壁上，每学年各与折叠善图一张，则不烦细讲而自了然。"

观乎此，亦可以知当时教学方法之程度矣。

其后光绪三十三年〔1907〕起，一直至民国十二年〔1923〕前止，初等小学，并无史地科目，其教学方法，亦无从查考。至于高等小学之史地教学方法，分述如下：

民国元年〔1912〕十一月二十二日教部公布之《小学校教则及课程表》，第五条有云："教授本国历史、宜用图画、标本、地图等物，使儿童相当时之实况，尤宜与修身所授事项联络"，第六条有云："教授地理，务须实地观察，示以地图、标本、影片、地球仪等物，使具有确实之知识，宜与历史地理科所授事项联络，并使儿童填注暗射地图及习绘地图。"

民国五年〔1916〕公布之《高等小学校令》施行细则中，关于历史教学方法之规定，与元年所公布者相同，其关于地理者略有变更。兹节录第四条如下："教授地理宜先注意于乡土之观察，以引起儿童之兴味，及其爱乡思想。并示以地图、标本、影片、地球仪等物，使具有确定之知识，尤宜与历史地理科所授事项联络，并使儿童填注暗射地图，及习绘地图。"

民国十二年〔1923〕六月公布之《新学制课程标准纲要》中所定初级社会科教学方法如下：

> 与卫生、公民、历史、地理各科相同，但大部分须联络一起，力避各科分列形式。

又规定小学之历史教学方法如下：

（一）注重以演剧或其他发表方法为目的设计教学，高年级并注重问题研究——以听讲阅书、调查思考、证验等为研究过程。

（二）前四年与卫生公民地理作社会科教学，五六年仍宜与各科又规定小学之地理教学方法如下：

（一）以儿童的切身经验为源起，再以原始人生活、异地人生活为比较的研究，更根据想象，扩充范围，教学时适用设计法和问题研究法，兼及启发法，范例研究法等。

（二）前四年与卫生，公民，历史，合作社会科教学，五六年也须与卫生，公民，历史，联络教学。

其他卫生、公民二科教学方法，详另文，兹不赘述。

民国十八年〔1929〕八月教育部颁行之《小学暂行课程标准》中所定社会科教学方法要点，视前更详。兹分录如下：

一、社会教学，应从工作教学出发和党义、自然、美术、算术等联络设计，以便打成一片。

二、社会自然，关系尤为密切，四年以前，可合并为一科目，名称可从习惯称为"常识"。

三、社会教材，低年级以本身和本地人生活为中心，高年级以本国人生活为中心。

四、社会教材的选择应注意和我们关系深切而有代表价值，且最足以促进文化的，例如：

1. 横的方面：

（甲）和现代人类生活有重要关系的，例如衣、食、住、行、记载等。

（乙）和中华民族有重要关系的，例如艺术、音乐、科学、宗教、政治、文学等。

（丙）世界重要问题。

2. 纵的方面：

（甲）人生需要各事物的发明进步；

（乙）关于公益的协作方法的变迁发达；

（丙）关于艺术、音乐、科学、宗教、文学等的发展。

五、社会教材，尤须以三民主义为经，以建国方略建国大纲为纬。不但须注意于已往的经过和现在的情形，并须注重将来的进化趋势和改良计划。

六、社会教材，最好不用干燥呆板的教科书，而以活的社会为教科书，由儿童亲身经历，亲眼观察或亲手调查记较、制作、发表……以期活动。但关于社会的儿童图书，如《原始人生活》、《树居人生活》、《穴居人生活》、《海滨人生活》、《世界儿童故事》、《名人传记》、《风景志》、《游戏》、《年代表》、《地图》、《事物发明史》……可充分采用。

七、高年级儿童所用参考书，可每一问题，编为一种。例如关于服式的，可将历代服式，现在我国和各国服式，绘图立说，成为一套，关于陶瓷的，可将中外陶瓷的发明进化史，以及历代和现代陶瓷器图说，编为一套。……行文须浅显而有文学趣味。

八、教师应和儿童共同搜集关于社会的实物、模型、标本、图画等，以为教学之助。沙盘，地图，年代表尤所必要。年代表可用公历纪年为经，民族分合，历朝兴亡年代，列国兴亡年代为纬。以供四年级以上作整理历史知识的工具。

九、教材排列，应以一个问题为经，以前由上古史顺次而下的历史系统，和先教这省，次教那省，后教世界的地理系统，都须打破。——因为论理的排列，不宜于小学儿童。但在四年级以上每学期之末，应定时间，用地图年代表，整理社会知识，以便具有系统观念。

十、平时教学的材料，应以儿童眼前的日常问题做出发点。低年级应引导儿童以自身生活方面发生需要解决的问题。高年级除儿童自发问题外，教师可以从时事，纪念日，时令等引起研究的问题。

十一、发生了问题除无价值或价值很少的（无代表价值或不需搜集思索的）随时用简单的方法解决外，较重大的问题，乃和儿童共同设计，进行解决。

十二、问题的解决，要引导儿童自己活动，如实地调查搜集，图书参考阅读，填表，制图剪贴图样，记录要点等都是很要紧的。

十三、问题的讨论，应让儿童自由发表意见，教员在儿童意见未尽情发表时，不要轻加评判或暗示。全班儿童没有意见时，教员才可加入校正。

十四、引旧材料以和新材料比较研究，和把教学的材料综括而得一完整的结果，这是社会自然教学中所应注重的一点。

十五、年代、地程、产物、数量……不必儿童记忆，因果关系方须儿童寻求。

十六、历史故事的表演，可以增加兴趣，帮助想象，地图的绘制或填注，可以帮助记忆增加经验，应常常引导儿童去做。

十七、指导儿童组织各种机关，练习运用四权，处理事务，这是社会科课外最重要的工作。

民国二十一年〔1932〕十月教育部颁行之《小学课程标准》中，所定教学方法要点，和十八年所颁，稍有出入。兹录之如下：

社会科教学要点

1. 社会教学，应常和劳作、自然、美术、算术、卫生等科联络设计，以便打成一片。

2. 社会和自然、卫生、关系尤为密切，四年以前，可合并为一科目，名称从习惯通称为"常识"。

3. 社会教材，低年级以本身和本地人生活为中心，高年级以本国人生活为中心。

4. 社会教材的选择，应注意和我们关系最深切而有代表价值的项目。

5. 社会教材的选择，尤须着眼于帮助三民主义、建国方略、建国大纲的了解。不但注意于已经过去和现在的情形，并须注重将来的进化趋势和改良计划。

6. 社会教学，应注重儿童亲身经历、亲眼观察或亲手调查记载、制作、发表等的活动。书本知识不过用以补充直接的经验。至于社会的儿童图书，《原始人生活》、《树居人生活》、《穴居人生活》、《海滨人生活》、《世界儿童故事》、《名人传记》、《风景志》、《游记》、《年代表》、《地图》、《事物发明史》……，可充分采用。

7. 高年级儿童所用参考书，可每一问题，编为一种。例如关于服式的，可将历代服式，现在我国和各国服式，绘图立说，成为一套；关于陶瓷的，可将中外陶瓷的发明进化史，以及历代和现代陶器瓷图说，编为一套。……行文须浅显而有文学趣味。

8. 教师应和儿童共同搜集关于社会的实物、模型、标本、图书等，以为教学之助。沙盘、地图、年代表尤所必要，年代表可用公历纪年为经，民族分合，历朝兴亡年代，列国兴亡年代为纬，以供四年级以上作整理历史知识的工具。

9. 教材排列，应以一个问题为经，以前由上古史顺次而下的历史系统，和先教这省，次教那省，后教世界的地理系统，都须打破。——因为理论的排列，不宜于小学儿童。但在教学法上，教员仍宜逐渐引导儿童使有时代和区域观念。四年级以上并应特定时间，用地图，年代表整理社会知识，以使其系统分明。

10. 平时教学材料，应以儿童眼前的日常问题做出发点，低年级应引导儿童以自身生活方面发生需要解决的问题。高年级除儿童自发问题外，教师可以从事纪念日、时令等引起研究问题。

11. 发生了问题，除无价值或价值很少的（无代表价值或不需搜集思索的），随时用简单的方法解决外，较重大的问题，乃和儿童共同设计，进行解决。

12. 问题的解决，要引导儿童自己活动；如实地调查搜集，图书参考阅读，填表，制图，剪贴图样，记录要点等，都是很要紧的。

13. 问题的讨论，应让儿童自由发表意见；教员在儿童意见未尽情发表时，不要轻加评判或暗示，全班儿童没有意见时，教员才可加校正。

14. 引旧材料以和新材料比较研究，和把教学的材料综括而得一完整的结果，这是社会自然教学中所应注意的一点。

15. 年代、地程、产物数量……不必儿童记忆；因果关系，乃须儿童寻求。

16. 历史故事的表演，可以增加兴趣，帮助想象；地图的绘制或填注，可以帮助记忆，增加经验，应常常引导儿童去做。

17. 指导儿童组织各种机关，练习运用四权，处理事务，这是社会科课外最重要的工作。

就民国二十一年〔1932〕部颁的教学方法要点，和以前相比，已不知进步多少？如执教者，能神而明之，则现代小学生之幸福为何如。

## 余　论

在这三十余年之中，社会科之变更如是。虽然光绪三十三年〔1907〕时那一次的变更，令我们有些不满意，但我很相信事物愈变更，则愈有进步。社会科有这样的变更，故有这样的进步。

但以现在实际状况而论，也许有许多小学的社会科教学，依旧是一团糟的吧？我想要改革以后社会科的教学，下列几点或许有一些参考的价值。

1. 应多多采用"以常识为中心生活为出发"的大单元设计。
2. 应多多创制教学时应用的图表模型等。
3. 应多多编辑文艺化的社会补充读物或故事等。
4. 应多多利用幻灯影片来辅助教学。

5. 应多多注意时事教学。

6. 应多多插入救国的材料。

7. 应多多指导儿童观察社会现象,参与社会活动,练习儿童自治等。

8. 应多多训练儿童社交的能力。

# 从格致科说到自然科

## 引　言

欧洲当19世纪之初叶，科学上之发明与发现大盛。一般人渐觉自然界之知识，对于人类幸福与社会进步极为重要。于是有斯宾塞、赫胥黎等主张将科学列入课程。此种主张，初大受一般守旧者之反对；但不久，即得多数教育家之赞助而实现。此为欧洲学校设自然科之起源。

中国学校之设自然科，始于前清同治年间，盖当时有同文馆之创设，同文馆教授科目中有格致一科，即为今日自然科之别名。

清光绪二十九年十一月〔1904年1月〕公布《奏定学堂章程》中，初等小学堂与高等小学堂皆有格致科。中国小学之有格致一科，盖自此始。其内容包括动植矿物理化卫生等项。

民国元年〔1912〕，格致改称理科，内容未变更。

民国十二年〔1923〕颁行《新学制课程》，又将理科改称自然，将卫生部分划开，而以园艺并入。

民国十八年〔1929〕教育部颁行《暂行课程标准》，又将卫生并入自然，而划分园艺于工作科。二十一年〔1932〕颁行《课程标准》，再将卫生划分使另立一科。

吾国兴学才三十余年，而自然科之名称已再三变换。教学之目的、时间、材料、方法等，亦随名称而变更，兹分别论之，以明其变迁之实际也。

## 本　　论

### 一　科目名称之变更

清光绪二十八年〔1902〕七月，颁布《钦定学堂章程》（管学大臣张百熙奏订），将初等教育分为蒙学堂、寻常小学堂、高等小学堂三级，所设课程，高等小学堂始有理科一科，惟当时之高等小学堂相当于今之初级中学。且是项章程亦并未实行。

光绪二十九年十一月〔1904年1月〕颁布《奏定章程》（张之洞会同张百熙荣禄奏订），就上年颁定章程，加以修改，其初等教育之课程，亦略有变更，初等小学堂与高等小学堂皆特设格致一科，且列入必修科。盖当时国家屡受外侮，上下咸知非效法西学讲求坚甲利兵，不足以御外侮，雪国耻也。

光绪三十三年〔1907〕正月，颁定《女子小学堂章程》，分初等小学堂、高等小学堂两级，于高等小学堂教授科目中，亦以格致列入必修科。

宣统元年〔1909〕三月，以初等小学堂教授科目过多，将历史、地理、格致三科并入国文。寓自然知识于国文内，此法在教育上，固有相当价值。惟教者需有相当学识，能与儿童作精密之研究，方能奏效。无奈当时一般教者，自己缺乏科学根柢，如何能与儿童作精密之研究？是以虽寓自然于国文中，而教者仅朗读教本，学者亦依样葫芦，其结果，等于未设格致科。

民国元年〔1912〕一月，教育部颁布《普通教育暂行办法》，学堂改称学校，高等小学校之学科目为修身、国文、算术、中华历史、地理、博物理化、图画、手工、体操，女子加课裁缝，视地方情形得加设唱歌、外国语、农工商业之一科目或数科目，所设博物理化，乃前清格致之改称。此为名称之一变。初等小学校之学科目为修身、国文、算术、游戏、体操、视地方情形得加设图画、手工、唱歌之一科目或数科目，女子加课裁缝，男子加课农业，其国文一科仍包括历史、地理、博物、理化在内。

民国元年〔1912〕七月，教育部召集各省教育人员开临时教育会议，改订学制，十一月颁布《小学校令》，又颁布《小学教则及课程表》，将原有高等小学校之博物理化科改称为理科，此为名称之二变。

民国十二年〔1923〕六月全国教育联合会，《新学制课程标准》起草委员会复订刊布之《新学制课程纲要》中将高级小学校之理科，改为自然园艺二科，初级小学校亦加设自然园艺科。此为名称之三变。

民国十七年〔1928〕二月大学院公布《小学暂行条例》中，初级小学、高级小学皆设自然一科以原有之园艺并入自然科教学。

民国十八年〔1929〕八月教育部公布《小学课程暂行标准》，将卫生科之卫生知能并入自然，原有自然中之园艺归入工作科天气称为农事。

民国二十一年〔1932〕十月教育部颁行《小学课程标准》，又将自然科中之卫生知能划出。

综上观之，自清光绪二十九年〔1903〕至民国十二年

〔1923〕格致科之名称凡二变，自民国十二年〔1923〕至今，自然科之名称虽未变其内容已四变矣。

## 二 教学目的之变更

光绪二十九年十一月〔1904年1月〕公布之《奏定初等小学堂章程》第二章有云："格致，其要义在使知动物、植物、矿物等类之大略形象质性，并各物与人之关系，以备有益日用生计之用；惟幼龄儿童宜由近而远，当先以乡土格致，先就教室中器具学校用品，庭园中动物、植物、矿物渐次及于附近山林川泽之动物、植物、矿物为之解说其生活变化作用以动其博识多闻之慕念。"同时公布之《奏定高等小学堂章程》第二章有云："格致，其要义在使知动物、植物、矿物等类之形象质性，并使知物与物之关系，及物与人相对之关系，可适于日用生计及各项实业之用；尤当于农业工业所关重要动植矿等物详为解说，以精密其观物察理之念。"此即当时格致教学之目的，盖趋重于锻炼主义与实利主义者也。

民国元年〔1912〕十一月公布之《小学校教则及课程表》中《小学校教则》第七条云："理科要旨在使儿童略知天然物及自然现象，领悟其中相互关系及对于人生之关系，兼使练习观察养成爱自然之心。"

民国五年〔1916〕一月公布之《高等小学令》施行细则中规定之理科要旨，与元年公布者同。此目的仍偏重于实利主义，且带有公民教育主义之色彩。

民国十二年〔1923〕六月刊布之《小学新学制课程标准纲要》中所定自然科教学之主旨：

启发关于自然物和自然现象的基本知识。

（一）明了自然与人生有美术的、经济的、社会的、卫生的各种关系。
（二）有欣赏自然、研究自然和爱好田野生活的兴趣。
（三）有利用自然和种植畜养的智能。

观此，可知当时之自然教学目的，渐由公民教育主义趋向于适应环境说矣。

民国十八年〔1929〕八月教育部颁行之《小学课程暂行标准》，订定自然科教学目标：

（一）启发进求理解自然的基本知识，并养成对于科学的研究态度和试验精神。
（二）增进利用自然以解决物质和精神生活问题的智能。
（附注）：物质生活问题：如个人身体的卫生以及衣食住行等民生需要的满足。精神生活问题：如迷信的破除，正当的宇宙和人生观的培育等。
（三）培养欣赏自然、爱护自然的兴趣和理想。

民国二十一年〔1932〕十月，教育部颁行《小学课程标准》，修订自然科教学目标如下：

（一）指导儿童理解自然界的现象，并养成其科学研究和试验的精神。
（二）指导儿童利用自然，以解决人类生活问题的智能。
（三）培养儿童欣赏自然，爱护自然的兴趣和道德。

此目标，视民国十七年〔1928〕所定，相差无几，盖皆趋重于公民教育主义与适应环境说也。

综观上文,自前清光绪二十九年〔1903〕迄今,自然科教学目的之变更可分为五期其所以屡屡变更之原因,盖受近代教育思潮演进之影响也。

### 三 教学时间之变更

自然科因名称,内容之变更,教学时间亦随之而不同,兹表列自光绪二十八年〔1902〕迄今之理科格致自然科教学时间如下。

1. 光绪二十八年〔1902〕《钦定学堂章程》中规定高等小学堂之理科教学时间：

理　科

| 学　　年 | 第一学年 | 第二学年 | 第三学年 |
| --- | --- | --- | --- |
| 每周教授时数 | 6 | 6 | 10 |

附注：当时以 12 日为一周。

2. 光绪二十九年〔1904 年 1 月〕《奏定学堂章程》中规定之格致科教学时间：

初等小学堂

格　致

| 学　　年 | 第一年 | 第二年 | 第三年 | 第四年 | 第五年 |
| --- | --- | --- | --- | --- | --- |
| 每周教授时数 | 1 | 1 | 1 | 1 | 1 |

高等小学堂

格　致

| 学　　年 | 第一年 | 第二年 | 第三年 | 第四年 |
| --- | --- | --- | --- | --- |
| 每周教授时数 | 2 | 2 | 2 | 2 |

3. 民国元年〔1912〕十一月公布之《小学校教则及课程表》中规定之理科教学时间：

高等小学校

理　科

| 学　　年 | 第一学年 | 第二学年 | 第三学年 |
| --- | --- | --- | --- |
| 每周教授时数 | 2 | 2 | 2 |

4. 民国五年〔1916〕一月公布之《高等小学校令》施行细则中规定理科之教学时间与元年〔1912〕公布者同。

5. 民国十二年〔1923〕六月公布之《小学新学制课程标准纲要》中规定之自然科教学时间：

小学校授课以分数计，初级前二年每周至少1080分钟，后二年至少1260分钟，高级每周至少1440分钟，各科约定百分比。实际计算，如有除不尽者应加整数，以符至少之意。

| 教科目 | | 初　　　级 | | | 高　　　级 | | |
| --- | --- | --- | --- | --- | --- | --- | --- |
| | | 一 | 二 | 三 | 四 | 五 | 六 |
| | | 百分比 | 百分比 | 百分比 | 百分比 | 百分比 | 百分比 |
| 自然 | 自然 | 12 | 12 | 12 | 8 | 8 | 8 |
| | 园艺 | | | | 4 | 4 | 4 |

编者根据上列小学授课分数及各科约定百分比，计算小学自然，每周至少教学分数如下：

第一、二学年　　　130 分钟

第三学年　　　　　152 分钟

第四学年　　　　　101 分钟（自然）

　　　　　　　　　51 分钟（园艺）

第五、六学年　　　114 分钟（自然）

　　　　　　　　　58 分钟（园艺）

各学年教学时间较前大增。

6. 民国十八年〔1929〕八月颁行之《小学暂行课程标准》

中规定之自然科教学时间：

**自　　然**

| 学　　年 | 第一、二学年 | 第三、四学年 | 第五、六学年 |
| --- | --- | --- | --- |
| 分　　数 | 90 | 120 | 150 |

第一、二学年教学时间较前减少。

7. 民国二十一年〔1932〕十一月颁行之《课程标准》，自然各学年每周教学时间，照十八年所定，无改变，实则卫生科另立，即已加多自然教学时间矣。

### 四　教学材料之变更

前清设格致科之始，即以之列入必修科，惟当时所定各学年教学材料极为笼统。至民国十二年〔1923〕刊布新学制课程始订定详尽之教学材料。兹略述光绪二十八年〔1902〕迄今，理科格致自然教材之变更如下：

光绪二十八年〔1902〕《钦定学堂章程》中规定者：高等小学堂理科第一年授动植物浅理。第二年授器具制造浅理。第三年授物理初级。

光绪二十九年〔1904年1月〕《奏定学堂章程》中规定者：初等小学堂格致，第一、二年"讲乡土之动物、植物、矿物，凡关于日用所必需者使知其作用及名称"。第三、四年"讲重要动物、植物、矿物之形象使观察其生活发育之情状。"第五年"讲人身生理及卫生之大略。"高等小学堂格致，第一年"植物、动物、矿物及自然物之形象。"第二年"授寻常物理化学之形象。"第三年"原质及化合物，简易器具之构造作用。"第四年"植物、动物之互相关系及对人生之关系、人身生理卫生之大要。"

民国元年〔1912〕十一月公布之《小学校教则及课程表》中

规定"理科宜授习见之植物、动物、矿物及自然现象，使知重要之名称形状效用发育，及其互相关系，与对于人生之关系，进授物理化学上之重要现象，元素与化合物之性质，简易器械之构造作用、人身生理卫生之大要。""理科务授以适切于农工水产家计等事项，在教授动植物时，尤宜使知该物制造品之制法及其效用。"并于附表中规定高等小学校理科第一二学年"授动物、植物、矿物及自然现象。"第三学年"授通常物理化学上之现象元素，与化合物，简易器械之构造作用、人身生理卫生之大要。"

民国五年〔1916〕一月公布之《高等小学校令》施行细则中规定者与元年〔1912〕公布者同。

民国十二年〔1923〕六月公布之《新学制课程标准纲要》中，将卫生部分划入社会科。所定自然教学程序颇见详备，兹照录如下：

第一学年

1. 家庭动物，庭园植物，附近田野动物植物的观察研究。
2. 气候与衣食住和植物等的关系。
3. 校园的分配设计种菜饲候等法。
4. 风雨阴晴等气候的记载。

第二学年

1. 同第一学年扩充到野外远足观察。
2. 同第一学年益虫的过冬保护植物过冬等。
3. 种豆种菜饲鸡鸭等。
4. 去草灌溉和收获种子保藏种子等法。
5. 气候温度的记载。

第三学年

1. 同第二学年注重考察所见动物的生活状况和植物的自卫散布法等。

2. 研究铁铜银铅和普通的岩石土质。

3. 气候与衣食住和植物等的关系益虫的苏醒，水的冰冻蒸发凝结等。

4. 用寒暑表镜等研究传热发光反光等的浅近物理。

5. 种豆、种菜、种麦、种菊、饲鸡鸭、养蚕等。

6. 整地播种施肥除虫去草……各法。

7. 气候温度等的记载。

第四学年

1. 同第三年注重有益有害的动物和鱼类并有社会组织的虫类生活等。

2. 同第三年加金锡石英长石灰石炭等的研究。

3. 同第三年加风露雷电太阳的变化等。

4. 用指南针，秤各种活动玩具等研究磁石作用、发声、回声、重力作用水平摩擦电燃烧等的浅近物理并气氟氢氧等的作用。

5. 同第三年加种草棉蔷薇连养兔鸽等。

6. 同第三年加植物、生理与深耕、浅耕的利弊。

7. 同第三年。

第五学年

1. 同第四年注重鸟的生活有毒植物水族等的观察记载研究。

2. 同第四年加水银、水晶、火成岩、瓷水成岩、瓷土、陶土等的研究。

3. 同第四年加霜、雾、雹、虹、月的变化等。

4. 用简易器械研究浅近物理和化学作用。

5. 同第四年加种瓜、种芋、种麻、种桑、种竹、种水仙、凤仙、鸡冠和饲养金鱼、蜜蜂等。

6. 同第四年加作畦、培土、除虫各法。

7. 同第四年。

第六学年

1. 同第五年注重山野动植物、益虫、害虫、水生植物等的观察、记载、研究,并制作植物标本。

2. 同第五年加玉金钢石水泥玻璃合金等。

3. 同第五年加恒星、行星、卫星、地球、自转、公转、日食、月食、昼夜、潮汐等。

4. 简易器械浅近物理和化学作用。

5. 同第五年加种蓝种树等并研究森林的利益。

6. 同第五年加选种人工繁植肥料成分等。

7. 同第五年。

民国十八年〔1929〕八月教育部颁行之《小学暂行课程标准》中复将卫生知能部分归入自然,订定各学年作业要项甚详。兹照录作业类别及各学年作业要项如下:

(A) 作业类别

(一) 关于自然现象的  儿童环境所接触的气候、天象、地文、生物特性……的调查、观察、识别、比较、记载、发表、参考图书、解答问题等。

(二) 关于生活需要的  和儿童日常生活所关的衣、食、住、行……各种需要物品的调查、搜集、观察、比较、记载、发表试行制作或试行种植、畜养以及参考图书、解答问题等。

(三) 关于卫生智能的  儿童本身所应具的卫生习惯和生理知识以及疗病救急防疫等法研究练习随时实行并参考图书解答问题等。

(B) 作业要项

第一、二学年

(一) 自然现象

一　冷暖的省察。

二　秋冬春夏四时景物(例如秋天的花和虫,冬天动植物的过冬,春天花木和动植物的苏醒,夏天树木的茂盛,燕等候鸟的往来)变化象征的观察研究。

三　春夏秋冬四时的认识。

四　蚊蝇等的研究驱除。

五　云雨风等的研究。

六　日常晴雨的记载研究。

七　温度的记载研究。

（二）生活需要

一　关于食的

（1）陆地食物

（甲）本地主要农作物和蔬菜等形态生长情形等的观察研究并试行种植。

（乙）家畜家禽的状态生活等的观察研究，并试行饲养。

（丙）雨水气候和农作物的关系的研究。

（2）水生食物

（甲）鱼虾的形态生活等的观察研究。

（乙）捕鱼的研究。

（丙）本地主要水生植物形态和生长情形等的观察研究。

二　关于衣的

1. 丝和主要丝织物的识别和蚕的生活形态等的研究。

2. 棉和棉纱、棉布的识别。

3. 麻和麻布的识别并大麻苎麻的试种。

4. 呢绒的识别和绵羊的研究。

5. 皮革和皮革动物的研究。

三　关于住的

1. 建筑材料：砖瓦、石灰、木材等研究。

2. 家用供给：水，燃料，灯火，习见工具（如尺针等）的研究。

3. 居屋构造：日光、光线、空气的研究。

四　关于行的

1. 筑路用的材料（如石、煤屑……）和路的种类的研究。

2. 舟车的种类和用途的研究。

3. 石油、石灰等的研究。

五　其他

1. 普通记载用品（纸、笔、墨、砚、墨胶等）的研究。

2. 游戏器具：皮球、木马、秋千、毽子、不倒翁的简易物理的研究。

（三）卫生知能

一　人体外部形态功能的认识。

二　头部四肢，躯干等清洁法，保护法的研究实行。

三　衣、食、住、（包括睡眠）行、玩具、学习用品等清洁卫生的研究实行。（以生活需要研究所及的为范围。）

第三学年

（一）自然现象

一　四时物候（例如树的落叶，谷类豆类的萌蘖，冬季的候风，春夏的鸣禽，夏季的梅雨等）变化象征的调查，观察，研究记载等。

二　植物和日光等关系（如阴处花草等）的研究。

三　有毒植物（如石蒜、半夏、毛茛、泽漆等）的识别。

四　有群昆虫（如蜂蚁等）的观察研究。

五　昼夜运行和日蚀月蚀等的研究。

六　霜、露、冰、雪等的研究。

七　温度和晴雨的记载研究。

（二）生活需要

一　关于食的

（1）陆地食物

（甲）继续前学年加主要果树的研究。

（乙）昆虫土壤和农作物关系等的研究。

（丙）茶叶的研究。

（2）水生食物

（甲）继续前学年（甲）（乙）两项

（乙）海藻种类和采集方法的研究。

（丙）继续前学年加试行培养。

二　关于衣的

1. 丝和染料的研究，并蚕的饲养，桑的试种。

2. 棉织物的继续研究和棉的试种。

3. 麻的漂白作用等的研究试验。

4. 毛织物的继续研究。

5. 皮革物的继续研究。

三　关于住的

1. 建筑材料、花冈石、砂岩、石灰石、松杉以及玻璃等的研究。

2. 家用供给：普通木料家具，铁质家具，常用工具和防火用具等理化作用等的研究。

四　关于行的

1. 继续前学年。

2. 运输机械、火车蒸汽机等的研究。

3. 煤和铁的采掘等的研究。

五　其他

1. 印刷器具的研究。

2. 游戏器具：地铃铁环，纸鸢等简易物理的研究。

（三）卫生知能

1. 消化、排泄、循环、神经各器官形态功能的认识。

2. 消化、排泄、循环、神经各器官的康健法的研究实行。

3. 继续前学年，随生活需要的研究而扩充范围。

4. 曲背、近视、牙病、沙眼、痢疾、肺病等普通疾病和传染病的预防治疗的研究实行。

第五、六学年

（一）自然现象

一　四时变化的因果研究。

二　地震、海啸、火山爆发等的研究。

三　地球成因变化等的研究。

四　月球盈亏等的研究。

五　星球种类成因等的研究。

六　雷电的研究和避电针的装置。

七　生物进化的研究。

(二) 生活需要

一　关于食的

(1) 陆地食物

(甲) 继续前学年。

(乙) 鸟和农作物的关系和各种鸟类的研究。

(2) 水生食物继续前学年。

(3) 空气和空气成分效用和真空等的研究。

(4) 其他盐、空气、酒、细菌……和食物的关系的研究。

二　关于衣的

(1)
(2)
(3)　　继续前学年，加衣类附属品以及人造丝、人造革、机器制造
(4)　　等的研究。
(5)

三　关于住的

1. 建筑材料继续前学年加水门汀、三合土和造林等的研究。

2. 家用供给，继续前学年加瓷器、陶器、五金器、常用工具、电话、球汽灯、时钟、火炉、自来水等理化作用等的研究。

四　关于行的

1. 桥梁等重心和杠杆等物理作用的研究。

2. 飞机、自行车、汽车、电车等的构造和行动原理的研究。

3. 电报、无线电报装置原理等研究。

五　其他

1. 玻璃板精印法的原理的研究。

2. 游戏器具和娱乐器具、留声机、照相机、活动影戏等研究。

(三) 卫生知能

一 生理卫生的概要。六年下半年可作系统的研究。

二 衣、食、住、行等卫生的研究实行，随生活需要的研究而扩充范围。

三 普通疾病和传染病的预防治疗的研究实习。

四 急救法大要。

五 看护法大要。

六 家庭常用药品的识别。

附注：

1. 上列各要项，依各分类法排列。

2. 要项内容极简，教学时应依儿童的学力和地方情形，扩充研究范围，并随时伸缩增减。遇必要时得于下学年继续研究。例如水在要项中，仅于第一年列入，但第二年研究蒸气时须利用水力，即应继续扩充研究范围。

3. 研究的先后，以儿童经验为背景，无须照要项所列的次第。

民国二十一年〔1932〕一月教育部颁行之《小学课程》中所定自然科作业类别及各学年作业要项如下。

(A) 作业类别

一 关于自然现象的：儿童在环境所接触的气候、天象、地文、生活特性……的调查、观察、识别、比较、实验、记载、发表、参考图书解答问题等。

二 关于生活需要的：儿童日常生活所关的食、衣、住、行……各种需要物品的调查、搜集、观察、识别、比较、记载、发表、试行制作或试行种植畜养，及参考图书解答问题等。

(B) 作业要项

第一、二学年

(一) 自然现象

一　冷暖的省察。

二　秋冬春夏四时景物（例如秋天的花和虫，冬天动植物的过冬，春天花木和动植物的苏醒，夏天树木的茂盛，燕等候鸟的往来），变化的观察研究。

三　春夏秋冬四时的认识。

四　蚊蝇虫子等的害处和驱除方法的研究。

五　云、雨、风等的研究。

六　日常晴雨风向的记载研究。

七　温度的记载研究。

（二）生活

一　关于食的

（1）陆地食物

（甲）本地主要农作物和蔬菜等形态、生长情形等的观察研究，并试行种植。

（乙）家畜家禽的状态生活的观察、研究、并试行饲养。

（丙）雨水气候和农作物的关系的研究。

（2）水生食物

（甲）鱼虾的状态生活等的观察研究。

（乙）捕鱼的研究。

（丙）本地主要水生植物形态和生长情形等的观察研究。

二　关于衣的

1. 丝和主要丝织物的识别和蚕的生活状态等的研究。

2. 棉和棉纱、棉布的识别。

3. 麻和麻布的识别，并大麻苎麻的试种。

4. 呢绒的识别和绵羊的研究。

5. 皮革和皮革动物的研究。

三　关于住的

1. 建筑材料：砖瓦、石灰、木材等的研究。

2. 家用供给：水、燃料、灯火、常用工具（如尺、针等）的研究。

3. 居屋构造：日光、光线、空气的研究。

四　关于行的

1. 筑路用的材料（如石、煤屑……）和路的种类的研究。

2. 舟车的种类和用途的研究。

3. 煤和石油等的研究。

五　其他如普通记载用品（纸、笔、墨、砚、墨胶）的研究。

第三、四学年

（一）自然现象

一　四时物候（例如树的落叶，谷类豆类的萌蘖，冬季的候风，春夏的鸣禽，夏季的梅雨等）变化象征的调查、观察、研究、记载等。

二　植物和日光的关系（如日光下和阴处花草比较的研究。）

三　有毒动植物（动物和毒蛇等，植物和石蒜、半夏、毛茛、泽漆）的研究。

四　有群昆虫（如蜂蚁等）的观察研究。

五　昼夜运行如日蚀月蚀等的研究。

六　继续前学年第四五两项。

七　霜、露、冰、雪等的研究。

八　温度、晴雨和风向的记载研究。

（二）生活

一　关于食的

(1) 陆地食物

（甲）继续前学年（甲）项，加主要果树的研究。

（乙）蝗螟、青蛙、蚯蚓和农作物关系的研究。

（丙）大豆的研究。

（丁）茶叶的研究。

(2) 水生食物

（甲）继续前学年（甲）（乙）两项

（乙）继续前学年（丙）项，加试行培养。

（3）其他食用油、盐、糖等的研究。

二　关于衣的

1. 丝和染料的研究，并蚕的饲养，桑的试种。

2. 棉织物继续研究和棉的试种。

3. 麻的漂白作用等研究、试验。

4. 毛织物的继续研究。

5. 皮革物的继续研究。

三　关于住的

1. 建筑材料：花冈石、砂岩、石灰石、松、杉以及玻璃等的研究。

2. 家用供给：普通木料家具、铁质家具、常用工具和防火用具等的研究。

四　关于行的

1. 继续前学年。

2. 运输机械：轮船火车蒸汽机等的研究。

3. 煤和铁的采掘等的研究。

五　其他

1. 印刷器具的研究。

2. 游戏器具：皮球、不倒翁、毽子、纸鸢等简易物理的研究。

第五、六学年

（一）自然现象

一　四时变化的因果的研究。

二　继续前学年二、三、四、五、六各项。

三　地震、海啸火山爆发等的研究。

四　地球成因变化等的研究。

五　日、月、地球，进行的现象和月球盈亏等的研究。

六　星球种类成因等的研究。

七　雷电的研究和避电的研究。

八 生物和优生进化的研究。

(二)生活

一 关于食的

(1) 陆地生物

(甲) 继续前学年甲、乙两项。

(乙) 鸟和农作物的关系和各种鸟类的研究。

(2) 水生食物继续前学年。

(3) 空气和空气成分效用和真空等的研究。

(4) 其他盐、糖、酒、酱、油、细菌……和食物关系的研究。

二 关于衣的

(1)
(2)
(3) ⎰ 继续前学年,加衣类附属品,以及人造丝、人造革、机器制造等的研究。
(4)
(5)

三 关于住的

1. 建筑材料,继续前学年加水门汀、三合土和造林等的研究。

2. 家用供给,继续前学年加瓷器、陶器、五金器具、常用工具、电话、电灯、煤汽灯、时钟、火炉、自来水等理化作用等的研究。

四 关于行的

1. 桥梁等重心和杠杆等物理作用的研究。

2. 飞机、自动车、火车、电车等的构造和运动原理的研究。

3. 有线和无线电报装置原理等的研究。

五 其他

1. 继续前学年一项。

2. 游戏器具和娱乐器具:留声机、照相机、活动影戏等的研究。

3. 火柴、军器等的研究。

附注:

1. 上列各项,依分类法排列。

2. 要项内容极简，教学时应依儿童的学力和地方情形，扩充研究范围，并随时伸缩增减。上学年作业，遇必要时都得于下学年继续研究。例如水在要项中，仅于第一年列入，但第二年研究蒸汽时须利用水力，即应继续扩充研究范围。

3. 研究的先后，以儿童经验为背景，不可照要项所列次第。

## 五 教学方法之变更

光绪二十八年〔1902〕《钦定学堂章程》中。规定理科教授法云："教员于讲授之际，凡有事实之可指者，必示以实物标本，使学生知闻并进，且时导学生于近地游行以为实地研究之助。"其后于《奏定学堂章程》中，并无明文规定格致科之教法。惟考其实际，多用讲演式教学法。

民国元年〔1912〕十一月公布之《小学校教则及课程表》中规定理科教授法云："教授理科务须实地观察，或示以标本模型图画等并施简易实验。"

民国五年〔1916〕一月公布之《高等小学令》施行细则中规定者与民国元年〔1912〕公布者同。

民国十二年〔1923〕六月公布之《新学制课程纲要》中所定自然之教学方法。较为详尽。兹照录如下：

（一）可以衣食住和用具等做出发点，注重观察调查记载验证等，初年级用设计法，高年级注重问题研究。

（二）园作要和自然密切的打成一片，各种作业法要在实习过程中随时指导。

附注：如因不得已的缘故，缺园地的，可仅把盆栽代园作为自然的验证，限度不成问题。

民国十八年〔1929〕八月教育部颁行之《小学暂行课程标

准》中所定自然科教学方法要点，视前更为详尽，兹照录如下：

（一）我国产业落后，民生凋敝，小学课程关于工作、社会、自然等科，尤应根据民生主义，而以总理的建国方略关于物质建设方面的各项为基础，一洗从前根据科学分类的教材的枝节枯燥之弊。——但是过细言之，自然材料的选择，仍须根据如下的原则：

（1）须以乡土材料为出发点。

附注：农业社会和工商社会，情形显然不同；教学材料，除本课程所包含的以外应各就本地采取。见于本课程，而为当地所无的材料，不妨略而不用。但于相当会，仍宜用图画等介绍以启发儿童的思想，扩展儿童的经验。

（2）须合时令节气。

（3）须为儿童切身的需要和儿童理想所能了解的。

（4）须重要而有代表价值的。

（二）因为各地各校材料可以不同的缘故，所以自然一科，以不用教科书，或活用教科书为原则。关于自然卫生的参考书，须充分的采用，过细的指导儿童阅读。参考书的编辑，可每一问题编为一种。内容应该多插图，多表解，多指导学和做的方法；文字应该尽量浅显，注重应用，间及原理原则，少用学术用语，多用通俗名词。

（三）在都市的学校，最好有一个学校园培养动植物……以为活的教室和教科书，并应当往野外采集，工厂商店医院参观，充分利用活的教科书和教室。乡村小学更应利用田野山林为教学做的场所，不拘束于死的教室。

（四）如特别设备教室，教室内的桌椅的形式和排列，应注意便于听讲，笔记和分组试验，并可设置窗口花台、昆虫箱、水族箱、寒暑表及相当的试验用的器械，药品和参考用的图书。教室外应于相当地点布置定风针、雨量计、湿度计、气压计……

（五）无论学校经济充裕与否简单的试验用器械，普通的动植物标本和模型，应以指导儿童自己制造（即由做的手段达到知的目的）

为原则。死的标本和不切实际的仪器，能引起儿童兴趣，不能使儿童获得真正的知识，非不得已时最好不用。

（六）不用钱买或廉价的图画、标本、模型、实物等，尤须由教员和儿童共同搜集利用。

（七）在教学上教师应有的任务是：

甲、供给自然材料，引起儿童的好奇心和兴趣、刺激他们，使他们发生需要解决的问题，作探讨或观察的活动。

乙、引导儿童用自己的方法，进行此种活动，至于成功。

丙、再引导他们向前，使他们由这种活动所得的经验，继续开展和加深起来。

丁、在一种研究结束时，要提示对象所具的自然美和他的普遍的法则，使儿童知所欣赏并爱护。

（八）教师自己对于常见的事物，应有极丰富的知识，并能装修简单的机件，制造简单的应用物品。

（九）教学时应该充分的和社会、工作、美术等各科的各种教材，打成一片，作大单元的设计教学。例如"蚕丝"可从认识绸缎和绸缎的如何织成出发，把蚕的生活、特性、丝的形状质性（自然）蚕的饲养，桑的种植，丝的抽缫、染色纺织，丝的工厂，绸缎的工厂（工作）；丝的出产地，丝和我国的关系，我国的丝在世界上的地位，丝的发明进步（社会）；丝的制法，刺绣法（工作）；蚕的写生，绸缎的花样图案（美术）等各种问题，联在一起研究。但须注意下列的两种原则：

1. 问题的范围，要和儿童的程度相应。例如一、二学年的蚕丝设计，关于"丝和我国的关系""我国的丝在世界上的地位"等较高深的问题，便不应涉及。

2. 联络的方面，要出于自然，并且要是必需的，例如蚕丝设计，在国语、音乐方面，有关于蚕丝的故事诗歌可为教材，而体育方面或者竟没有关于蚕丝的游戏运动可为教材，那么体育方面尽可不必联络，不要无中生有，而把不适当的教材杂凑。

（十）由儿童亲身经验，是自然等科教学上的一大原则；除亲眼观察，亲耳听辨，亲身经历外，尤须亲手去做，做的可分为三方面：

1. 在工作科中可做的，应充分的做。

2. 工作科中所不及做的，在本科课内或课外的时间中，应充分的试做。

3. 关于卫生的各项，尤须日常的做，以养成习惯为主。

（十一）经过长时间而始得结果的观察，研究试做等……应该指导儿童逐日去做。并且逐日记载所得情景，到有结果可报告时为止。

（十二）教员对于儿童的做，须勤加检查，关于卫生方面的"康健和清洁视察"在低年级尤须逐日于不拘何时举行一次。（检查儿童的衣服、鞋、袜、头、脸、颈项、牙齿、手、指甲等是否清洁。）各记号或分数在规定的表格上，每月统计结果，以为劝诫，以资比赛。

（十三）教员对于儿童做的结果，可揭示成绩，表出结果开会展览等，以鼓励儿童的兴趣。关于卫生方面的：例如儿童身体进步的快慢，姿势的正确与否，各人卫生习惯的好坏等，可举行各级比赛、分组比赛、个人比赛等，以资鼓励。

（十四）个人卫生，要按照儿童的年龄能力，随生活需要的研究而连及各种问题，以渐养成如下的各种良好习惯：

1. 关于食的：（甲）每日三餐之外，不吃零星食物，不买沿路担上或摊上的糖果吃；（乙）不吃不新鲜，不成熟，不干净的果物食品；（丙）吃的时候细嚼缓咽适可而止；（丁）食前洗手，食后洗脸漱口；（戊）和别人同桌吃饭，在可能范围内用公筷公匙取汤菜；（己）不和病人同桌或同杯盘饮食。

2. 关于衣的：（甲）衣服勤换，常洗，常晒；（乙）沐浴后换贴身的衣服；（丙）能够因气候的冷热加减衣服。

3. 关于住的：（甲）常开窗通空气和日光，必使屋子里没有霉烂的东西，不洁的物品和空气；（乙）按时起居，天明即起，每晚八时以前入睡；（丙）睡前换衣服，打开窗子；（丁）用玲珑通气的帐子，一破就请家人或由自己补好；（戊）不涂抹墙壁门窗；（己）不弃纸张杂物在地上。

4. 关于行的：（甲）走路脚步很轻；在都市的街道上，能靠左走，等机会而过街，不在人力车、马车、汽车……前冲过，不在街上或人行道上游戏；（乙）不在铁路的轨道上行走，不在车场内游戏，在车内不把头或四肢的一部分伸出车外，车停了然后上下；（丙）不在路旁便溺，不在公共处所吐痰，不用公共手巾；（丁）在传染病流行的时候，不走到热闹的地方去；（戊）喜欢步行，但疲劳即止。

5. 关于心理的：（甲）怒时不说话；（乙）常常喜笑；（丙）注意美的好的一切；（丁）不胡思乱想；（戊）病中不忧愁，不怕，服从医生的话。

6. 其他，（甲）不高声谈话或叫喊；（乙）轻轻的开关门户；（丙）手不入鼻、耳、口腔，不揉眼睛；（丁）常用肥皂洗手，睡前起后，必洗而刷牙舌；（戊）每天按时大便一次，便后必洗手；（己）夏日每天洗澡一次，冬天每星期洗澡一次；（庚）不随地吐痰或大小便；（辛）咳嗽、喷嚏，必掩手；（壬）觉得倦乏时，便不勉强运动。

（十五）个人卫生的教学，要和学校方面的卫生行政和社会体育各科教学，密切发生关系，学校组织中，除一切卫生设备外，尤须有卫生团体；（师生合作的，如卫生局、救护队、小医院等的组织；至少要有简单合用的医药箱。）社会科中应该有各种公共卫生的组织；（如清洁运动，卫生物品览展会，灭蝇团灭蚊会……）并应该有"体格检查""姿势比赛"等。

（十六）除体格检查发现疾病，设法救治外，平时并须常有"疾病检查。"验得儿童疾病之后，即便施行治疗或隔离。

民国二十一年〔1932〕十月教育部颁行之《小学课程标准》中所定自然科教学方法要点修正如下：

一　小学课程中关于劳作、社会、自然等科应根据民生主义，而以总理的建国方略关于物质建设方面的各项为基础，一洗从前根据科学分类的教材的枝节枯燥之弊。但是过细言之，自然教材的选择，仍须根据如下的原则：

1. 须以乡土材料为出发点。

附注：农业社会和工商社会，情形显然不同，教学材料，除本标准所包含的以外，应当各就本地采取。见于本标准而为当地所无的材料，不妨略而不用，但于相当机会，仍宜用图书等介绍，以启发儿童的思想，扩展儿童的经验。

2. 须适合时令气节。

3. 须适合儿童切身的需要和了解的能力。

4. 须而重要有代表价值。

二　因为各地各校材料可以不同的缘故，所以自然科在教学时，应充分利用本地环境，不要呆板依照教科书。关于本科的参考书，须充分的采用，过细的指导儿童阅读。参考书的编辑，可每一问题编为一种，内容应该多插图、多表解、多指导做和学的方法；文字应该尽量浅显，注重应用，间及原理原则，少用学术用语，多用通俗的名词。

三　在都市的学校，最好有一个学校园，培养种植物……以为活的教室和教科书，并应常往野外采集，或至工厂、商店、医院参观，充分利用活的教科书和教室。乡村小学更应利用田野、山林为做学教的场所，别拘束于死的教室。

四　如特别设备教室，教室内的桌椅的形式和排列，应注意便于听讲、笔记和分组试验，并可设置窗口花台、昆虫箱、水族箱、寒暑表以及相当的试验用的器械、药品和参考用的图书。教室外应于相当地点布置定风针、雨量计、温度计、气压表……

五　无论学校经济充裕与否，简单的试验用的器械，普通的动植物标本和模型，应以指导儿童自己制造（即由做的手段达到知的目的）为原则。死的标本和不切实际的仪器，能引起儿童兴趣，不能使儿童获得真正的知识，非不得已时最好不用。

六　不用钱买廉价的图画、标本、模型、实物等。尤须由教员和儿童共同搜集利用。

七　在教学上教师应有的任务是：

1. 供给自然材料，引起儿童的好奇心和兴趣，刺激他们，使他们发生需要解决的问题，作探讨或观察的活动。

2. 引导儿童用自己的方法，进行此种活动，至于成功。

3. 再引导他们向前，使他们由这种活动所得的经验，继续开展加深起来。

4. 在一种研究结束时，要提示对象所具的自然美和他的普遍的法则，使儿童知所欣赏并爱护。

八　教师自己对于常见的事物，应有极丰富的知识；并能装修简单的机件，制造简单的应用物品。

九　教学应充分的和社会、劳作、美术及卫生等各科的各种教材打成一片，作大单元的设计教学。例如"蚕丝"可从认识绸缎，和绸缎的如何织作出发点，把蚕的特性，丝的形状性质（自然）蚕的饲养，桑的种植，丝的抽缲染色纺织，丝织工业的情况，（劳作）丝的出产地，丝和我国的关系，我国的丝在世界上的地位，丝的发明进步（社会）丝棉的制法，刺绣法（劳作）蚕的写生，绸缎的花样图案（美术），蚕病发明史话（卫生）等各种问题，联在一起研究。但须注意下列的两种原则：

1. 问题的范围，书和儿童的程度相应。例如一、二学年的蚕丝设计，关于"丝和我国的关系"，"我国的丝在世界上的地位"等较高深的问题，便不应涉及。

2. 联络的方面，书出于自然，并且书是必需的。例如蚕丝设计，在国语音乐方面，有关于蚕丝的故事诗歌可为教材，而体育方面，或者竟没有关于蚕丝的游戏运动可为教材，那么体育方面，尽可不必联络，不可无中生有，而把不适当的教材杂凑。

十　由儿童亲身经验，是自然等科教学上的一大原则；除亲眼观察，亲耳听辨，亲身经历外，尤须亲身去做。做的可分两方面。

1. 有劳作科中可做的，应充分的做。

2. 劳作科中所不及做的，在本科课内或课外的时间中，应充分的试做。

十一　经过长时间而始得结果在观察、研究、试验……应该指导儿童逐日去做，并且逐日记载经过情形，到有结果可报告的时为止。

十二　教员对于儿童的做，须勤加检查。

十三　教员对于儿童做的结果，可揭示成绩，表示结果，开会展览等以鼓励儿童的兴趣。

## 余　论

20世纪教学法的革命运动，始于英美，大多应用发现的方法和实验室教学法。常常用适当的问题，使儿童工作，由实验室室内盆栽，水产器学校园和野外观察等等，自己去解决。就是置儿童于发现的地位使他自己活动的方法。中国小学界有鉴于此，且能了解自然物对于人类造化，社会发展的贡献，因此对于教学自然，日益注重，也努力研究而趋重观察实验。这不过十年左右的回顾。最近提倡乡村教育，德国注重自然界中的教学生活，于是自然界和儿童生活的关系益深，自然教学的价值也因此增高，由此而产生的自然教学趋势，一方面使儿童多和大自然接近，于自然之美鉴赏之、理解之，养成爱好自然的观念和思想，获得心旷神怡的圆满生活。一方面和生产的农人等接近，吸收关于实际生活自然物的知识，从而改进之，以增教育的效率。更以我国最近教育重心渐移向乡间，深感研究自然，可实行民生主义的原动力，因此自然教学，更见重要，而且益宜注意于实际的民生问题。可是在中国科学幼稚的现代，急待负改进责任的先锋队，努力前进。我小学教育界责任何等重大，敢不放足白煤，开足机器，努力冲锋，在教育事业上染一点心血！我们一方面应谦恭下士，尽量吸收外来的优点，一方面要有探究的精神，随时改进教学的方法，又一方面，更要大开方便之门，随时散播心得，获彼此截长修短的利益。要使中国的民生问题得圆满的解决，其原动力的工程师就是我小学教育界的同志们。

# 从体操科说到体育科、卫生科

## 引　言

卫生为保护身心健康之学科；而体育不仅在保持身体及精神之健康，且能发达运动机关之能力与技能，并为间接养成道德之学科。前者在保持健康，后者在增进健康，二者关系至切，以是谈体育者必先谈卫生；最近教育部颁布之《小学课程标准》，首列卫生，次即列体育，不特示二者关系之密切，并以示二科在小学课程中所占地位之重要也。原夫一国之强弱，与其国民体育之程度，有相当关系；证之史迹，比比皆是，兹不赘。为便于研究本问题起见，特介绍中外之体育历史于次（以下节录《教育大辞书》体育历史条）

体育在西洋古代最发达者莫如希腊，希腊当时有一种以体育为职业者，彼等在童年时代即开始行身体之锻炼，同时且养成胆力，自制及应变之才能。盖彼时希腊人之注意体育，完全为一时之时尚，而人民与政府咸重视之；甚至儿童体质柔弱者不惜弃而不育。然此古代之体育，当其举行竞技时多为跑步、跳高及掷枪等的利用自然体力，鲜有行巧致之运动者。故体育家全身肌肉，靡不特殊发育，当罗马人征服不列颠之前，布里顿（Briton）人皆甚勇敢活泼，且能极大之劳苦。其后罗马人役使布里顿人之强壮者为兵，且因奢侈之习惯输入，不列颠之弱者更弱，后来因条顿族之新血混种，幸能挽此颓风。同时不列颠人民亦知体育之重要。在萨克森（Saxon）之后半期，使身体耐受痛苦疲劳之练习，成为少年教育之主要部分。继因诺曼（Norman）势力之侵入，及骑士制之趋势故，于是马上比武及其他个人技能与勇敢之竞技，为上流社会之主要体育，其后因骑士制之寝至，15世纪之末叶几，无肌力之运动。至18世纪及19世纪之初叶，运动竟达绝灭之境，而英国少年之道德上与身体上皆受极大之影响。幸1805年英国发生体育复活，其影响及于各种运动。赖金斯利（Charles Kingsley）氏竭力挽救，及其教派之赞助"勇社耶教"，其对于体育之促进为功不浅。约1812年时，桑赫斯特（Sandhurst）之皇家陆军专门学校始有某项竞技运动。1868年伦敦体育俱乐部及国家运动会成立。1880年爱美体育协会成立。此时各学校概有体育一科，以迄于今日之发达。在美国于1870年至1880年间，运动已甚普及。不久始组织团体运动，1878年美国国家爱美体育联合会组织成立，联合会中又产生爱美体育协会。1888年协会开第一次协会，1891年协会改组。该国学校内对于体育亦有一种重要之作用，与英国同。就大体而论，专门学校内之训练方法较各种体育俱乐部为更合科学。其第一次专门学校联合运动开于萨拉托加（Saratoga），时1873年也。

我国上古时代以稼穑为民生之基础，生活之力全赖身体，然无所谓体育也。其后文化渐兴，田野生活进而为城市生活，士农之途渐以分裂，劳心劳力阶级判然。商周时代争残不已；不有武功，何以御侮？故当时教育，除礼、乐、书、数而外，更有射、

167

御，导以乐舞、德智兼全，文武并重。及秦吞六国，聚兵咸阳，销锋铸鼎，焚书坑儒，文武命脉，至是几尽。然陈涉之徒，揭竿以起，天下响应；志士豪杰，犹不忘武事。汉重佛老，晋尚清谈，民尚文弱，致五胡之乱。唐宋而下，武功虽稍有盛衰，然太平时代往往崇尚风雅。至元而领土竟移入蒙古之手。明代光复，仍不能使民间注意体育，遂令满清入主华夏，文弱至此，可慨也夫！惟我国体育之一线命脉，所赖以维持者，厥为武术；其流传亦最古。周末游侠之士，已散处阎间，惜历朝俊秀皆崇尚文章，鄙视武事，故武术虽代有传人，要皆严穴隐士，苦心潜修，殊少公开研究之机会。又因各人自私，传授之时，亦必匿其紧要，以致精萃失传，且能者亦皆口耳授受，绝少图谱记录，而史籍所载仅记事实，至应用方法无从稽考。梁时达摩传入中土发明强身见性之学，其后始有易筋经，八段锦等传世。至明有戚南塘之拳经，清初有百家著内家法，今俱行于世。于是武术始有研究之根据。近自甲午战败后，人民知积弱之不足图存，学校中逐渐增体育一科；民间体育事业亦接踵而起。清光绪季年，徐锡麟与秋瑾女士创办体育会于绍兴，是为社会上有体育之权舆。翌年，河南开封设有私立体育专修学校，二者皆为清政府所解散。其后杭州有体育讲习所，两浙师范学校设有体育专修科。宣统二年〔1910〕大力士霍元甲设精武体育学校于上海，从学者多一时豪杰。嗣浙人徐一冰氏等设中国体操学校于上海，毕业者亦众。及武昌起义，各省文士多投笔从戎，而闽、浙、陕、鄂、直、鲁、湘、粤等省有志之士，提倡体育者，接踵摩肩。浙江吕公望氏、王卓夫氏等恢复体育会，且设浙江体育学校。民国成立后，先有南京高等师范设体育专科，继有上海青年协会之体育师范学校及上海女青年会之女子体育师范学校。课程有定二年者，有定四年者。保定直隶高等师范学校亦添设体育专修科，课程为三年。嗣北平高师、北平女子高师与广州高师均次第设体育专修科，北平定为三年，广州定为二年。

至小学中之体育，自学校兴即有体操一科以锻炼体格，惟行之不甚当耳。迨民元〔1912〕所颁之《普通教育暂行课程之标准》增游戏于体操科中，十二年〔1923〕颁布之《新学制课程标准纲要》又更名体育。至卫生一科，亦于是时单独设立，十八年〔1929〕颁布之《小学暂行课程标准》，则将公共卫生并入社会科，个人卫生并入自然科。二十一年〔1932〕颁布之《课程标准》中，又将卫生恢复独立，其间颇多变迁。爰将其教学之目的、时间、材料、方法等分别论之。

## 本　论

### 一　科目名称之变更

清光绪二十八年〔1902〕八月张百熙《奏定学堂章程》中（按是即《钦定学堂章程》），分初等教育为蒙学堂、寻常小学堂、高等小学堂三段，均列有体操一科，是为有体操科之开始，惜该章程未见之实行耳。

光绪二十九年十一月〔1904 年 1 月〕公布之《奏定学堂章程》，初等小学堂及高等小学堂中，均有体操科之规定，且视为必修的完全学科。

即光绪三十三年〔1907〕正月奏定之《女子小学堂章程》中，无论女子初等小学堂、女子高等小学堂，亦均有体操科之规定。

宣统二年〔1910〕十一月改订之《高初两等小学年期科目及课程》中亦称体操。

民国元年〔1912〕一月公布之《普通教育暂行课程标准》中，纳游戏于体操科中，所定之初等小学校课程内，称游戏体操，高等小学校称体操兼游戏。嗣后体操科之名称，虽未稍变，而体育之内涵，却从此扩展矣。

同年九月公布之《小学校令》中，初等小学校与高等小学校课程，均仍称体操。

民国四年〔1915〕七月公布之《国民学校令与高等小学校令》中，续称体操。

同年十一月公布之《预备学校令》中，预备学校前期与后期课程中，亦续称体操。

迨民国十二年〔1923〕六月全国教育联合会新学制课程标准起草委员会复订刊布之《新学制课程纲要》总说明中，始将体操科改称体育科，其内容即随其名称而扩展，除固有之体操外，复增游戏与运动两项，且在该纲要之说明中，更可将音乐科附体育科内，是可知其体育之范围矣。

该纲要中复增设卫生科，是为有卫生科之开始。

民国十七年〔1928〕二月公布之《小学暂行条例》中，体育卫生科均一仍其旧；惟当时更将童子军列入正式科目中。（按童子军发源于英国，在民国二年〔1913〕时，上海各校，即首先于课外教学之。）

民国十八年〔1929〕八月颁布之《小学暂行课程标准》上体育科无变动，惟将卫生科取消，其个人卫生部分，纳入于自然科中，其公共卫生部分，则纳入于社会科中。

民国二十一年〔1932〕公布之《小学课程标准》中体育科仍无变动；而卫生科又复恢复，另立一科。惟初级小学得将卫生、社会、自然合并为常识科。然卫生之重复使人注意，已彰然矣。此为科目名称变更之大概。次请申述教学目的之变更。

## 二 教学目的之变更

光绪二十八年〔1902〕七月张百熙《奏定学堂章程》中，虽列有体操一科，而对于体操教学之目的，却无明文规定，惟在其设立蒙学堂与小学堂之宗旨上，略可窥见其设置体操科之意义。兹录如下：

> 蒙学堂之宗旨，在培养儿童使有浅近之知识并调护其身体。
> 小学堂之宗旨，在授以道德知识及一切有益身体之事。

光绪二十九年十一月〔1904年1月〕公布之《奏定学堂章程》，其初等小学堂之各科目教育要义中有云："体操——其要义在使儿童身体活动，发育均齐，矫正其恶习，流动其气血，鼓舞其精神，兼养成其群居不乱，行立有礼之习，并当导以有益之游戏及运动以舒展其心思。"其高等小学堂之各科目教育要义有云："体操——其要义在使身体各部均齐发育，四肢动作敏捷精神畅快，志气勇壮，兼养成其乐群和众动遵纪律之习，宜以兵式体操为主。"

民国元年〔1912〕十一月公布之《小学校教则及课程表》文内第十三条有云："体操要旨，在使儿童身体各部平均发育，强健体质，活泼精神，兼养成守规律尚协同之习惯。"

民国四年〔1915〕七月公布之《国民学校令》施行细则内第九条有云："体操要旨在使儿童身体各部平均发育，强健体质，活泼精神，兼养成守规律尚协同之习惯。"同时公布之《高等小学校令》施行细则第二条云："各科目之要旨，及教授上注意事项，适用《国民学校令》施行细则第二条至第九条之规定。"

民国十二年〔1923〕六月全国教育联合会新学制课程标准起

草委员会复订刊布之《新学制课程纲要》中规定体操科之主旨："练习运动，发扬游戏本能，锻炼身体，适应普通生活的思想，养成爱好运动的习惯。"至其新增之卫生科主旨为："一，使知增进个人健康，防免疾病传染的方法和公共卫生的要领；二，养成卫生的习惯。"

民国十八年〔1929〕八月颁布之《小学暂行课程标准》中所规定之体育科教学目标如下：

  一 发达身体内外各器官的功能，谋全体的正当发育。

  二 顺应爱好游戏的本性，发展运动的能力，并养成以运动为娱乐的习惯。

  三 培养勇敢、敏捷、忍耐、诚实、公正等的个人品德，并牺牲、服务、和协、互助等的团体精神。

  （编者按卫生科适于是时废止，将个人卫生部分，并入自然科中教学之，其公共卫生部分并入社会科中教学之，对于卫生方面之教学目的，无规定。）

民国二十一年〔1932〕公布之《小学课程标准》中规定之体育科教学目标如下：

  一 发达儿童身体内外各器官的功能，以谋全体的适当发育。

  二 顺应儿童爱好游戏的本性，发展其运动的能力，并养成以运动为娱乐的习惯。

  三 培养儿童勇敢、敏捷、忍耐、诚实、公正、快活等的个人品格，并牺牲、服务、和协、互助等团体精神。

同时卫生科即于是年恢复独立科目，并规定卫生科教学目标如下：

一　养成儿童卫生的习惯，以增进其身心的健康。

二　发展儿童卫生的知能，以使其能保障本身和公众的健康。

三　培养儿童对于卫生的兴趣和信心，以期由个人的努力，而促成家庭、学校、社会等环境的健康。

综观前后所定之教学目标，迭次更改，后者常较前者为详尽，但其所注意之方向，则如同一辙。

## 三　教学时间之变更

光绪二十八年〔1902〕七月张百熙《奏定学堂章程》，蒙学堂与寻常小学堂之规定，体操课均每日 1 小时；至高等小学堂则约略减少，第一、第二年每 2 日体操 1 小时，第三年每 3 日体操 1 小时。

光绪二十九年十一月〔1904 年 1 月〕公布之《奏定学堂章程》，其初等小学堂体操教学时间，为每周 3 点钟（五年相同）；其高等小学堂体操教学时间，亦为每周 3 点钟（四年相同）。

民国元年〔1912〕十一月公布之《小学校教则及课程表》中规定如下：

1. 初等小学校

| 教科目＼学年 | 每周教授时数 | 第一学年 | 每周教授时数 | 第二学年 | 每周教授时数 | 第三学年 | 每周教授时数 | 第四学年 |
| --- | --- | --- | --- | --- | --- | --- | --- | --- |

| 教科目 | 每周教授时数 | 第一学年 | 每周教授时数 | 第二学年 | 每周教授时数 | 第三学年 | 每周教授时数 | 第四学年 |
|---|---|---|---|---|---|---|---|---|
| 唱 歌 | 4 | 平易之单音唱歌 | 4 | 平易之单音唱歌 | 1 | 平易之单音唱歌 | 1 | 平易之单音唱歌 |
| 体 操 | | 游 戏 | | 游戏 普通体操 | 3 | 游戏 普通体操 | 3 | 游戏 普通体操 |

2. 高等小学校

| 教科目 | 每周教授时数 | 第一学年 | 每周教授时数 | 第二学年 | 每周教授时数 | 第三学年 |
|---|---|---|---|---|---|---|
| 体 操 | 3 | 普通体操 游 戏 男兵式体操 | 3 | 普通体操 游 戏 男兵式体操 | 3 | 普通体操 游 戏 男兵式体操 |

民国四年〔1915〕八月公布之《国民学校令》施行细则内规定教授时间如下：

| 教科目 | 每周教授时数 | 第一学年 | 每周教授时数 | 第二学年 | 每周教授时数 | 第三学年 | 每周教授时数 | 第四学年 |
|---|---|---|---|---|---|---|---|---|
| 唱 歌 | 4 | 平易之单音唱歌 | 4 | 平易之单音唱歌 | 1 | 平易之单音唱歌 | 1 | 平易之单音唱歌 |
| 体 操 | | 游 戏 | | 游戏 普通体操 | 3 | 游戏 普通体操 | 3 | 游戏 普通体操 |

同时公布之《高等小学令》施行细则内规定教授时间如下：

| 学年教科目 | 每周教授时数 | 第一学年 | 每周教授时数 | 第二学年 | 每周教授时数 | 第三学年 |
|---|---|---|---|---|---|---|
| 体操 | 3 | 普通体操<br>游戏<br>男兵式体操 | 3 | 普通体操<br>游戏<br>男兵式体操 | 3 | 普通体操<br>游戏<br>男兵式体操 |

民国十二年〔1923〕六月全国教育联合会新学制课程标准起草委员会复订刊布之《新学制课程纲要》中小学课程简表内规定教学时间如下：

| 学年科目 | 初级 | | | | | | | | 高级 | | | |
|---|---|---|---|---|---|---|---|---|---|---|---|---|
| | 一 | | 二 | | 三 | | 四 | | 五 | | 六 | |
| | 1080分钟 | 百分比 | 同上 | 百分比 | 1360分钟 | 百分比 | 同上 | 百分比 | 1440分钟 | 百分比 | 同上 | 百分比 |
| 体育 | 游戏 | 10 | 同上 | 10 | 游戏<br>模仿操 | 10 | 同上<br>加田径赛 | 10 | 同上<br>加普通操 | 10 | 同上 | 10 |

| 社会 | 卫生 | 一、身体服装的清洁等（注重检查） | 一、衣食住行的卫生 | 一、同上注重讨论实行增进健康的方法 | 一、同上注重公众卫生 | 卫生大要救急法和治疗法大要 | | | |
|---|---|---|---|---|---|---|---|---|---|
| | | | 20 | 20 | 20 | 20 | | 4 | 同上 | 4 |
| | 公民 | | | | | | | 4 | | 4 |
| | 历史 | | | | | | | 6 | | 6 |
| | 地理 | | | | | | | 6 | | 6 |

民国十八年〔1929〕八月颁布之《小学暂行课程标准》中规定之学时体育科教学时间如下：

| 年级 | 低年级 | 中年级 | 高年级 |
|---|---|---|---|
| 分数 | 150 | 150 | 180 |

（编者按卫生科适于是时并入社会自然科中教学时间与社会自然科合计。）

民国二十一年〔1932〕公布之《小学课程标准》规定之体育科教学时间如下：

| 科目＼年级分钟 | 低年级 | 中年级 | 高年级 |
|---|---|---|---|
| 体育 | 150分 | 150分 | 180分 |

同时卫生科恢复后，其教学时间规定如下：

| 科目＼年级分钟 | 低年级 | 中年级 | 高年级 |
|---|---|---|---|

| 卫 生 | 60 分 | 60 分 | 60 分 |

综观前后所定之体育卫生教学时间,相差无几,是可见历来注重体育之一斑。

## 四 教学材料之变更

光绪二十八年〔1902〕七月张百熙《奏定学堂章程》中,所定体操材料至简,兹录之如下:

1. 蒙学堂
第一年体操——整齐步伐
第二年体操——同　　上
第三年体操——演习体操
第四年体操——同　　上
2. 寻常小学堂
第一年体操——柔软操
第二年体操——同　　上
第三年体操——同　　上
3. 高等小学堂
第一年体操——柔软操兼器具操
第二年体操——同　　上
第三年体操——同　　上

光绪二十九年十一月〔1904 年 1 月〕公布之《奏定学堂章程》,其初等小学堂体操教学程度有如下之规定:

第一年体操——有益之运动及游戏
第二年体操——有益之运动及游戏兼普通体操
第三年、第四年、第五年与第二年同

其高等小学堂体操教学程度有如下之规定：

第一年体操——普通体操，有益之运动，兵式体操。

第二年、第三年、第四年同上

民国元年〔1912〕十一月公布之《小学校教则及课程表》第十三条规定"初等小学校首宜授适宜之游戏，渐加普通体操。高等小学校宜授普通体操，仍令游戏，男生加授兵式体操。""视地方情形，得在体操教授时间，或时间以外，授适宜之户外运动或游泳。"

民国五年〔1916〕一月公布之《国民学校令》施行细则第九条规定体操教材"首宜授适宜之游戏，渐加普通体操。""视地方情形，得在体操教授时间，或时间以外，授适宜之户外运动或游泳。"同时公布之《高等小学校令》施行细则第二条规定"体操宜授普通体操，仍兼课游戏，男生加授兵式体操。"

民国十二年〔1923〕六月全国教育联合会新学制课程标准起草委员会复订刊布之《新学制课程纲要》中，所规定之体育卫生科材料如下：

（一）体育科程序

第一学年

1. 唱歌或故事表情的游戏并竞争游戏（注重个人竞争）。
2. 集合、分数、立正、看齐等简单动作。
3. 单行的团队的走步。
4. 每次至多六节模仿操。

第二学年

1. 同第一学年。
2. 同第一学年。
3. 同第一学年。

4. 同第一学年。

第三学年

1. 游戏。

2. 双行的走步。

3. 最简单的柔软操。

4. 每次至多七节模仿操。

5. 课前早操每天行七个动作。

第四学年

1. 游戏（稍注重团体竞争）。

2. 同第三学年加简单的分队法。

3. 同第三学年。

4. 同第三学年。

5. 同第三学年。

6. 加赛跑、跳远的简单田径赛。

第五学年

1. 游戏（注重团体竞争）。

2. 同第四学年加立定时和行进时的转法。

3. 每次用九节的普通柔软操。

4. 每次用九节的模仿操（关于球类和田径赛的）。

5. 课前早操每天行九个动作。

6. 教室体操每次三分时行五个动作。

7. 足球、篮球、队球、垒球、圈球的练习。

8. 赛跑、低栏赛跑、掷铅球、跳高、跳远的练习。

第六学年

1. 同第五学年。

2. 同第五学年加四路简单的变队。

3. 同第五学年。

4. 同第五学年。

5. 同第五学年。

6. 同第五学年。

7. 同第五学年练习圈球,能正式比赛。

8. 同第五学年。

(二)卫生科程序

第一学年

1. 身体的清洁——头、面、目、齿、手指等的洗涤法。

2. 衣服用品的清洁。

3. 教室里的卫生——换气通光扫除等。

4. 家庭设计讨论起居方面的卫生。

5. 卫生故事的讲习和各种卫生挂图的观感。

附注:注重清洁检查,每人备牙刷一把,手巾两块,天天自刷自洗,并且时常督促他们剪指甲……以渐养成清洁的习惯,又未种过痘的,要强迫种痘,吐涕便溺要导引强迫到适当之所,沿路不清洁的食物,要严密劝禁,不许购买。

第二学年

1. 身体衣服的保护清洁。

2. 食物的卫生——如多吃和乱吃的危险等。

3. 起居方面的卫生法——如睡眠、休息、换气、通光。

4. 卫生故事的讲习和挂图并浅易补助读本的阅读。

附注:本年仍注重清洁,检查。

第三学年

1. 身体和衣食住的浅易卫生常识。

2. 借远足设计讨论旅行和道路的公共卫生方法。

3. 卫生故事和挂图读本的讲习阅读。

附注:从本年起注意切实实行保护身体的方法——如练习呼吸运动等

第四学年

1. 衣、食、住和健康关系的各种常识。

2. 创伤、癞痢、沙眼……的急救和治疗法。

3. 公共卫生的大概——例如道路和饮料等的清洁，瘟疫肺痨的防御，各种传染媒介的扑灭。

4. 卫生故事和读本的讲习阅读。

附注：本年注意改良不卫生的习惯，能强迫种痘一次，暑假前注射霍菌浆一次最好。

第五学年

1. 生理卫生大要。

2. 普通疾病和重要传染病的治疗法大要——例如视力病、牙齿病、皮肤病、心肺病……赤眼、伤风、霍乱、白喉。

3. 急救法大要……例如创伤、虫伤以及饮食物的毒害。

4. 卫生读本、卫生丛书的诵习。

附注：本年注重个人卫生和疾病防御。

第六学年

1. 各种嗜好品的危害和积极锻炼身体的利益。

2. 看护疾病的常识。

3. 急救法大要。

4. 公共卫生——注重本地方各种卫生、不卫生的问题。

5. 卫生读本、卫生丛书的诵习。

附注：本年注重公共卫生，又年龄较大的男生要使他知道花柳病和伤害的危害，女生要使她具有整理家庭和烹饪的常识。

民国十八年〔1929〕八月颁布之《小学暂行课程标准》中，对于体育科教学材料规定颇详。兹照录作业类别及各学年作业要项如下：

(A) 作业类别

(一) 课内的：

1. 游戏。

2. 舞蹈。

3. 运动（包括模仿运动、技巧运动、器械运动、球类运动、田径运动等。）

4. 其他如姿势的训练等。

（二）课外的：

1. 课外运动（包括早、晚、午刻和每次下课后的各种游戏运动和器械活动。）

2. 日常姿势比赛。

3. 定期运动会。

(B) 作业要项

第一、二学年

（一）游戏

1. 唱歌游戏。

2. 故事游戏。

3. 感觉游戏（包括拍人游戏）。

4. 模拟游戏。

（二）舞蹈

1. 听琴动作。

2. 简易土风舞。

（三）运动

1. 模仿运动。

（四）其他

1. 姿势训练。

2. 准备操。

第三、四学年

（一）游戏

1. 感觉游戏。

2. 竞技游戏（如跳绳等）。

3. 竞争游戏。

4. 模拟游戏。

（二）舞蹈

1. 歌舞。

2. 土风舞。

（三）运动

1. 模仿运动。

2. 技巧运动。

3. 简单的球类运动。

（四）其他

1. 姿势训练。

2. 准备操。

第五、六学年

（一）游戏

1. 竞技游戏（如跳绳豆囊等）。

2. 竞争游戏。

（二）舞蹈

一　歌舞。

二　土风舞。

（三）运动

一　球类运动

1. 篮球类游戏。

2. 足球类游戏。

3. 队球类游戏。

二　田径运动

1. 跑。

2. 跳远。

3. 跳高。

4. 掷远。

5. 立定跳远。

三　器械运动

1. 低架、高架各种跳法。
2. 垫上运动。
(四)其他
一 姿势训练。
二 准备操。

附注：
1. 课外运动以课内运动时间所教学的活动为主。
2. 课外每天至少应有两三小时以上的活动。
3. 足球、篮球，由年龄较高的儿童运动。

同时卫生科虽已并入社会、自然科内，（公共卫生归入社会科，卫生知能归入自然科）而其教学材料（即作业要项）仍分列，兹将社会、自然两科作业类别及各学年作业要项之关于卫生者录下：

(A) 作业类别
一 关于公共卫生的 儿童所应具的公共卫生知识和习惯的研究、设计、练习〔见小学社会科作业类别（三）〕。
二 关于卫生智能的 儿童本身所应具的卫生习惯和生理知识以及疗病、救急、防疫等法的研究练习，随时实行，并参考图书，解答问题〔见小学自然科作业类别（三）〕。

(B) 作业要项
第一、二学年
公共卫生
10. 家庭学校四周的卫生问题的调查研究，设计改善等。
11. 校中和本地卫生组织的意义作用的研究。
12. 清洁运动、卫生运动的设计施行。
卫生知能
13. 人体外部形态、功能的认识。

14. 头部四肢躯干等清洁法，保护法的研究实行。

15. 衣、食、住（包括睡眠）行、玩具、学用品等清洁卫生的研究实行。（以生活需要研究所及的范围）。

第三、四学年

公共卫生

13. 继续前学年第10项，范围扩大。

14. 国家卫生组织的意义和作用的研究。

15. 继续前学年第12项。

16. 卫生会的组织。

卫生知能

13. 消化、排泄、循环、神经各器官形态功能的认识。

14. 消化、排泄、循环、神经各器官的健康法的研究实行。

15. 继续前学年，随生活需要的研究而扩充范围。

16. 曲背、近视、牙病、沙眼、痢疾、肺病等普通疾病和传染病的预防治疗的研究实行。

第五、六学年

公共卫生

6. 继续前学年第13项，范围更扩大。

7. 世界各国公共卫生的推究。

8. 继续前学年第15项。

9. 拒毒运动的设计实行。

10. 继续前学年第16项。

卫生知能

13. 生理卫生的概要（六年下半年可作系统的研究）。

14. 衣食住行等卫生的研究实行，随生活需要的研究而扩充范围。

15. 普通疾病和传染病的预防治疗的研究实习。

16. 急救法大要。

17. 看护法大要。

18. 家庭常用药品的识别。

附注：上列"公共卫生"要项，见于社会科作业要项中，"卫生知能"要项，见于自然科作业要项中。

民国二十一年〔1932〕公布之《小学课程标准》中规定之体育科作业类别及各学年作业要项如下：

（A）作业类别

一 游戏。

二 舞蹈。

三 运动（包括模仿运动、技巧运动、器械运动、球类运动、田径运动、简易国术等）。

四 运动会及游戏比赛。

五 游泳（有相当设备及指导者方可练习）。

六 其他如姿势的训练和比赛。

（B）作业要项

第一、二学年

（一）游戏

1. 唱歌游戏。

2. 故事游戏。

3. 追逃游戏（包括拍人游戏）。

4. 模拟游戏。

5. 竞技（如跳绳、豆囊等）。

6. 乡土游戏。

（二）舞蹈

1. 听琴动作。

2. 简易土风舞。

（三）运动

1. 模仿运动。

2. 远足登山等。

（四）其他

1. 姿势训练。

2. 准备操。

第三、四学年

（一）游戏

1. 追逃游戏。

2. 竞技（如跳绳等）。

3. 竞争游戏。

4. 模拟游戏。

5. 乡土游戏。

（二）舞蹈

1. 歌舞。

2. 土风舞。

（三）运动

一　模仿运动。

二　技巧运动。

三　简单的球类运动。

四　田径运动。

(1) 短跑。

(2) 跳远。

(3) 掷远。

(4) 立定跳远。

(5) 跳高。

五　远足登山等。

（四）其他

1. 姿势训练。

2. 准备操。

第五、六学年

（一）游戏

1. 竞技（如跳绳、豆囊等）。

2. 竞争游戏。

3. 乡土游戏。

（二）舞蹈

1. 歌舞。

2. 土风舞。

（三）运动

一　球类运动。

二　田径运动。

三　器械运动。

(1) 低架、高架各种跳法。

(2) 垫上运动。

四　游泳。

五　远足，登山等。

（四）其他

1. 姿势训练。

2. 准备操。

附注：

1. 课外运动以课内运动时间所教学的活动为主。

2. 课外每天应有集体运动和个人自由活动。

3. 足球、篮球，由年龄较高的儿童采用。

## 同时规定卫生科之作业类别及各学年作业要项如下：

(A) 作业类别

一　关于习惯的：儿童健康和发育有关系的各种生活习惯的注意养成。

二　关于知能的：

(1) 个人方面：个人健康要则及防病、疗病、急救等的研究和实践。

(2) 公众方面：公众健康要则及公众安全的研究和实践。

(B) 作业要项

第一、二学年

(一) 习惯（下列各种习惯的养成）

一　每夜开窗睡 10 小时左右。

二　每天早晚洗刷牙齿。

三　每天在一定时间大便。

四　每星期至少洗澡一次，吃饭以前大小便以后，一定洗手。

五　每天吃青的蔬菜，豆腐等食物，分量适可而止。

六　用自己的茶杯，食具和手巾，用自己的干净手巾，在咳嗽及喷嚏的时候，蒙住口鼻，以防传染疾病。

七　坐、立、行，身体要正直。

(二) 知能（下列各事项的研究和实践）

一　个人的

1. 皮肤及其附属品，牙、舌、耳、鼻、眼、喉，各器官的功能和保健。

2. 营养、睡眠、休息等与发育的关系；健康检查的意义和价值（每学年应检查一次；）体重测量的意义和价值（每月一次；）日光和新鲜空气对于健康的效用；清洁（衣、鞋、牙齿及行为道德方面）的意义和效益。

3. 行路防灾的方法（脚走轻，靠左边走，注意红绿灯，不在铁路轨道上行走，充分利用眼睛、耳朵以探索各种危险等。）

4. 跌伤及皮破时处理（立刻告知师长或家长，不染污，不惊慌）；传染疾病的预防（不和咳嗽或眼红的人在一起）；中毒等的防止（铅笔和其他污物不入口，不用手擦眼）；常常喜笑；觉得疲乏时，不勉强运动。

二　公众的

1. 注意公众卫生（不随地吐痰，不任意抛弃污物，不随处便溺，不涂抹墙壁门窗等）。

2. 保障公众安全（不喧闹，不随地抛弃果皮、纸屑、碎玻璃片等物）。

3. 改善生活环境（灭蚊蝇，教室的清洁、通气、光线，厕所、厨房、园地等的清洁）。

4. 促进人群健康（减除自己得病的机会，劝导他人养成卫生习惯；同学有病，报告教师，同学跌倒，立即扶助；受伤请师友或医生急救）。

5. 认识卫生设施（健康检查，体格测量，种痘预防，接种及注射看病、急救）。

第三、四学年

（一）习惯（下列各种习惯养成）

一至八继续第一、二学年

九　食物必细嚼然后下咽，每日除正餐以外，不吃闲食。

十　每日必喝适量的开水。

十一　读书及工作必在光线充足，并且是从左边或者后方射来的地方。

十二　呼吸时必闭口，不用手指挖耳鼻。

十三　指甲要剪去。

（二）知能（下列各事项的研究和实践）

一　个人的

1至4继续第一、二学年。

5. 肌肉、消化、骨骼、呼吸，各器官的功能和保健。

6. 营养的食料及适当的食物。

7. 避电（不玩电线，雷电相交时关窗，不穿湿衣，不站在树下等），防害（睡时必灭灯，过街的时候注意防避车辆等的方法）。

8. 皮破的急救，普通消毒的药品，天花、白喉、伤寒、霍乱等传染病的预防。

9. 医学史话（如种痘发明的故事）。

二　公众

1至5继续一、二学年。

6. 注意公众卫生，不任意倾倒病人的排泄物，注意厨子贩卖及制造食物的传播疾病。

7. 研究环境关系（蝇蚊生长程序及场所，住宅拥挤、空气不流通、公用手巾、公共食物、公共娱乐的危害）。

8. 保障公众安全（住行及娱乐场所）。

9. 改善生活环境（垃圾及污水的处置，厕所、厨房的改良，住室的通气，庭院的清洁，饮水的改良，蚊蝇繁殖机会的肃清）。

10. 促进人群健康（阻止别人做危害本身或公众健康的事，督促同学接受预防接种等。）

11. 认识卫生设施（医院及卫生行政机关的意义）。

12. 参加公共卫生事业（学校卫生行政机关的认识及服务卫生队、清洁检查队、保健团、卫生视察的值日等类，学生自治卫生团体的组织的练习。）

第五、六学年

（一）习惯（下列各种习惯的养成）

一至十三继续第三、四学年

十四　每餐取营养素均衡的膳食。

十五　阅读写时眼与目的物必须有适当的距离（30到40公分之间）。

十六　每夜8时睡，次晨6时起身，早晨醒后，立即起床。

十七　每日起床后，必将自己的被褥折叠整齐。

十八　保持全身的整洁美观，与人谈话时，防止唾沫喷扬。

（二）知能（下列各事项的研究和实践）

一　个人的

1至9继续第三、四学年。

10. 循环、排泄、神经各器官的功能和保健。

11. 营养的原素（水、空气、日光、维生素、蛋白蛋、脂肪、碳水化合物、无机盐）发育的要素（食物、睡眠、空气、日光、运动、休息）。

12. 营养料的吸收及消耗；近视及远视的原因；烟酒以及其他刺激性食物的害处；休息的方法，运动的益处；调节气候的方法；生冷食物的注意。

13. 病和药的关系，病不一定都要用药；病者和治病的关系（病者应听从治病者的指导），医生的选择。

14. 传染病和他的媒介的防止。

15. 急救要则（流血、晕倒、溺死、火伤、骨断、骨节脱、人工呼吸法、搬运病人法、绷带法。）

16. 医学史话。

二　公众的

1 至 12 继续第三、四学年。

13. 研究环境关系（粪便适当的处置法，自来水的设备，下水道的设置，灭鼠、灭虫等。）

14. 保障公众安全（住、行、交通及娱乐场所的安全，避灾练习。）

15. 改善生活环境（家庭及社会的环境，督促公共卫生事业的改进并加入各种卫生运动。）

16. 促进人群健康（宣扬公众卫生事业，灌输个人卫生常识，保健合作社的组织法等。）

17. 认识卫生设施（死亡调查，传染病调查，出生调查的重要以及其他各项卫生事业的举办的意义。）

18. 参加公共卫生事业（地方卫生行政机关，自来水厂、下水道、医学校等的参观，校内及学校附近区域卫生事业的设计，各种卫生服务的练习。）

19. 育婴常识（女生适用。）

综观前后所定之教学材料，年有增加；教学范围，日渐扩大。例如最近所定之标准，低级增加竞技游戏，中级恢复田径运动，高级恢复游泳；其他如远足登山，亦复划入体育科范围以内指导之。

**五　教学方法之变更**

光绪二十八年〔1902〕七月张百熙《奏定之学堂章程》，当时一切办法，均属初定，自较简单，以是体操教学方法并无明文规定。只在教学时间之说明内有云。"体操略具体势，为时无取其长。"即此二话，已可见其教法之简单矣。

光绪二十九年十一月〔1904年1月〕《奏定之学堂章程》中，各科教学方法，亦无规定。其初等小学堂总则中有云："凡教授儿童须尽其循循善诱之法，不宜操切，以伤其身体；尤须晓以知耻之义，夏楚只可示威，不可轻施，尤以不用为最善。"其高等小学堂总则中有云："凡教授学堂，须尽其循循善诱之法，不宜操切，以伤其身体；尤须晓以知耻之义，学童至三岁以上，夏楚万不可用，有过只可罚以直立，禁出游，罚去体面诸事，亦足示儆。"观上列总则，虽系普通训导方法，似与体育教学法无涉，但是时已能尊重儿童之身体，禁止体罚，于儿童之生长发育亦不无关系。

民国元年〔1912〕十一月公布之《小学校教则及课程表》文中，其第一条有云："凡与国民道德相关事项，无论何种科目均应注意指示。……儿童身体，宜期其发达健全；凡所教授，必适合儿童身心发达之程度，对于男女诸生，应注意其特性及将来生活，施以适当之教育……"其第十三条有云："……初等小学校，首宜授适宜之游戏，渐加普通体操。高等小学校，宜授普通体操，仍时令游戏，男生加授兵式体操。视地方情形得在体操教授时间，或时间以外，授适宜之户外运动或游戏。"

民国四年〔1915〕七月公布之《国民学校令》施行细则，内第九条云："……首宜授适宜之游戏，渐加普通体操；设地方情形得在体操教授时间或时间以外，授适宜之户外运动或游泳；体操时所习成之姿势，务宜恒久保持。"同时公布之《高等小学令》施行细则内，第二条有云："……体操宜授普通体操，仍兼课游戏，男生加授兵式体操。"其总则内更有："……儿童身心，宜期其发达健全，凡所教育，必适合儿童身心发达之程度……"

民国十二年〔1923〕六月全国教育联合会新学制课程标准起草委员会复订刊布之《新学制课程纲要》中规定之体育科教学方法为：

一　女生不用足球、低栏、跳远三种运动。
二　柔软操和模仿操两种，在一次时间中，可以用一种。
三　教学法以有兴趣的练习为主。

其卫生科教学方法为：

一　理论重在问题研究，方法重在设计实习，故事挂图重在暗示观感。
二　前四年以与公民、历史、地理合并教学为原则，后两年可独立，但仍须与各科联络。

民国十八年〔1929〕八月颁布之《暂行课程标准》，对于体育科之教学方法，规定如下：

一　体育上应有的设备，应尽量扩充。
二　体育教材的选择，应根据儿童的身体、年龄和技术程度的高下并须适合儿童的生活需要。

三　课内所用的材料，最好和课外的活动一致，以使儿童在学习之后，可应用于实地；在学习时，也可因有应用的目的而格外的努力。

四　材料和方法，都须以兴趣为主，使儿童于活动之后，觉得满意。

五　教材和方法，都须顾及品德，防止虚伪欺诈等一切不良习气的发现。

六　儿童自然的活动、跑跳等，不应禁止，且宜提倡，以发展儿童对于活动的机警和速度。

七　我国固有的儿童游戏，如"踢毽子""造房子"等，应当尽量提倡。本地方固有的儿童游戏，也应选择好的，尽量提倡。

八　我国固有的拳术和其他武术，于相当的时地，也可选用为高年级的教学材料。

九　标准操，如整队、步伐、转向、变排等，在每次上课时间内，低年级不得过5分钟，中年级不得过8分钟，高年级不得过10分钟，并且要自然而不流于机械。

十　两级以上如采用每日定时的集合操（如早操、午后操等，）那么时间宜短，材料应以模仿运动为主。

十一　游戏运动可多取"体育场制"。就各儿童的擅长和嗜好，迅速的分队组织，分组活动，教员则指导辅助，或参加某组运动。

十二　鼓励儿童保持好的姿势，举行姿势比赛；每日于儿童作文写字等作业时，暗查姿势一次，每周明查一次，每月每学期结算，比较团体或个人的优劣——教员也应时时注意好姿势的保持，以为儿童模范。

十三　应采用适宜的测验方法，如麦克乐氏"运动技术标准"等考查儿童的成绩，是否因身体的发展而进步，并使儿童自己知道进步的度量而努力学习；教员也可审查教授的效果而求教学方法的改良。

十四　按学校的情形，定每学期或每年举行运动会一次。运动会

195

分下列两种：

1. 选手运动会　五、六年级可依实足年龄和身长体重，分为三组或四组，三、四年级和一、二年级，另外各成一组。其项目规定如下：

|  | 高级 |  |  |  | 女生 | 中级 | 低级 |
|---|---|---|---|---|---|---|---|
|  | 甲 | 乙 | 丙 | 丁 |  |  |  |
| 50 码跑 | × | × | × | × | × | × | × |
| 100 码跑 | × | × | × | × | × | × |  |
| 200 码跑 | × | × | × | × |  |  |  |
| 400 码跑 | × | × |  |  |  |  |  |
| 三级跳远 |  |  |  | × | × | × |  |
| 急行跳远 | × | × | × |  |  |  |  |
| 急行跳高 | × | × | × |  |  |  |  |
| 撑竿跳高 | × | × |  |  |  |  |  |
| 六磅铅球 |  |  |  |  |  |  |  |
| 八磅铅球 | × |  |  |  |  |  |  |
| 垒球比远 |  |  |  | × |  | × |  |
| 篮球比远 |  |  |  |  | × |  |  |
| 百码低栏 | × | × |  |  |  |  |  |

2. 团体运动会，拿级做比赛单位，每级至少有70%以上的与赛员。所得成绩，拿各级人数去平均；再拿各级实足年龄、身长、体重的平均组数，去除平均成绩，比较学级优胜。运动项目如下：

50 码赛跑，立定跳远，原地三级跳远，急行跳高、足球、垒球、篮球、队球。

十五　学校应由教职员组织类似卫生委员会等机关，主持关于学校卫生行政、疾病治疗、体格检查等事项。

十六　应每日举行健康视察一次，每月举行身高体重检查一次，每年举行体格总检查一次。参考卫生部所颁学校卫生实施方案及各种表格。

十七 指导儿童作身体发育的记录，以使儿童努力图谋身高体重等的正常发育。

至卫生科教学方法见于自然科中者，有如下数点：

一 个人卫生，要按照儿童的年龄能力，随生活需要的研究而连及各种问题，以渐养成如下的各种良好习惯：（参看教育卫生两部制定的学校卫生实施方案。）

1. 关于食的：（甲）每日三餐之外，不吃零星食物，不买沿路担上或摊上的糖果吃；（乙）不吃不新鲜，不成熟，不干净的果物食品；（丙）吃的时候细嚼缓咽，适可而止；（丁）食前洗手，食后洗脸漱口；（戊）和别人同桌吃饭，在可能范围内用公筷公匙取汤菜；（己）不和病人同桌或同杯盘饮食。

2. 关于衣的：（甲）衣服勤换，常洗，常晒；（乙）沐浴后换贴身的衣服，（丙）能够因气候的冷暖加减衣服。

3. 关于住的：（甲）常开窗通空气和日光，必使屋子里没有霉烂的东西，不洁的物品和空气；（乙）按时起居，天明即起，每晚八时以前入睡；（丙）睡前换衣服，打开窗子；（丁）用玲珑通气的帐子；一破就请家人或由自己补好；（戊）不涂抹墙壁门窗，（己）不弃纸张杂物在地上。

4. 关于行的：（甲）走路脚步很轻，在都市的街道上，能靠左走，等机会而过街，不在人力车、马车、汽车前冲过，不在街上和人行道上游戏；（乙）不在铁路的轨道上行走，不在车场内游戏，在车内不把头和四肢的一部分伸出车外，车停了然后上下；（丙）不在路旁便溺，不在公共处所吐痰，不用公共手巾；（丁）在传染病流行的时候，不走到热闹的地方去；（戊）喜欢步行，但疲劳即止。

5. 关于心理的：（甲）怒时不说话；（乙）常常喜笑；（丙）注意美的好的一切；（丁）不胡思乱想；（戊）病中不忧愁不怕，服从医生的话。

6. 其他：（甲）不高声谈话或叫喊；（乙）轻轻开关门户；（丙）手不入鼻、耳、口腔，不揉眼睛；（丁）常用肥皂洗手，睡前起后，必洗面刷牙舌；（戊）每天按时大便一次，便后必洗手；（己）夏天每日洗澡一次，冬天每星期洗澡一次；（庚）不随地吐痰和大小便；（辛）咳嗽，喷嚏，必掩手；（壬）觉得倦乏时，便不勉强运动。

二　个人卫生的教学，要和学校方面的卫生行政和社会体育各科教学，密切发生关系。学生组织中，除一切卫生设备外，尤须有卫生团体；（师生合作的，如卫生局、救护队、小医院等的组织；至少要有简单合用的医药箱。）社会科中应该有各种公共卫生的组织；（如清洁运动，卫生物品展览会，灭蝇团，灭蚊团等。）并应该有"体格检查""姿势比赛"等。（参考体育课程标准。）

三　除体格检查发现疾病，设法救治外，平时并须常有"疾病检查"。验得儿童疾病之后，立即施行治疗或隔离。

# 民国二十一年〔1932〕公布之《小学课程标准》规定之体育教学方法如下：

一　体育上应有的设备，应尽量扩充。

二　体育教材选择，应根据儿童的身体、年龄和技术程度的高下；并须适合儿童的心理生理和生活的需要。

三　课内所用的材料，最好和课外的活动一致，以便儿童在学习之后，实地施用。如是并能使儿童预知应用的地方，学习时能格外努力。

四　教材和方法，都须以兴趣为主，并须顾及品德，防止虚伪、欺诈、骄傲等一切不良习气的发现。

五　儿童自然的活动，如不妨害儿童身体和学校秩序的跑跳等，不应禁止，且宜提倡，以发展儿童对于活动的机警和速度。

六　我国固有的活动游戏如"踢毽子""造房子"等，应当尽量提倡，本地方固有的儿童游戏，也应选择好的，尽量提倡。

七　我国固有的拳术和其他武术，于相当时地，也可选为高年级的教材。

八　整备操，如整队、步伐、转向、变排操等，在每次上课时间内，低年级不得过五分钟，中年级不得过六七分钟，高年级不得过七八分钟，并且要自然而不流于机械。

九　两级以上如采用每日定时的合集操（如早操、午后操等，）时间宜短，教材应以模仿运动为主。

十　游戏运动宜就各儿童的擅长和嗜好，迅速的分队组织，分组活动。教员则指导辅助，或参加某组运动。

十一　鼓励儿童保持良好的姿势，应举行姿势比赛。每周举行一次姿势检查之外，每日并于儿童作文写字等作业时，注意检查，每月每学期结算，比较团体或个人的优劣，——教员也应时时注意好姿势的保持，以为儿童模范。

十二　应采用适宜的测验方法，如麦克乐氏"运动技术标准"等考查儿童的成绩，是否因身体的发展而进步，并使儿童自己知道进步的度量而努力学习；教员也可审查教授的效果而求教学方法的改良。

十三　按学校的情形，定每学期或每年举行运动会一次。运动会分下列两种：

1. 以个人为单位。
2. 以团体为单位。

十四　低年级注重跳绳、踢毽、拍球、投圈、掷囊、打捧、造房子、滚铁环、乒乓等的个人或团体的比赛。

十五　指导儿童作身体发育的纪录，以使儿童努力图谋身高体重等的适当发育。

## 同时规定卫生科之教学方法如下：

一　卫生教育应该以实际的问题为出发点，行比知更为紧要。

二　教员教学时，应该把卫生知识设法使他与现实环境相合，充分采用设计教学精神,与其他各科及儿童课外活动多多联络。

三　教学时教员应该以身作则,并须亲自参加关于卫生的实际工作。

四　教员对于儿童的卫生实践,须勤加检查,关于各种卫生习惯及技能,应定时考察,在低年级尤须于逐日不拘何时举行儿童的清洁检查,各种考察和检查,都应记符号或批分数,统计结果,以资比赛,而促进其实践的兴趣。

五　学校在可能范围内,须充分添置关于卫生方面的各种设备,使儿童随时应用,并须造成卫生化的环境。

六　学校在可能范围内,须指定一室为全校卫生设施的办事处。

七　学校在可能范围内,当聘请当地卫生机关职员,或熟悉卫生教育的家长组织学校健康教育设计委员会,主持健康教育的推广事宜。

八　学校在可能范围内,当独力或联合附近各校聘请医师及护士,主持学校卫生事宜。

九　在儿童活动团体中,须设法组织各种团体如清洁检查队、救护队、小医院等等,以资练习。

十　施行卫生教育,尤须与家属充分联络,方能收效,否则进行上诸多困难。所以在家庭访问或举行恳亲会、母姊会时,须多多讲述关于卫生设施情形,或引导其参观儿童的卫生自治组织及学校卫生设备。

十一　除每日举行卫生视察一次,每月举行体高、体重测量一次,每学年须定期举行卫生总检查或卫生比赛一次,将其结果公布并报告家属。

十二　学期终须举行卫生教育测量,考察学校卫生教育的进度,以资比较改良。

十三　社会上公众卫生的集会,须充分使儿童实地参加,如大扫除、灭蝇队等。

十四　社会上各种公共卫生及公众安全的设备或组织,须使儿童实践、练习、调查或参观，以养成其爱好公众卫生及保障公众安全的兴趣。

综观前后所定之体育教学方法，常以最近二次课程标准中所定者为最详。至卫生科教学，最近更详定若干卫生习惯，期在实行，是诚儿童之福音。

## 余　论

教学之目的，尽是冠冕堂皇，教学之材料与方法，尽是新奇繁复，而所以行之者则在人。爰就平日之所感，略陈梗概，以与吾实施小学教育同人一商榷之。

一、设备经济问题　谈设备者每涉及经济问题，此固事理之当。然际兹教育经费十分竭蹶之时，维持教薪，犹时虞不给，增加设备遑论矣。是宜从经济方面着想，从效力方面着想，善为筹划，其庶几乎？例如与其添一座滑梯，毋宁添几十个豆囊……甚且提倡我国固有游戏，如踢毽子、造房子……，则经济多矣。

二、运动指导问题　儿童之一举一动，姿势是否正当？动作是否合度？在与儿童身体发生相当关系。是小学体育，当不仅体育教员应负全责，其义至明。然而事实上，普通教员（非体育教员）能实际从事体育指导者，能有几人？

三、运动卫生问题　儿童在适当时间内，自由运动，固宜积极提倡，我无问言，惟是每见各校儿童于饭后争逐，作种种剧烈运动，而教师视若无睹，不禁之。儿童之胃疾等病症由是起。家属之反对学校体育课，亦由是起？

四、运动考核问题　儿童体格之健康，固不必与运动成正比例。但是运动成绩之考核，如何引导儿童有正常之运动？如何使儿童自身明了渠之运动成绩，以促进练习兴趣。对于运动成绩之考核，亦未容忽视！然而一般学校，能履行是项手续者有几？

五、体格检查问题　体格检查，为规模较大之学校，必有之设施；姑无论其所诊断程度若何？即检查以后，如可补救？有无确切之办法？恐难有圆满之答复；他如儿童日常之身长与体重，宜有定期之检查与记载，不特可提示儿童本身之注意，且可为极好之统计与研究资料。而检查记载者能有几校？检查记载而后，实行统计研究者又有几校？教育为立国之本，果何云乎？幸共起图之！

# 从图画科说到美术科

## 引 言

在未作本文之前,先介绍一些东西洋教育史上记载着的断片的图画科之演进痕迹,使读者对于图画一科有相当之认识也。

谁都知道希腊的教育,是审美主义的教育,当时希腊人认为美的感情,是人性构成的要素,人类多少具有美的感觉,所以徒手画(Free-hand drawing)当亚里士多德(Aristotle)时,即认为教育上一种重要功课,而列入于学校课程之内,把图画与读书、习字、音乐等科等量齐观。亚氏并主张到了成人时代,仍须永久继续修练娱乐,以不习音乐为可耻,以不知图画为可羞,因是学校生活和家庭生活、社会生活相一致,这是图画教学的开端。

降及中古,图画一科受了黑暗时代之影响,不为当时之哲学家与神学家所重视。——当时学校分课,如"三学艺"(Trivium,即指文法、论理学、修辞学)与"四学艺"(Quadrivium,即指算术、音乐、几何、天文)之内,并未列有是项课程。到了

16世纪初，人文主义的教育思潮兴，就有该派教育家伊拉斯谟（Erasmws）主张教育不应重视机械的背诵，以为宜赖绘画游戏等以助学习之兴趣。然言者谆谆，听者藐藐，图画科之地位，固犹如是也。

迄至近世，图画一科又为学者所侧重。夸美纽斯（Comenius）提倡图画甚力，洛克（Locke）主张儿童开笔后须教以图画，卢梭（Rousseau）与裴斯塔洛齐（Pestalozzi）二人亦均重视之。裴氏且谓儿童学习平面画外并须藉泥土模型，兼习立体画。其后福禄培尔①（Froebel）在其所创之幼稚园中。对于图画和手工都视为重要之课程。自蒙特梭利②（Montesori）重新应用福禄培尔之原理以来，教育学者渐知感官与用手训练之重要，图画、手工在此期内，皆须较作文、阅读等科为重，于是小学校课程内，图画一科占重要之地位。推其原因，不外乎生理与经济两方面，盖图画为儿童的表现，可藉此自由发抒，而训练其意志；在职业教育的立场上讲，更以此为主要科也。

19世纪之初期，普鲁士境内各小学中，首设有图画一科，未几仿行者甚众。1851年万国艺术品展览会开幕于伦敦，遂引起许多教育家之注意。丹麦、法兰西、奥地利亚诸国，亦均相继重视艺术教育，而小学课程内之图画一门，更视为重要矣。同时美国各埠，相继仿效，1812年波士顿各公立学校首设是科，菲列得尔菲亚更于1842年派著名之美术家波尔（Rembrant Peale）为公立学校之图画导师，而其他各城亦相继添设图画科于小学课程内矣。

编者按 19世纪之初，图画一门在小学课程内突然有长足之

---

① 〔特编注〕今另有译福禄贝尔。
② 〔特编注〕今另有译蒙台梭利。

进展者，实由于当时新人文主义教育之勃兴，考新人文主义，起于 18 世纪之后半叶。18 世纪者唯理主义与实利主义之时代，人类活动无论其如何高尚，苟无实际利益，即视为毫无价值，而其所谓价值者，又全以自他幸福上有何直接利益为标准，故文艺美术，在学校课程中，遂无人重视之。新人文主义，即所以反对唯理主义与实利主义的教育思潮，当时号召最力者，有格斯纳（Gesner）、席勒（Schiller）、哥德（Goethe）等，后来拉斯金（Ruskin）、福克尔脱（Volkelt）、韦伯（Weber）倡艺术教育与美的教育学时，遂更于教育上有具体之贡献也。1901 年德国召集全国艺术教育会于德勒斯登（Dresden）以图画手工之教育为其议题，当时与会者皆德之艺术家与教育家，有谓图画一门当作小学教科之主位者，亦有以为造形艺术之陶冶为教育中之一端者，总之与会者，都承认图画的一般化的价值与高大的教育力，而要求学校教育给与特殊的地位。又他们都以为艺术教育无论其注重艺术的享乐力的陶冶，或注重创造力的解放，图画教育，常是艺术教育上的最重要的手段。盖艺术教育可救唯理教育之弊，使人类在求肉体之满足，知识之丰满，道德之高尚外，兼有美的或艺术的要求而不致养成干枯残酷之生活。并且艺术教育更可为心灵训练之资助，盖艺术教育多属于技能学科，根据近代心理学研究之结果，皆谓手眼合作为学习之要点，即就事实而言，对于低能儿童，用图画手工的教育，往往收极大之效果，则图画之重要，谁得而否认之耶。

　　返观我国，历史久远，文艺发达。虽代有名画，不少精心杰作，然皆系文人雅士怡情悦性之作，在学校以内，并无地位。自新教育兴，始渐有注意之者，乃仿照东西洋成例，学科中加入图画一科，光绪末年，江苏两江师范、浙江两级师范均先后设立手工图画专修科，以养成中小学图画手工之师资，图画之地位为之一振。但科目虽设，而学生学习与否，听便可也。光复后学制更张图画一科，才确定为小学必修科，然历来之积习未除，学科术科之成见尚深，图画一科仍有名无实，鲜有注意之者。

到了民国七年〔1918〕，有许多注意研究的小学，觉得从前的分科方法，不甚精密，图画、手工两科的性质不同，而材料往往划分错误。——如剪纸、贴纸并不含工艺性质，却归入手工科，工作图与工艺品有直接关系，却归入图画一科中。——于是参照美国哥伦比亚大学附属小学的图画课程定名为美术的办法。依材料的性质，划分为"美术""工艺"两科。内容亦比从前扩充了许多，当时江苏各师范附小大都采用美术科的名称。然图画科改称美术科，始终未见诸法令刊布，故美术科的名称，在当时只好当作私生子，不能算合法的。

到了民国十一年〔1922〕，新学制课程起草委员会成立，国内一部分教育家对于图画改称美术，有过剧烈的辩论。有一部分人以为"小学的手工图画，都有实用的和美术的两种，目的性质各不相同，而且图画的范围只有图画，一切美术品的欣赏和研究包不下去，不如改'工艺''美术'，把手工图画中的实用事项，归入工艺科内，把手工图画中的美术事项，归入美术科内，并且扩充范围，把美术品的欣赏和研究加入美术科中去，那么目的性质，却可显明"。非难的一部分人说："美术是艺术科的总名，图画可以叫做美术，音乐工艺也可以叫做美术，现在定空间平面美（图画）为美术，其实空间平面美只为艺术一部分的东西，如此说来，岂不是美术也只是成了艺术一部分的东西么？难道美术是狭义的美术，艺术是广义的美术么？这个定名夹杂含糊，应改作'绘画'以和美术区别。"两派争论不休，于是小学课程审查委员会起来做和事老，改"图画"之名为"形象艺术"，同时把手工也改称"工用艺术"。但是中等学校里，并没有改，还是称图画、手工。

到了民国十八年〔1929〕八月，教育部颁行《小学课程暂行标准》，将形象艺术科改称美术科，据说"因为工用艺术的名称既改工作，形象艺术的名称无独存的必要，而且内容也较扩大，所以依照多数专家的意见改定今名"。

民国二十一年〔1932〕十月教育部公布正式《小学课程标准》，（按该项标准系由教部聘定委员，根据各方试验结果，修订《暂行课程标准》之结果，较有客观性和永久性）其关于美术科之变动极少，可说大同而小异也。

我国学校，设图画一科，为时只二十余年，而名称屡变，因此教学之目的时间、材料、方法等，也因名变而改弦。兹分别述之，藉以明了小学校中图画教学变迁之实际情形。

## 本　论

### 一　科目名称之变更

前清光绪二十三年〔1897〕，南洋公学外院设立，可说是我国最早的新式小学，科目有六：国文、读经、算学、舆地、史学、体操是也。当时并无图画一科。

光绪二十八年〔1902〕七月，张百熙《奏定学堂章程》（按是即《钦定学堂章程》未实行），分初等教育为蒙学堂、寻常小学堂、高等小学堂三段，蒙学堂之科目规定有八：修身、字课、习字、读经、史学、舆地、算学、体操是。寻常小学堂之科目，规定有八：修身、读经、作文、习字、史学、舆地、算学、体操是。高等小学堂之科目，规定有十一：修身、读经、读古文词、作文、习字、算学、本国史学、本国舆地、理科、图画、体操是。当时之高等小学堂，已有图画一科。但又规定"或加外国文而除去读古文词，或习工商实业而除去图画，各就地方情形酌定"。足见图画一科可有可无，尚未为人注意。

光绪二十九年十一月〔1904年1月〕公布张之洞等《奏定之初等小学堂章程》中，规定初等小学教授之科目为：修身、读经、讲经、中国文字、算术、历史、地理、格致、体操，此为完全学科。视地方情形，尚可加图画、手工科目，加授之科目，均为随意科。同时公布之高等小学堂章程中，规定高等小学堂之教授科目为：修身、读经讲经、中国文学、算术、中国历史、地理、格致、图画、体操。视地方情形，尚可加授手工、农业、商业等科目。图画之确定为必修科，盖自此始。但初小里只视为随意科目，高小里虽列作必修科，亦不过有名无实，空作场面，盖尚未为国人注意焉。其后光绪三十三年〔1907〕公布学部所订之《女子小学堂章程》，及宣统二年〔1910〕公布几经改订之《两等小学堂章程》，其所订科目，虽有变更，但图画一科之地位，依然如故，仍未为国人重视焉。

民国元年〔1912〕一月十九日公布之《普通教育暂行课程标准》中，初等小学校之学科目为修身、国文、算术、游戏、体操，视地方情形得加设图画、手工、唱歌之一科目或数科目，女子加课裁缝。高等小学校之学科目为修身、国文、算术、中华历史、地理、博物、理化、图画、手工、体操（兼游戏），女子加课裁缝，视地方情形得加设唱歌、外国语、农工、商业之一科目或数科目。观此，图画科之地位，固犹如是也。

民国元年〔1912〕九月二十八日公布之《小学校令》中，初等小学之科目为修身、国文、算术、手工、图画、唱歌、体操，女子加课裁缝纫，遇不得已时，可暂缺手工、图画、唱歌之一科目或数科目。高等小学之科目为修身、国文、算术、本国历史、地理、缝纫，视地方之情形，农业可以从缺，或改为商业，并可加授英语，遇不得已时，手工、图画亦可暂缺，视地方情形，可改英语为别种外国语。至是图画一科，渐为国人所重视，高等小学中不能阙如，列入初等小学之课程，作为必修科，也从此始，但不得已时，仍可从缺。

民国四年〔1915〕七月三十一日公布之《国民学校令》及《高等小学校令》中。关于图画科之规定，与元年〔1912〕九月公布者，一般无二。

民国十二年〔1923〕六月全国教育联合会新学制课程标准起草委员会复订刊布之《新学制课程纲要》总说明中，规定小学校课程为国语、算术、卫生、公民、历史、地理（前四年卫生、公民、历史、地理合并为社会）自然、园艺、工用艺术、形象艺术、音乐、体育等十一科。又云："'工艺'、'形艺'得合并为艺术科。""工艺形艺旧称手工图画，但实际作业不单是手工图画，各专家又拟名为工艺美术，似与内容亦未尽合……形象艺术，于旧称图画之外，又有剪贴塑造，仅以形艺为教学目的，非美术全部，故改今名。"至是图画科，更改名称为形象艺术，在小学课程中已有固定而较为重要之地位矣。（注——当时规定形象艺术得简称形艺，工用艺术得简称工艺。）

编者按民国十年〔1921〕前后国内教育家对于艺术教育渐知注意，普通讨论教育之杂志论文，亦时有关于艺术教育之文字，为艺术教育思潮勃兴时期，图画科之得有长足进展者，实由于此。

民国十七年〔1928〕二月十八日大学院公布之《小学暂行条例》中仍称图画。

民国十八年〔1929〕八月教育部公布《小学课程暂行标准》，其中所列科目，有国语、社会、自然、算术、工作、美术、体育、音乐八科。图画科又由形象艺术而改为美术，据说"因为工艺的名称既改，形艺的名称无独存的必要，而且内容也较扩大，所以依多数专家的意见，改定今名。"

民国二十一年〔1932〕十月教育部公布之正式《小学课程标准》，对于美术一科，仍用"美术"字样，并未变更，其总纲中只添"美术、劳作二科，在低年级得合并为工作科"一语而已。

## 二　教学目的之变更

上节已详述图画科名称之变更情形，兹更详述图画教学目的之变更如后：

光绪二十九年十一月〔1904年1月〕公布之《奏定初等小学堂章程》第二章第四节第九条有云："图画要义，在练习手眼，以养成其见物留心，记其实象之性情；但当示以简易之形体，不可涉于复杂。"

同时公布之《奏定高等小学堂章程》第二章第三节第八条有云："图画要义在使知观察实物形体及临本，由教员指授画之，练成可应实用之技能，并令其心思习于精细，助其愉悦。"

民国元年〔1912〕十一月二十二日公布之《小学校教则及课程表》中，《小学校教则》第九条云："图画要旨，在使儿童观察物体，具摹写之技能，兼以养其美感。"

民国五年〔1916〕公布之《国民学校令》及《高等小学校令》，其施行细则中，关于图画教学要旨之规定，全与元年〔1912〕公布时规定者相同。

民国十二年〔1923〕六月公布之《新学制课程纲要》中有云："形象艺术之目的，在于增进儿童欣赏及识别之程度，培养儿童美的发表及创造之能力，并涵养快乐敏确等各种性情。"

民国十八年八月教育部颁行之《小学课程暂行标准》中，规定美术科之目标为：

一、顺应儿童爱好美术的本性，引起研究美术的兴趣。

二、增进儿童美的欣赏和识别的程度，陶冶美的发表和创造的能力。

三、引导儿童对于美术原则的学习和应用，以求生活的美化。

民国二十一年〔1932〕十月教育部颁布之《小学课程标准》中规定之美术科目标，与十八年〔1929〕公布者同。

## 三　教学时间之变更

图画教学时间之规定，见于法令者，自光绪二十八年〔1902〕公布之《钦定学堂章程》始，当时规定高等小学堂第一年每周 4 时，第二年每周 6 时，第三年每周 8 时（按当时以 12 日为一周）。寻常小学堂与蒙学堂既无图画科目，自无教学时间之规定。

光绪二十九年〔1904 年 1 月〕公布张之洞等《奏定学堂章程》，规定高等小学堂，每周教授图画之时间为两小时，初等小学堂虽有图画科名称，尚无教学时间之规定，盖犹视为随意科也。

宣统元年〔1909〕公布几经改订之《两等小学堂章程》，也有图画教学时间之规定，但所规定者，与光绪二十九年〔1904 年 1 月〕公布者，一般无二。

民国元年〔1912〕十一月公布之《小学校教则及课程表》中，规定之图画教学时间，如下表：

211

**第一表 初等小学校**

| 教科目\学年 | 第一学年 | 每周教授时数 | 第二学年 | 每周教授时数 | 第三学年 | 每周教授时数 | 第四学年 | 每周教授时数 |
|---|---|---|---|---|---|---|---|---|
| 图画 |  |  | 单形简单形体 | 1 | 单形简单形体 | 1 | 简单形体 | 男2女1 |

**第二表 高等小学校**

| 教科目\学年 | 第一学年 | 每周教授时数 | 第二学年 | 每周教授时数 | 第三学年 | 每周教授时数 |
|---|---|---|---|---|---|---|
| 图画 | 简单形体 | 男2女1 | 简单形体 | 男2女1 | 诸种形体 | 男2女1 |

民国五年〔1916〕一月公布之《国民学校令》施行细则中，规定之图画教学时间如下：

| 教科目\学年 | 第一学年 | 每周教授时数 | 第二学年 | 每周教授时数 | 第三学年 | 每周教授时数 | 第四学年 | 每周教授时数 |
|---|---|---|---|---|---|---|---|---|
| 图画 |  |  | 单形简单形体 | 1 | 单形简单形体 | 1 | 简单形体 | 男2女1 |

附注：缺手工图画唱歌缝纫之一科目或数科目者，其每周教授时数可分加于他科目，并可减少总时数1小时或2小时。

民国五年〔1916〕一月公布之《高等小学校令》施行细则中，规定之图画教学时间如下：

| 学科 \ 学年 | 第一学年 | 每周教授时数 | 第二学年 | 每周教授时数 | 第三学年 | 每周教授时数 |
|---|---|---|---|---|---|---|
| 图画 | 简单形体 | 男2 女1 | 简单形体 | 男2 女1 | 诸种形体 | 男2 女1 |

民国十二年〔1923〕六月公布之《新学制课程标准纲要》中所规定者：

小学校授课总时间，以分数计，初级前二年每周至少1080分钟，后二年至少1260分钟，高级每周至少1440分钟，各科约定百分比，实际计算有除不尽者应加整数，以符至少之意。

根据上列授课总分数及下表百分比，计算小学形象艺术科每周至少教学分数如下：

第一、二学年——54分钟

第三、四学年——63分钟

第五、六学年——72分钟

观此可知初级小学图画教学的时间较前稍增（第四学年略减），第一学年就教学图画，也从此开始，高级小学的图画教学时间，女生增加，男生略减。

附表：新学制各科百分比分配表。

| 学科目 || 百分比 ||
|---|---|---|---|
| || 初级小学 | 高级小学 |
| 国语 | 语言 | 30 | 6 |
| | 读文 | | 12 |
| | 作文 | | 8 |
| | 写字 | | 4 |
| 算术 || 10 ||

| | | | |
|---|---|---|---|
| 卫 生 | 社会20 | | 4 |
| 公 民 | | | 4 |
| 历 史 | | | 6 |
| 地 理 | | | 6 |
| 自 然 | 12 | | 8 |
| 园 艺 | | | 4 |
| 工用艺术 | | | 7 |
| 形用艺术 | | | 5 |
| 音 乐 | | | 6 |
| 体 育 | | | 10 |

民国十八年〔1929〕八月颁行之《小学暂行课程标准》中规定之美术教学时间，如下表：

| 学 年 | 低 年 级 | 中 年 级 | 高 年 级 |
|---|---|---|---|
| 分 数 | 60 | 90 | 90 |

低中高各级的教学时间，均较前略增加。

民国二十一年〔1932〕十月教育部颁布之《小学课程标准》中，规定美术科之教学时间如下表。

| 年 级 | 低 年 级 | 中 年 级 | 高 年 级 |
|---|---|---|---|
| 分 数 | 90 | 90 | 90 |

低级教学时间较前增加 30 分钟，中高年级如旧。

## 四 教学材料之变更

清季小学，对于图画科，素不重视，故图画教材之见于法令者，亦至简单，如光绪二十八年〔1902〕公布之《钦定学堂章程》规定高等小学堂第一年授简易单形画，第二、第三年授实物模型画。光绪二十九年〔1904年1月〕公布之《奏定初等小学堂章程》中，规定"但当示以简易之形体，不可涉于复杂。"同时公布之《奏定高等学堂章程》中，规定"使知观察实物形体及临本，由教员指授画之。"

光复后，小学图画教材，较清季稍有变更，如民国元年〔1912〕十一月公布之《小学校教则及课程表》中，规定"初等小学校首宜授以单形及简单形体，并使临摹实物或范本""高等小学校首宜依前项教授，渐及诸种形体，并得酌授简易几何画。"

民国五年〔1916〕一月公布之《国民学校令》施行细则中，规定"首宜授以单形及简单形体，并使临摹实物或范本。"同时公布之《高等小学令》施行细则，规定"图画宜依《国民学校令》施行细则第七条第二项之规定，渐及诸种形体，并得酌授简易几何画"，——按五年〔1916〕公布者与元年〔1912〕公布者初无大异。

民国十二年〔1923〕六月公布之《新学制课程纲要》中，所规定之形象艺术科教学材料，较前大备。兹录其程序如下：

第一学年

欣赏

（比较限度中的鉴赏一项，范围少狭，这儿是注重在完全的作品方面的。）各种表示幼儿动作和描写动作的作品。

制作

1. 修身、文学、故事、表演的想象发表或记忆发表。
2. 社会地理科中事物的想象发表或记忆发表。
3. 自然园艺科中事物的写生或记忆发表。
4. 工艺品和用品装饰。
5. 自由发表。

研究（宜和制作鉴赏相附而行）

1. 排列和从属物众的间隔和纸面上下高低左右等名称和适当的位置。
2. 方、圆、长方形、三角形的认识，物体的大小、高低、长短等比较。

3. 红黄蓝绿各色的认识和两种明暗的比较。

第二学年

欣赏同第一年

制作同第一年

研究

1. 物体的距离排列和美观的关系，用花果、动物做图案单位，单位的排列法，反复和秩序。

2. 五角形、六角形、多角形的认识，平面形和立体的分别。

3. 红、橙、黄、绿、青、紫各色的认识，分别和三间色的混合法，浓淡和用水的关系。

第三学年

欣赏同前加风景片。

制作

1. 修身、文学、故事、表演的想象发表或记忆发表。

2. 社会地理科中事物的想象发表或记忆发表。

3. 自然园艺中事物的写生或记忆发表。

4. 工艺品和用品的装饰。

5. 自由发表。

研究

1. 物体的大小距离比例，各物体适宜的配合，图案的均齐和变化，图案用的平行线、垂直线的名称和书法，散点图案的画法。

2. 正方形、长方形、美形的简易画法，三角板的角度和应用。

3. 色彩的混和和深淡的书法，三种明暗，方形物体的阴阳面，标准色的辨别，染织物纸花边配色的研究。

第四学年

欣赏

陶瓷器的式样和装饰织物和印花样，各种美术画、故事画、风景画、建筑画片。

制作同前

研究

1. 简易的对称花样的制作法。

2. 简单的透视法和应用。

3. 色彩的对比和应用，用三棱镜观察日光各色的递变，光线和阴影的关系。

第五学年

欣赏

同前画片可加入各种描写工作材料（如"拾薯""晚祷"等泰西名画）。

制作

1. 修身、文学、故事、表演的想象发表或记忆发表。

2. 社会地理科中事物的想象发表或记忆发表。

3. 自然园艺科中事物的写生或记忆发表。

4. 工艺品和用品的装饰。

5. 本校附近的风景写生。

6. 自由发表。

研究

1. 续前注意从属距离节奏图案中二方连续花样的制作法。

2. 续前注意比例，六角形、五角形的剪法，有画法规律曲线的画法，花卉枝叶的方向和形状的变化。

3. 色彩混合的变化，四种明暗植物花果和叶色的对比，动物色彩的比较，衬色和美观的关系，图案的配色，形状和阴影的关系。

第六学年

欣赏

同前，加本国的建筑（如佛殿、塔亭、桥等）。

制作同前。

研究

1. 续前。

2. 续前加制图的用法，动物姿势的简单描法（用直线或平涂）。

3. 续前。

民国十八年〔1929〕八月教育部颁布小学《暂行课程标准》，形艺更名美术，内容也较扩大。兹录作业类别及各学年作业要项如下：

(A) 作业类别

(一) 欣赏　包括自然美的欣赏和自然现象的欣赏。

1. 自然美的欣赏　自然物和自然现象的欣赏。

2. 艺术美的欣赏　绘画、雕刻、塑造和其他美的物品的欣赏。

(二) 制作　包括绘画、剪贴、塑造三种。

1. 绘画　单色画和彩色画。

2. 剪贴　单色剪贴和复色剪贴。

3. 塑造　塑造及浮雕线雕。

附注：绘画的分量约占十分之六，剪贴塑造各占十分之二。

(三) 研究　包括方法的研究和原则的研究两种。

1. 方法的研究　各种画法、剪法、塑造法的研究。

2. 原则的研究　各种形体排列、设色、明暗、阴影等美术原则的研究。

(B) 作业要项

第一、二学年

(一) 欣赏

1. 各种表示幼儿动作和动物动作而富有趣味的作品。

2. 故事图。

(二) 制作

1. 自然物、自然现象的写生和记忆发表。

2. 人物动作和故事，游戏等的想象发表和记忆发表。

3. 一切在社会家庭所见所闻的事物的记忆发表。

4. 自由发表。

5. 关于衣食住行等的装饰布置选择等的设计。

6. 印刷品的剪贴和着色。

7. 轮廓着色（在印就的轮廓画上着色）。

(三) 研究

1. 方、圆、长方形、三角形、五角形、六角形、多角形的认识，平面形和立方形的识别。

2. 纸面位置和物体排列的审美的研究。

3. 执笔运笔和使用剪刀的方法。

4. 红、黄、青三原色和绿、橙、紫三间色的混合法，色彩浓淡的比较和绘法。

第三、四学年

(一) 欣赏

1.
2. } 继续第一、二学年第一、二项。

3. 自然风景。

4. 风景画。

5. 有趣的名画。

6. 雕刻品。

7. 建筑物。

8. 照相或模型。

(二) 制作

1.
2.
3.
4. } 继续第一、二学年1至7各项。
5.
6.
7.

8. 讽刺，寓意和象征的发表。

9. 风景写生。

（三）研究

1. 正方形、长方形、菱形、正三角形的简易画法；平行线、垂直线的辨别和画法；三角板的角度和应用。

2. 物体大小远近的比例和分别；排列的统一和变化。

3. 简易透视法和应用；物体的基本形体。

4. 简易散点图案和对称花样的制作法和应用。

5. 色彩混合法；六种标准色的辨认；色彩的对比和对比色的应用。

6. 三种明暗，光线和阴阳面以及阴影的关系。

第五、六学年

（一）欣赏

1.
2.
3.
4.
5. ｝继续第三、四学年1至8各项。
6.
7.
8.

9. 本国名画和描写平民生活的外国名画。

（二）制作

1.
2.
3.
4.
5. ｝继续第三、四学年 1 至 9 项。
6.
7.
8.
9.

(三) 研究

1. 物体各部的比例和描写法、速写法，正六角形并五角形的画法、剪法，制图线的用法，有规律的曲线的画法，主副线的应用。

2. 宾主的配量，空间的分划，方向的美丑；连续模样的制作法。

3. 简单的配色法，色彩的对比和调和；图案的配色。

4. 光线和色彩的关系。

民国二十一年〔1932〕十月教育部公布修订之《小学课程标准》中规定之美术科作业，与十八年〔1929〕八月颁布者大同小异。兹录作业类别及各学年作业要项如下：

(A) 作业类别

(一) 欣赏　包括自然美的欣赏和艺术美的欣赏两项。

1. 自然美的欣赏　自然物和自然现象的欣赏。

2. 艺术美的欣赏，绘画、雕刻、塑造和其他美的物品的欣赏。

(二) 发表　包括绘画、剪贴等

绘画的分量约占十分之七，剪贴约占十分之三。

附注：发表除绘画剪贴外得视各校情形酌加石膏和蜡的塑造。

(三) 研究　包括方法的研究和原则的研究两种。

1. 方法的研究　各种画法塑造的研究。

2. 原则的研究　各种形体排列、设色、明暗、阴影、远近、透视等美术原则的研究。

(B) 作业要项

第一、二学年

(一) 欣赏

1. 各种表示幼儿动作和动物动作,而富有趣味的作品。

2. 自然景物。

3. 故事图。

(二) 发表

1. 自然物,自然现象的写生和记忆发表。

2. 人物动作和故事,游戏等的想象发表和记忆发表。

3. 一切在社会家庭所见所闻的事物和记忆发表。

4. 自由发表。

5. 印刷品的剪贴和着色。

6. 轮廓着色(在印就的轮廓画上着色)。

(三) 研究

1. 方圆、长方形、三角形、五角形、多角形的认识,平面形和立方形的识别。

2. 纸面位置和物体排列的审美的研究。

3. 执笔运笔和使用剪刀的方法。

4. 红、黄、青三原色和绿、橙、紫三间色的混合法,色彩浓淡的比较和画法。

第三、四学年

(一) 欣赏

1.
2. ⎱ 继续第一、二学年1、2、3各项。
3. ⎰

4. 风景画。

5. 有趣味的名画。

6. 雕刻品。

7. 建筑物。

8. 照相或模型。

9. 讽刺画或寓意画。

(二) 发表

1.
2.
3. 继续第一、二学年1至6各项。
4.
5.
6.

7. 关于衣食住行等的装饰，布置，选择等设计。

8. 讽刺寓意和象征的发表。

9. 风景写生和静物写生。

10. 简易图案。

(三) 研究

1. 正方形、长方形、菱形、正三角形的简易画法，三角板的角度和应用。

2. 物体大小、远近的比例和分别，排列的统一和变化。

3. 简易透视法和应用，物体的基本形体。

4. 简易散点图案和对称花样的制作法和应用。

5. 色彩混合法，六种标准色的辨认，色彩的对比和对比色的应用。

6. 三种明暗光线和阴阳面以及阴阳的关系。

第五、六学年

(一) 欣赏

1.
2.
3.
4.
5. 继续第三、四学年1至9各项。
6.
7.
8.
9.

10. 本国名画和描写平民生活的外国名画。

11. 图案画。

（二）发表

1.
2.
3.
4.
5. 继续三、四学年1至9各项。
6.
7.
8.
9.

10. 应用图画。

（三）研究

1. 物体各部的比例和描写法、速写法，正六角形并五角形的画法、剪法，制图线的用法，有规律的曲线的画法，主副线的应用。

2. 宾主的配置，空间的分割，方向的美丑，连续模样的制作法。

3. 简易的配色法，色彩的对比和调和，图案的配色。

4. 光线和色彩的关系。

编者按：除制作改为发表，项目和分量也有小变外，其余无变动。

**五　教学方法之变更**

清季小学，图画科有名无实，既无详密之规定，自无所谓教学方法也。即有之，亦语焉不详，如光绪二十九年〔1904年1月〕《奏定高等小学堂章程》中，规定图画教学，只有"由教员指授画之"一语。同时公布之《初等小学堂章程》，竟并此而无之。

民国元年〔1912〕十一月公布之《小学校教则及课程表》中，虽有关于图画教授法之规定，亦至简易。兹照录如下：

"教授图画，宜就他科目已授之物件，及儿童所常见者，令摹写之，并养其清洁缜密之习惯。"

民国五年〔1916〕一月公布之《国民学校令》施行细则中，所规定之图画教法完全与民元〔1912〕时公布者相同。同时公布之《高等小学校令》施行细则中规定者亦然。

民国十二年〔1923〕六月公布之《新学制课程纲要》中，所定形象艺术之教学方法较为详尽。兹照录如下：

（一）欣赏一项，向来大家不甚注意，但在普通教育的形象艺术科中，很为重要。我国社会上欣赏美术的程度很低，学校中应该特别注意，所以学校中宜设法多备一点美术品，使儿童时常欣赏。

（二）研究的问题，是制作或鉴赏时遇着了困难才发生的。所以不宜单独教学，最好多备参考品，遇必要时就揭示在教室里，引导儿童自己比较研究，倘使徒用学理的讲解，就没有什么价值了。

（三）制作的方法，大概可分绘画、剪贴、塑造三种：绘画的分量最多，约占十分之七，剪贴塑造约占十分之三，制作时注重想象创造和写实，遇必要时可用已成的作品或教师的作品做参考品，旧时的临摹方法流弊很多，以不用为妙。

（四）教学法以联络各科设计发表等为生。

民国十八年〔1929〕八月教育部颁行之《小学暂行课程标准》中所规定之美术科教学方法要点，较前更详尽而具体。兹照录如下：

一　选材宜切合儿童的需要，并须兼顾儿童的程度和能力。

二　要和工作、自然、社会等各种设计，打成了一片教学。例如：

1. 在食的设计中，教学食物食桌的安放、排列、设色等图案问题。
2. 在衣的设计中，教学衣、帽、鞋和各种衣料相关的图案问题。
3. 在住的设计中，教学建筑式样各室布置家具设备和选择等图案问题。
4. 在土、竹、木、金工品设计中，教学箱、篮、杯、碟、瓶、钵等所连带的图案问题。
5. 在行的设计中教学舟、车、桥梁、道路等所连带的图案问题。
6. 在印刷工业的设计中，教学书报、杂志、日历、卡片、招贴和其他印刷品所连带的图案问题。

上述各种设计，每年都可兼有，从此等设计中寻求美术原则的应用，以增长美的经验，养成艺术的眼光，辨别优劣，选择物品，布置环境的能力，这才显见美术教学的效用。

三　美术的制作，可在绘画剪贴的应用中，充分利用树叶、草叶、花瓣、种子、鸟羽、鱼鳞、贝壳、蝶翅、蚕丝、砂土、破碎的陶瓷片等，装排成极有趣味的美术品，这在乡村小学中更为适用。

四　名家作品（名画名刻），织品样本，书本报纸的封面画和广告画，小说中所有的插画（如滑稽画、讽刺画），邮画片，日历和各种陶瓷器、漆器……都是欣赏研究的良好资料。应充分的搜罗，尽量的利用。

五 在可能范围内，应该按照儿童的程度需要，设备便于教学美术的美术室，学校环境的艺术化，也应在可能范围内设法。——但美术的教学如自然界的欣赏，美术品的参观展览，校外的写生（高年级）等，不限定教室中做。

六 欣赏是本科最重要的作业，应该按儿童的程度和需要，随时启导儿童欣赏，在每次教学开始，要用描绘形容的演讲式或诗词警句，或足以激引感情启发想象的问题……以引起儿童欣赏的动机，在儿童注意欣赏的时候，除简单的说明，以补充想象外，关于图中的知识和画法等问题，不要详细讨论。但高年级亦可从欣赏开端，以研究（画法及雕刻法等）结束。——关于中外艺术家的生活轶事和描写艺术的诗歌，也可随所欣赏的对象而乘机提供。

七 制作是充实欣赏力、陶冶发表力和创造力的工具，教学时应注意图案写实和自由发表，但在必要时也应充分提供已成的作品，做制作的参考资料。

八 技术的授予，要在儿童感觉要这种技术的时候，因为缺乏此种技术而觉得有所不足或有困难，则学习此种技术的需要，自然发生。

九 一种技术的熟习，要按儿童年龄，用各种变化的方法指导。

十 制作要有结果才可以满足儿童的期望，引起学习的兴趣，所以过于难做的，或者要费许多时间的努力而后成功的，小学校中都不要采用，在儿童制作时，教员应予以相当的辅导，以使其成功容易。

十一 研究的目的，在增进欣赏识别的程度，解决欣赏或制作时所遇的困难问题。

教学时宜根据儿童的理解能力和需要，以欣赏和制作的作业为出发点，并宜多多供给参考材料，避去抽象的讲解。

十二 制作的绘画，以彩色为主，非因经济缺乏等不得已关

———— 227

系，不得用单色。——不得已而用单色绘画时欣赏研究等作业，仍须充分应用彩色。

十三　学校中应当有美术展览会的设计，展览儿童的作品和儿童搜集的美术品、玩具等，以鼓励儿童对于美术的兴趣。

十四　儿童作品量表应尽量利用，以使儿童自知技术的进步度。

十五　社会上习见的绘画等，以及含有图案的一切衣、食、住、行等物品，可用研究态度尽量批评他的优、劣、美、恶，以使儿童爱美恶恶，设计改良，——这是美术教学的一大任务。

十六　本地美术展览会和风景名胜等有关美术的场所，应带儿童前往欣赏研究，以增长儿童的经验。

民国二十一年〔1923〕十月教育部公布之《小学课程标准》中所规定之美术科教学方法与十八年〔1929〕颁布者，除字句组织稍有一小部分变动外，大体完全相同。兹照录如下：

美术科教学要点
一　选材宜切合儿童的需要，并须兼顾儿童的程度和能力。
二　在可能范围内，和劳作、自然、社会等联络成整个的单元教学。例如：
1. 在食的设计中，教学食物食桌的安放、排列、设色等图案问题。
2. 在衣的设计中，教学衣、帽、鞋和各种衣料相关的图案问题。
3. 在住的设计中，教学建筑、式样、各室布置、家具设备和选择等图案问题。
4. 在土、竹、木、金工品设计中教学箱、篮、杯、碟、瓶、钵等所连带的图案问题。
5. 在行的设计中，教学舟车、桥梁、道路等所连带的图案问题。
6. 在印刷工业的设计，教学书、报、杂志、日历、卡片、招贴和其他印刷品所连带的图案问题。

上述各种设计，各年都可兼有。从此等设计中，寻求美术原则的应用，以增长美的经验，养成艺术的眼光，辨别优劣，选择物品，布置环境的能力，这才显见美术教学的效用。

三　美术的发表，可在绘画、剪贴的应用中，充分利用树叶、草叶、花瓣、种子、鸟羽、鱼鳞、贝壳、蝶翅、蚕丝、砂土、破碎的陶瓷片等，装排成极有趣味的美术品。这在乡村小学中更为适用。

四　名家作品（名画、名刻），织品样本，书本报纸的封面画和广告画，小说中所有的插画（如滑稽画、讽刺画）。邮画片日历和各种陶瓷器、漆器……都是欣赏研究的良好资料，应充分搜罗，尽量应用。

五　在可能范围内应该按照儿童的程度、需要，设备便于教学美术的美术室。学校环境的艺术化，也应在可能范围内设法。——但美术的教学。如自然界的欣赏，美术的参观展览，校外的写生（高年级）等，不限定在教室中做。

六　欣赏是本科重要的作业，应按儿童的程度和需要随时启导儿童欣赏。在每次教学开始，要用描绘形容的演讲式，或诗词警句，或足以激引感情，启发想象的问题……以引起儿童欣赏的动机。在儿童注意欣赏的时候，除简单的说明以补充想象外，关于图中的知识和书法等问题，不可详细讨论。但高年级也可从欣赏开端以研究（书法及雕刻法等）结束。——关于中外艺术家的生活，轶事，和描写艺术的诗歌，也可随所欣赏的对象而乘机提供。

七　发表是充实欣赏力、陶冶发表力和创造力的工具，教学时应注意图案写实和自由发表。但在必要时，也应充分提供已成的作品，做发表的参考资料。

八　技术的授予，要在儿童感觉要这种技术的时候。——因为缺乏此种技术，而觉得有所不足，或有所困难，则学习此种技术的需要自然发生。

九　一种技术的熟习，要按儿童年龄，用各种变化的方法指导。

十　发表要有结果，才可以满足儿童的期望，引起学习的兴趣。

所以过于难做的，或者要费许多时间的努力而后成功的，小学中都不可采用。在儿童发表时，教员应予以相当的辅导，以使其成功容易。

十一　研究的目的，在增进欣赏和识别的程度，解决欣赏和发表时所遇的困难的问题，教学时宜根据儿童的理解能力和需要，以欣赏和制作的作业为出发点；并宜多多供给参考材料，避去抽象的讲解。

十二　发表的绘画，以彩色为主（先用硬笔，后用软笔。）非因经济缺乏等不得已的关系，不得用单色——不得已而用单色绘画时，欣赏研究等作业，仍须充分应用彩色。

十三　学校中应常有美术展览会的设计，展览儿童的作品和儿童搜集的美术品、玩具等，以鼓励儿童对于美术的兴趣。

十四　儿童作品量表，应尽量利用，以使儿童自知技术之进步度。

十五　社会上习见的绘画等，以及含有图案的一切衣、食、住、行等物品，可用研究的态度尽量批评他的优、劣、美、恶，以使儿童，爱美弃恶，设计改良。——这是美术教学的一大任务。

十六　本地美术展览和风景名胜等有关美术的场所，应带儿童前往欣赏研究，以增长儿童的经验。

## 余　论

吾国自兴学迄今，为时只 20 余年，而小学图画科之名称，屡有变易，内容日渐扩展，因此教学目的、教学时间、教学材料、教学方法，都应随而改变，断不可墨守旧法，仍以临摹单色画尽为美术教学之能事。顾内地小学，经费不足，设备简单，教师技术不精，社会观念错误，虽教学日课表已随功令而更改新名，而实际所教，却依然如故，仍限于单色的临摹罢了。什么欣赏、制作、研究，还是没有顾到，将如何减少实际困难，以谋美术课程之推行，确为急需解决之问题，不揣愚昧，酌拟改进办法数则于后，当否请正！

（一）设备方面——力求完善

1. 设备便于教学的美术室。
2. 搜罗购置应用的教学用品。
3. 设法布置艺术化的学校环境。
4. 随时选择自然的艺术环境。

（二）教学方面——要有合理的指导

1. 欣赏制作研究，须均衡发展，不可顾此失彼，亦不可畸重畸轻。
2. 使儿童多欣赏，多观察具体的事物。
3. 注意个性表现，爱护自由创作。
4. 教师宜努力艺术教育的科学研究。

（三）其他方面

1. 师范学校增加美术课程，训练优良的美术教师。
2. 联络家庭和社会，改变一般人轻视美术科之观念。
3. 教育行政当局对于美术科宜努力作新价值的估定。排除学科术科之歧视观念。

# 从手工科说到劳作科

## 引 言

兹录《教育大辞书》手工教学法条"手工教学之起源"为首段,使读者于手工一科先有初步之认识也。

**〔手工教学之起源〕**

17世纪之教育家夸美纽斯(Comeuus,1592~1670)等,尝谓吾人教育儿童,除授以事物知识外,应熟练手指之使用。故当时已有教育上应注意手工教学之议论,惟见诸实施者甚少。在1713年间,德之瓦尔纳孤儿院中,曾实施手工教学,无论男女生徒,均课以一种之手工业。至18世纪末,德意志、瑞典、芬兰等,即先后实施手工教学于普通学校,今将各国实施手工教授之时期,列表于下:

| 国名 | 时间 |
| --- | --- |
| 德 | 1713年 |
| 俄 | 1824年 |

| | |
|---|---|
| 芬兰 | 1866年 |
| 瑞典 | 1870年 |
| 挪威 | 1870年 |
| 法 | 1873年 |
| 日本 | 1876年 |
| 美 | 1876年 |
| 奥 | 1879年 |
| 英 | 1890年 |
| 中国 | 1903年 |

吾国人素守玩物丧志之古训，故读书时，常以玩物为戒，所谓手工教学者，在戊戌政变以前，竟未之闻。自政变后，废科举，兴学校，乃仿照东西洋成例，学科中加入手工一科。但科目虽具，而学子学习与否，均可随便，故学校中实施者甚少。其后研究教育者，知手工等技能科之价值，乃稍稍注意。至清光绪末年。江苏两江师范及浙江两级师范，均设有手工、图画专修科，以养成中小学校手工、图画教师。自此以后，手工、图画等科，为之一振。惟教学目的，以一般的陶冶为主，故所制均不切实用。光复以后，研究教育者日众，而各种教育主义，遂相继而起。主张实用主义、职业主义之教育家，尤有以手工科为教育中心之说。其教育主旨一以实用为师；因此国内学者，对于手工教学之主旨，遂分成二大派：即教育主义与职业主义是也。至民国十一年〔1922〕，改订新学制，对于手工教学之主旨及定名，二派颇有争论。在主张教育主义者，以手工科当以一般的陶冶为主，定名一仍其旧。而主张职业主义之教育者，则以手工科中之偏于教育的及艺术的方面如粘土、剪贴、等工作，归入图画科教授，原有图画科，改称美术科。以手工科专重职业陶冶方面，改称工艺科。仿佛是职业科之缩影。结果乃由委员会折衷二说，改

名为工用艺术科,致中小学校之手工科名目,不能统一。

编者按至国民十八年〔1929〕八月教育部颁行《小学课程暂行标准》,将旧有工用艺术科,扩大内容范围,包括校事、家事、农商等项,改名为工作科。

民国二十一年〔1932〕十月教育部颁行《小学课程标准》,改工作科为劳作科,将商情及研究部分,纳入其他科目。

吾国学校设手工科,才二十余年,但名称已一变再变,教学之目的、时间、材料、方法等,亦随名称而变更。兹分别论之,以明其变迁之实际也。

## 本　论

### 一　科目名称之变更

前清光绪二十八年〔1902〕七月,张百熙《奏定学堂章程》(按是即《钦定学堂章程》,未实行),将初等教育分为蒙学、寻常小学、高等小学三段,所设课程,均无手工一门,盖尚未为国人所注意焉。

光绪二十九年十一月〔1904年1月〕公布之张之洞等《奏定初等小学堂章程》中,规定初等小学之教授科目凡八:一修身、二读经、三中国文学、四算术、五历史、六地理、七格致、八体操,此为完全学科。视地方之情形,尚可加图画、手工之一科目或二科目。凡加授之科目,均作为随意科目。同时公布《奏定高等小学堂章程》中,规定高等小学堂之教授科目凡九:一修身、二读经、三中国文学、四算术、五中国历史、六地理、七格致、八图画、九体操。视地方之情形,尚可加授手工、农业、商业等科目,但于预备入中学堂之学生,可毋庸加授。凡加授之科目,均作为随意科目。中国学校之有手工一科,盖自此始。但无论初小、高小均视为随意科目,可有可无,尚未为国人所重视焉。

民国元年〔1912〕一月十九日公布《普通教育暂行办法通令》中,虽有"小学手工科应加注重"之语。但同日公布之《普通教育暂行课程标准》中,初等小学校之学科目,为修身、国文、算术、游戏、体操。视地方情形,得加设图画、手工、唱歌之一科目或数科目。女子加课裁缝。高等小学校之学科目为修身、国文、算术、中华历史、地理、博物、理化、图画、手工(兼游戏)。女子加课裁缝,视地方情形,得加设唱歌、外国语、农工商业之一科目或数科目,手工科列入高等小学必修科目,盖此自始。然初等小学,犹视为随意科目也。

民国元年〔1912〕九月二十八日公布之《小学校令》,初、中等小学之教科目为修身、国文、算术、手工、图画、唱歌、体操、女子加课缝纫。遇不得已时,可暂缺手工、图画、唱歌之一科目或数科目。高等小学之教科目为修身、国文、算术、本国历史、地理、理科、手工、图画、唱歌、体操。男子加课农业,女子加课缝纫。视地方情形,农业可以从缺,或改为商业,并可加授英语,遇不得已时,手工、唱歌,亦得暂缺。视地方之情形,可改英语为别种外国语。至是手工一科渐为国人所重视,已正式列入初等小学及高等小学之课程,但遇不得已时,仍可从缺。

民国四年〔1915〕七月三十一日公布之《国民学校令》中,规定国民学校之教科目为修身、国文、算术、手工、图画、唱歌、体操,女子加课缝纫。遇不得已时,可暂缺手工、图画、唱歌之一科目或数科目。同时公布之《高等小学校令》中,规定高等小学校之教科目为修身、读经、国文、算术、本国历史、地理、理科、手工、图画、唱歌、体操、男子加课农业,女子加课家事。视地方情形，农业可以从缺，或改为商业，并可加设外国语，遇不得已时手工、唱歌，亦得暂缺。观此，手工科在小学课程中之地位犹如是也。

民国十二年〔1923〕六月全国教育联合会新学制课程标准起草委员会复订刊布之《新学制课程纲要》总说明中，规定小学校课程分为国语、算术、卫生、公民、历史、地理（前四年卫生、公民、历史、地理合并为社会）、自然、园艺、工用艺术、形象艺术、音乐、体育等十一目，又云："工用艺术旧称手工，形象艺术旧称图画。但实际作业不单是手工艺术。各专家又拟名为工艺美术。似与内容亦未尽合。工用艺术不过以衣、食、住为体，以工为用。非正式工艺，亦非完全艺术。形象艺术于旧称图画之外，又有剪贴塑造，仅以形象为教学目的，非美术全部，故改今名。"至是手工一科在小学课程上已占一固定位置。且因作业内容不限于手工，又非正式艺术，故更名为工用艺术。惟民国十七年〔1928〕二月十九日大学院公布《小学暂行条例》中，则仍称手工。

挽近国内教育家，鉴于过去教育之失败，盛唱实用主义、劳动主义生产之地……而手工科之地位，益形重要。民国十八年〔1929〕八月教育部公布《小学课程暂行标准》，其中所列科目有国语、社会、自然、算术、工作、美术、体育、音乐凡八目。手工更改工作，因为内容范围扩大包括校事、家事、农、商等项，而无适当的名称，所以假定今名（见小学科程暂行标准总说明）。二十一年〔1932〕十月教育部颁行《小学课程标准》改工作科为"劳作"科，其内容亦加以改组矣。

## 二　教学目的之变更

前述手工教学之起源，尝谓国内学者，对于手工教学之主张分两大派，即教育主义与职业主义是也。约言之，手工教学之主旨，从前偏于教育主义，今则渐趋于职业主义矣。兹更详述手工教学目的之变更如下：

光绪二十九年十一月〔1904年1月〕公布之《奏定初等小学堂章程》第二章有云："手工其要义在使练习手眼，使能制作简易之物品，以养成好勤耐劳之习，而在初等小学则但教以纸制、丝制、泥土制之手工，以能成器物为主，不可涉于繁费。"

同时公布之《奏定高等小学堂章程》第二章有云："手工其要义在使能制作简易之物品，养成其用心思耐劳烦之习。"

民国元年〔1912〕十一月公布之《小学校教则及课程表》中《小学校教则》第八条云："手工要旨在使儿童制作简易物品养成勤劳之习惯。"

民国五年〔1916〕公布之《国民学校令》，其施行细则第一章有云："手工要旨在使儿童制作简易物品养成勤劳之习惯，审美之趣味。"

自光绪二十九年十一月〔1904年1月〕至民国十二年〔1923〕六月，二十年间，手工教学之要旨，可谓一成不变：

1. 技术方面——制作简易物品。
2. 陶冶方面——用心思勤劳审美等。

民国十二年〔1923〕六月刊布之《小学新学制课程标准纲要》中有云："工用艺术目的在研究并实习衣食住行所需最普通的原料用途和制法，工具的构造和使用，并引起尊重工作的观念，欣赏工业品的兴味和涵养敏确、整洁、耐劳等德性。"

民国十八年〔1929〕八月教育部颁行之《小学课程暂行标准》中规定工作科目标为：

（一）实地操作：养成劳动的身手，平等互助的精神。
（二）计划创造：发展创造的思想和能力。
（三）调查研究：增进评价能力生产兴趣，并启发改良生活、改良农工业等的志愿和知识。

民国二十一年〔1932〕十月教育部颁行之《小学课程标准》中修订劳作目标为：

（一）养成儿童劳动的身体和平等、互助、合作等精神。
（二）发展儿童计划，创造的能力。
（三）增进儿童的生产兴趣和能力，并启发其改良生活、改良农或工的志愿和知识。

至是，手工科之名称已三变，其教学目标亦较前详备。在知的方面，注重研究计划；在行的方面，注重操作创造，而要以实际生产为归。

## 三　教学时间之变更

手工列为小学必修科，始于民国元年〔1912〕。故手工教学时间之规定见于法令者，亦自民元〔1912〕始。兹表列自民元〔1912〕迄今之手工科学时间列下：

1. 民国元年〔1912〕十一月公布之《小学校教则及课程表》中规定者：

第一表　初等小学校

| 学年\教科目 | 第一学年 | 每周教授时数 | 第二学年 | 每周教授时数 | 第三学年 | 每周教授时数 | 第四学年 | 每周教授时数 |
|---|---|---|---|---|---|---|---|---|

| 手　工 | 简易细工 | 1 | 简易细工 | 1 | 简易细工 | 1 | 简易细工 | 1 |

第二表　高等小学校

| 教科目＼学年 | 第一学年 | 每周教授时数 | 第二学年 | 每周教授时数 | 第三学年 | 每周教授时数 |
|---|---|---|---|---|---|---|
| 手　工 | 简易手工 | 男2女1 | 简易手工 | 男2女1 | 简易手工 | 男2女1 |

2. 民国五年〔1916〕一月公布之《国民学校令》施行细则中规定者：

| 教科目＼学年 | 第一学年 | 每周教授时数 | 第二学年 | 每周教授时数 | 第三学年 | 每周教授时数 | 第四学年 | 每周教授时数 |
|---|---|---|---|---|---|---|---|---|
| 手　工 | 简易制作 | 1 | 简易制作 | 1 | 简易制作 | 1 | 简易制作 | 1 |

附注：

①缺手工、图画、唱歌、缝纫之一科目或数科目者，其每周教授时数，可分加于他科目，并可减少总计时数1小时或2小时。

②视地方情形得酌加手工时间。

3. 民国五年〔1916〕一月公布之《高等小学校令》施行细则中规定者：

| 教科目＼学年 | 第一学年 | 每周教授时数 | 第二学年 | 每周教授时数 | 第三学年 | 每周教授时数 |
|---|---|---|---|---|---|---|
| 手　工 | 简易手工 | 男2女1 | 简易手工 | 男2女1 | 简易手工 | 男2女1 |

4. 民国十二年〔1923〕六月公布之《小学新学制课程标准

纲要》中规定者：

小学校授课以分数计，初级前二年每周至少 1080 分钟，后二年至少 1260 分钟，高级每周至少 1440 分钟，各科约定百分比。实际计算如有除不尽者，应加整数，以符至少之意。

| 学 科 目 | | | 初级小学 | 高级小学 |
|---|---|---|---|---|
| 体　育 | | | 10 | |
| 音　乐 | | | 6 | |
| 形象艺术 | | | 5 | |
| 工用艺术 | | | 7 | |
| 园　艺 | | 12 | | 4 |
| 自　然 | | | | 8 |
| 地　理 | | 社会20 | | 6 |
| 历　史 | | | | 6 |
| 公　民 | | | | 4 |
| 卫　生 | | | | 4 |
| 算　术 | | | 10 | |
| 国语 | 写　字 | 30 | | 4 |
| | 作　文 | | | 8 |
| | 读　文 | | | 12 |
| | 语　言 | | | 6 |
| | | | 百　　分　　比 | |

编者根据上列小学授课分数及各科约定百分比计算小学工用艺术每周至少教学分钟数如下：

第一、二学年——76 分钟

第三、四学年——89 分钟

第五、六学年——101 分钟

初级小学教学时间，较从前稍增；

高级小学教学时间，女生增加，男生略减。

5. 民国十八年〔1929〕八月颁行之《小学暂行课程标准》中规定者：

| 年　　级 | 低　年　级 | 中　年　级 | 高　年　级 |
| --- | --- | --- | --- |
| 分　　数 | 150 | 180 | 210 |

6. 民国二十一年〔1932〕十月颁行之《小学课程标准》中规定者：

| 年　　级 | 低　年　级 | 中　年　级 | 高　年　级 |
| --- | --- | --- | --- |
| 分　　数 | 90 | 120 | 150 |

低中高各级教学时间，均较前增加，可见重视手工教学之一斑。

## 四　教学材料之变更

清季小学手工一科，未为国人所重视，故手工科教材，亦极简单，光绪二十九年十一月〔1904年1月〕《奏定初等小学堂章程》中规定"在初等小学但当教以纸制、丝制、泥土制之手工，以能成器物为主，不可涉于繁费。"同时《奏定高等小学堂章程》中规定"手工授简易细工。"

民国初年，小学手工教材，较清季略有变更，如：民国元年〔1912〕十一月公布之《小学校教则及课程表》中规定"初等小学校宜授纸豆、纽结、黏土、麦秆等简易细工，高等小学校首依前项教授渐进授以竹、木、金属等细工。"

民国五年〔1916〕一月公布之《国民学校令》施行细则中规定"宜授纸、丝、黏土、麦秆、竹、木等及本地原有工艺品之简易制作。"同时公布之《小学校令》施行细则中规定"手工宜依

《国民学校令》施行细则之规定渐进授以竹、木、金属等及本地原有工艺品之制作及简易之制图。"

民国十二年〔1923〕六月公布之《新学制课程标准纲要》中所规定之工用艺术教学材料，较前大备。兹录其程序如下：

第一学年
1. 知识方面　研究环境内衣食住粗浅的问题。
2. 技能方面　实习研究问题的发表制作。
3. 陶冶方面　引起工作的兴味。

第二学年
1. 知识方面　同第一学年。
2. 技能方面　同第一学年，加切身需要极简易的工艺品的制作。
3. 陶冶方面　同第一学年。

第三学年
1. 知识方面　研究衣食和住中间土、木、金三主要工艺的普通问题。
2. 技能方面　同第二学年。
3. 陶冶方面　引起对于普通工艺有兴味的情感。

第四学年
1. 知识方面　研究衣食和住中间土、木、金三主要工艺的普通问题。
2. 技能方面　实习衣食和住中间土、木、金三主要工艺正式的初步制作。
3. 陶冶方面　同第三学年。

第五学年
1. 知识方面　研究衣食和住中间土、木、金三主要工艺问题和地方上特产或需要工艺的普通问题。
2. 技能方面　实习衣食和住中间土、木、金三主要工艺的手工制作和地方上特产或需要工艺的普通制作。

3. 陶冶方面　引起对于世界上一切工艺事业的同情，使发生深切兴趣。

第六学年
1. 知识方面　同第五学年。
2. 技能方面　同第五学年。
3. 陶冶方面　同第五学年。

民国十八年〔1929〕八月教育部颁行《小学暂行课程标准》中，工艺更名工作，教材范围，视前更广，包括校事、家事、农事、工艺、商情等五项，兹录作业类别及各学年作业要项如下：

(A) 作业类别
(一) 校事　校中以少用校工为原则，一切粗细校务，由儿童和教师分担，每日早晨集会支配工作，讨论工作方法。
(二) 家事　校内以有便于家事教学设备为原则。家事的教学，可在校内支配工作，讨论工作方法，限令在家庭间操作，由教员设法考查成绩，但遇必要时，也可在校内工作。工作范围以衣食住为主。
(三) 农事　除园艺须在校操作，且无论乡村城市都有这一类工作外，农作畜养，由乡村小学设置，并可在校指定工作范围，研究工作方法，限令在家庭为父兄助手，由教员设法考查成绩。工作范围为：

1. 园艺　研究种植本地主要蔬菜和普通花卉果树，须和自然合一了做，万不得已，可酌减课程内容而为（盆栽）。
2. 农作　本地主要农作物的栽培和农具改良，栽培新法等研究，并农人生活的认识。
3. 畜养　本地普通家禽家畜和蜂鱼等的畜养，并畜养新法的研究。——城市小学也可酌量畜养力能畜养的动物。

(四) 工艺　以制作并研究本地特产工艺为原则。注重农事的学校，如不能兼备，可以省略此项作业，又各校可视环境需要，能力所及,在下列工作范围内选择一两种实施。——但应研究认识的各事项,仍可兼备。

1. 特产工艺　如山东的制草帽,浙江宁波的织席……凡儿童能力所及的,都可由校中设置,或限令儿童在家帮助父兄操作,由教员考查成绩。

2. 纸工　纸花、纸本、纸制玩具、模型、文具、家具等的制作和纸的制造法等的研究,并此类工人生活的认识。

3. 竹工　竹制玩具、模型、文具、家具等的制作和竹器、藤器的制造法等的研究,并此类工人生活的认识。

4. 木工　木制玩具、模型、文具、家具等的制作和木器的制造法等的研究,并此类工人生活的认识。

(五)商情　除估价一端各校以置设为原则外,余可视环境需要能力所及而定。

1. 估价　各种日用工商物品原料、成本、工作时值等的估价和调查。

2. 销售　本地各种买卖的调查统计和小贩、店伙、店东等商人知识道德的启发。必要时得令儿童在校设商店,学习贩卖;或在校外练习贩卖;或指导儿童组织消费合作社,并令儿童研究消费合作和社会经济的关系。

(B)作业要项

第一、二学年

(一)校事

一　教室的清洁布置。

二　教室用具的管理。

三　教室的设计装饰。

四　避灾练习。

五　其他。

(二)家事

一　关于食的

1. 设计中需要食物的煮、腌、蒸、酱。

2. 普通主要食物的物价的调查研究，食的礼貌的演习。

二　关于衣的

1. 设计中需要衣饰的洗折、结缀、剪等法。

三　关于住的

1. 设计中需要的家庭模型和家具的装置。

2. 房屋构造的意义的研究。

(三) 农事

一　园艺（或酌减为盆栽）

1. 本地主要易栽蔬菜和普通易栽花卉的种植、灌溉、施肥、除虫等。

2. 所栽植物的观察研究。

二　农作

1. 本地主要易栽农作种植物的去草除虫等。

2. 所栽植物的观察研究。

3. 农具的认识和整理。

4. 本地农人生活的调查研究。

三　家畜

1. 普通家畜（如鸡鸭）和蚕畜养。

2. 蚕桑的观察研究。

(四) 工艺

一　特产艺工

1. 本地简易特产工艺的制作练习。

2. 制作品功用销路的调查研究。

二　纸工

1. 设计中所需要的简易物品的制作。

2. 儿童生活所需要的简易物品的制作。

3. 裁、剪、糊、贴、折各法的练习。

4. 纸和纸制实物的认识。

三 土工

1.
2. }（同纸工一、二项）

3. 搏、搓、捻、粘各法的练习。

4. 陶器瓷器的认识。

四 竹工

1.
2. }（同纸工一、二项）

3. 削、劈、刮、断的练习。

4. 竹料竹器的认识。

五 木工

1.
2. }（同纸工一、二项）

3. 钉锯各法的练习。

4. 木料木器的认识。

六 金工

1.
2. }（同纸工一、二项）

3. 铁皮铁丝剪折等法的练习。

4. 五金和金属的认识。

（五）商情

一 估价

1. 儿童生活中所有物品时值的调查估计。

2. 教科所用物品时值的估计。

3. 土产、非土产的鉴别。

二 销售

1. 本校工作料出品的销售。

2. 本地各种买卖的调查研究。

3. 本地商人生活的调查研究。

第三、四学年

（一）校事

一　教室内外和场地的清洁布置。

二　教具、校具、校舍、校地的分工管理。

三　教室、会场、园亭等处的设计装饰。

四　经济的、工作的方法研究设计。

五　避灾练习。

六　其他。

（二）家事

一　食的方面

1. 设计中需要食物的煮、蒸、腌、酱、煎、炒、饯、醉、油、酥、发酵等。

2. 普通的物价和滋养价的调查研究。

二　衣的方面

1. 设计中需要衣饰的洗、折、结、针缝、回针缝、切针缝、剪裁编、十字绣、平绣等法。

三　住的方面

1. 各个家宅构造布置等的调查批评和改良的设计。

2. 主要家具价值等的调查研究。

（三）农事

一　园艺（或酌减为盆栽）

1. 本地主要蔬菜和普通花卉的植苗、移植、分栽、施肥、换种、灌溉、除虫、留种等。

2. 所栽植物的观察记载研究等。

3. 家庭的布置设计。

二　农作

1. 本地主要农作物的选种、培秧、施肥、换种、除虫、收获等。

2. 所栽植物和土壤、气候、害虫等的观察研究。

3. 农具的调查和批评研究。

4. 本地农民生活的调查研究和改良设计。

三　畜养

1. 普通家禽（如鸡、鸭、鸽）家畜（如羊）等和蚕的饲养。

2. 畜养新法的研究实验。

3. 蚕桑和治丝的观察研究。

（四）工艺

一　特产工艺

1. 继续一、二学年。

2. 制作品价值销路等的调查研究。

3. 制作品改良的设计。

二　纸工

1. 继续一、二学年。

2. 继续一、二学年。

3. 继续一、二学年，如切凿、求形、造化各法的练习。

4. 各种纸料价值和制法的调查研究。

三　土工

1.  
2. ｝（同纸工一、二项）

3. 继续一、二学年，加烧、设色、施釉、砌铺各法的练习。

4. 陶瓷的制法和价值等的调查和研究。

四　竹工

1.  
2. ｝（同纸工一、二项）

3. 继续一、二学年，加钻、琢、穿、烘胶各法的练习。

4. 竹料价值，竹器制法，价值等的调查研究。

五　木工

1.  
2. ｝（同纸工一、二项）

3. 继续一、二学年第三项，加剉、刨、漆各法的练习。

4. 木料价值，木器制法价值的调查研究。

六　金工

1.
2. ｝（同纸工一、二项）

3. 继续一、二学年第三项，加剉、刨、钳等法的练习。

4. 金料价值，金木器皿制法价值的调查研究。

(五) 商情

一　估价

1. 儿童和家庭、学校所用物品成本、工价、时值等的估计调查。

2. 物价涨落等原因的调查研究。

3. 国货、洋货的选择鉴别。

二　销售

1.
2. ｝继续一、二学年，加粗浅的统计和商贩生活的设计
3. 　改良。

4. 商业常识和商业道德问题的研究。

5. 儿童各种用品的消费合作。

第五、六学年

(一) 校事

一　校舍的清洁布置。

二　教具、校具、校舍的分工管理。

三　校舍的设计装饰，门窗的油漆，墙壁的粉饰等。

(二) 家事

一　食的方面

1. 普通食物的蒸煮、煎炒、腌、酱、饯、油酥、发酵、熏等。

2. 主要食物工业概况的认识。

二　衣的方面

1. 普通衣饰的洗、折、熨结、平针缝、回针缝、剪裁、编绣、补等法。

2. 主要衣服工业概况的认识。

三　住的方面

1. 家宅建筑布置，经济的、卫生的、秩序的、优美的研究设计。
2. 家具价值等的调查研究。
3. 居室概况的认识。

(三) 农事

一　园艺（或酌减为盆栽）

1. 本地主要蔬菜，普通花卉，主要果树的栽种、扦植、接……
2. 所栽植物的观察记载研究等。
3. 园庭的布置设计。
4. 关于园艺改良的问题研究。

二　农作

1. 继续三、四学年。
2. 农作物栽培新法的研究。
3. 世界各国农业状况，农作方法的参考。
4. 农民、农运、农业和民生主义关系的研究（注意耕者有其田和改善农人生活的研究）。

三　畜养

1. 家禽家畜和虫（如蜂、蚕）鱼的畜养。
2. 畜养新法的研究试验。
3. 治丝纺织等方法的研究。

(四) 工艺

一　特产工艺

1. 继续第三、四学年。
2. 制作品的计划创造。
3. 本地手工业工人和手工工人生活的改良设计。

二　纸工

1.
2. } 继续三、四学年

3. 教科及问题研究中所需要的物品的试验创作。

4. 继续三、四学年,加装订等法的练习。

5. 印刷工业概况的研究并此类工人生活的改良设计。

三　土工

1.
2. ｝（同纸工一、二、三项）
3.

4. 继续三、四学年第三项,加塑造、模制、雕刻各法的练习。

5. 陶瓷工业状况等的研究和此类工人生活的改良设计。

四　竹工

1.
2. ｝（同纸工一、二、三项）
3.

4. 继续三、四学年第三项加编扎、雕刻各法的练习。

5. 竹工、藤工等调查研究,并此类工人生活的改良设计。

五　木工

1.
2. ｝（同纸工一、二、三项）
3.

4. 继续三、四学年第三项,加凿、穿孔、起线、合榫、起槽、求角度、制图等法的练习。

5. 木业、木工业等调查研究,并此类工人生活的改良设计。

六　金工

1.
2. ｝（同纸工一、二、三项）
3.

4. 继续三、四学年第三项,加展、卷锻、焊等法的练习。

5. 金工业的调查研究并此类工人生活的改良设计。

（五）商情

一　估价

1. 环境内衣、食、住、行、印刷等，商人物品的成本、工价、时值等的估计调查。

2. 物价涨落等原因的调查研究。

3. 国货、洋货的选择鉴别。

二　销售

1.
2.
3. ⎫（继续三、四学年）
4.

5. 各种主要商业商情的研究。

6. 学校合作商店的实行。

7. 消费合作的利益和组织的研究。

民国二十年〔1931〕六月教育部召集之中小学课程及设备标准编订委员会第二次大会决议，有关于劳作科教学材料者，分录于下：

1. 工作名称改为劳作，将商情及研究部仍纳入其他科目。

2. 作业类别之商情并较原标准说明了些，如"高级专习一二种"等。

3. 作业类别加藤工，将蜡工、石膏纳入美术。

4. 作业类别下加附注，说明学校设置劳作科的活动办法。

因之，民国二十一年〔1932〕十月教育部颁行《小学课程标准》中，劳作科作业类别及各学年作业要项修订如下：

（A）作业类别

（一）校事　校中以少用校工为原则，一切粗细校务，由儿童和教师共同讨论工作方法，分别担任；并须由教员考查其结果。

（二）家事　家事设备较完善的学校，以在校内工作为原则，如设备缺乏，则可在校内支配工作，讨论工作方法，限令在家庭间操作，由教员设法考查其成绩，工作范围以食、衣、住为主。

（三）农事　除园艺须在校操作，且无论乡村、城市都须有这一类的工作外，农作畜养，以乡村小学设置为原则，如不能设置，并可在校内指定工作范围，研究工作方法，限令在家庭为父兄助手。由教员设法考查其成绩，其范围为：

1. 园艺　研究种植本地主要蔬菜和普通花卉、果树。须和自然科的作业联合成整个的单元，万不得已，可酌减课程内容而改为"盆栽"。

2. 农作　本地主要农作物的栽培和农具改良，栽培新法等的研究试验，并改良农人生活的研究。

3. 畜养 本地普通家禽、家畜和蚕、蜂、鱼等的畜养，并畜养新法的研究试验。

（四）工艺　以制作并研究本地特产工艺为原则，注重农事的学校，如不能兼备，可以省略此项作业，又各校可视环境需要，能力所及，尽量设置。下列各种工艺，高年级生应专习一两种。

1. 特产工艺　如山东的草帽，浙江宁波的草帽和织席……凡儿童能力所及的，都可由校中设置，或限令儿童在家帮助父兄操作，由教员考查其成绩。

2. 纸工　纸花、书本、玩具、模型、文具、家具等的制作和此类工人生活的认识。

3. 土工　玩具、模型、文具、砖瓦等的制作和此类工人生活的认识及调查研究。

4. 木工　玩具、模型、文具、家具等的制作和此类工人生活的认识及调查研究。

5. 金工　玩具、用具等的制作和此类工人生活的认识及调查研究。

(B) 作业要项

第一、二学年

（一）校事

一　教室清洁布置。

二　教室用具的分工管理。

三　教室的设计装饰。

四　其他。

（二）家事

一　食的方面

1. 设计中需要食物的煮、蒸、腌、酱。

2. 普通主要食物的种类和物价的调查。

二　衣的方面

1. 设计中需要衣饰的洗、结、缀、剪等法。

三　住的方面

1. 设计中需要的家屋模型和家具的装置。

（三）农事

一　园艺（或酌减为盆栽）

1. 本地主要易栽蔬菜和普通易栽花卉的种植、灌溉、施肥、除虫等。

二　农作

1. 本地主要易栽农作种植物的去草除虫等。

2. 农具的认识和整理。

3. 本地农人生活的调查研究。

三　畜养

1. 普通家禽（如鸡、鸭）和蚕的畜养。

四　工艺

（一）特产工艺

1. 本地简易特产工艺的制作练习。

2. 制作品功用销路的调查研究。

(二) 纸工

1. 设计所需要的简易物品的制作。

2. 儿童生活所需要的简易物品的制作。

3. 裁、剪、糊、贴、折各法的练习。

4. 纸和纸制实物的认识。

(三) 土工

1.
2. } (同纸工一、二项)

3. 搏、搓、捻、黏各法的练习。

4. 陶器瓷器的认识。

(四) 竹工

1.
2. } (同纸工一、二项)

3. 削、劈、刮、断的练习。

4. 竹料竹器的认识。

(五) 木工

1.
2. } (同纸工一、二项)

3. 钉踞各法的练习。

4. 木料木器的认识。

(六) 金工

1.
2. } (同纸工一、二项)

3. 铁皮、铁丝、剪折等法的练习。

4. 五金和金属物的认识。

第三、四学年

(一) 校事

一 教室内外和场地的清洁布置。

二 教具、校具、校舍、校地的分工管理。

三　教室、会场、园亭等处的设计装饰。

四　经济的工作方法的研究设计。

五　其他。

一　食的方面

1. 设计中需要食物的煮、蒸、腌、酱、煎、炒、馁、醉、油酥、发酵等。

2. 继续一、二学年。

二　衣的方面

1. 设计中需要衣饰的洗、折、结、平针缝、切针缝、剪裁编、十字绣、平绣等法。

三　住的方面

1. 各个家宅构造布置等的调查批评和改良的设计。

2. 主要家具的价值等的调查研究。

四　园艺（或酌减为盆栽）

1. 本地主要菜蔬和普通花卉的种苗、移植、分栽、施肥、换种、灌溉、除虫、留种等。

2. 庭园的布置设计。

五　农作

1. 本地主要农作物的选种、培秧、施肥、换种、除虫、收获等。

2. 农具的调查和批评研究。

3. 本地农民生活的调查研究和改良设计。

六　畜养

1. 普通家禽（如鸡、鸭、鸽）家畜（如羊）等和蚕的饲养。

2. 畜养新法的研究实验。

（四）工艺

一　特产工艺

1. 继续一、二学年。

2. 制作品价值销路等的调查研究。

3. 制作品改良的设计。

二　纸工

1. 继续一、二学年。

2. 继续一、二学年。

3. 继续一、二学年，加切、凿、求形、造化各法的练习。

4. 各种纸料价值和制法的调查研究。

三　土工

1.
2. ｝（同纸工一、二两项）

3. 继续一、二学年，加烧、设色、施釉、砌、铺各法的练习。

4. 陶器瓷器的制法和价值等的调查研究。

四　竹工

1.
2. ｝（同纸工一、二项）

3. 继续一、二学年，加钻、琢、穿、烘胶、施色、酸化各法的练习。

4. 竹器的制法和价值等调查研究。

五　木工

1.
2. ｝（同纸工一、二项）

3. 继续一、二学年，加剡、刨、油漆各法的练习。

4. 木器制法和价值的调查研究。

六　金工

1.
2. ｝（同纸工一、二项）

3. 继续一、二学年第三项，加剡、刨、钳等法的练习。

4. 金属器皿制法和价值的调查研究。

第五、六学年

(一) 校事

一　校舍，校地的清洁布置。

二　教具、校具、校舍、校地的分工管理和修理。

三　校舍的设计装饰，门窗的油漆，墙壁的彩饰等。

四　经济工作方法的研究。

五　其他。

(二) 家事

一　食的方面

1. 普通食物的蒸、煮、炒、煎、熏、腌、酱、饯、风干油、酥、发酵等。

2. 继续三、四学年。

3. 主要食物工业概况的认识。

二　衣的方面

1. 普通衣饰的洗、折、熨、结、平针缝、回针缝、切针缝、剪裁、编绣、补等法。

2. 主要衣服工业概况的认识。

三　住的方面

1. 家宅建筑布置，经济的、卫生的、秩序的、优美的研究设计。

2. 家具价值等的调查研究。

3. 居室工业概况的认识。

(三) 农事

一　园艺（或酌减为盆栽）

1. 本地主要蔬菜、普通花卉、主要果树的栽植、扦播、嫁接……

2. 园庭的布置设计。

3. 关于园艺改良的问题研究。

二　农作

1. 继续三、四学年。

2. 农作物栽培新法的研究试验。

3. 世界各国农业状况，农作方法的参考。

4. 农民、农运、农业和民生主义关系的研究。（注重耕者有其田和改善农人生活的研究。)

三　畜养

1. 家禽、家畜和虫、蜂、蚕、鱼的畜养。

2. 畜养新法的研究试验。

(四) 工艺

一　特产工艺

1. 继续三、四学年。

2. 制作品的计划创造。

3. 本地手工业和手工工人生活的改良研究。

二　纸工

1. 继续三、四学年。

2. 继续三、四学年。

3. 教材及问题研究中所需要的物品的试验创作。

4. 各种实用物件的制作。

5. 继续三、四学年，加装订等法的练习。

6. 印刷工业概况的研究和此类工人生活的改良研究。

三　土工

1.
2.
3.　(同纸工一、二、三、四项)
4.

5. 继续三、四学年第三项，加塑造、模制、雕刻各法的练习。

6. 陶瓷器工业状况的研究和此类工人生活的改良研究。

四　竹工

1.
2.
3.　(同纸工一、二、三、四项)
4.

5. 继续三、四学年第三项，加编、扎、雕刻各法的练习。

6. 竹工业概况的研究和此类工人生活的改良研究。

五　木工

1.
2.
3.　（同纸工一、二、三、四项）
4.

5. 继续三、四学年第三项，加穿、凿孔、起线、合榫、事槽、求角度制图等法的练习。

6. 木业、木工业等状况研究，并此类工人生活的改良研究。

六　金工

1.
2.
3.　（同纸工一、二、三、四项）
4.

5. 继续三、四学年第三项，加展、捲、锻、焊等法的练习。

6. 此类工人生活的改良研究。

观此，从工作改为劳作，内容改组，昔之手脑并用者，今侧重于手的工作矣。

## 五　教学方法之变更

清季小学手工一科徒具名称，无所谓教学方法也。

民国初年，小学手工科教法之见于教育法令者，亦至简易。如民国元年〔1912〕十一月公布之《小学校教则及课程表》中规定"教授手工宜说明材料之品类性质，及工具之用法。其材料取适用于本地者。"民国五年〔1916〕一月公布之《国民学校令》施行细则中所规定者亦然。

民国十二年〔1923〕七月公布之《新学制课程标准纲要》中

所定工用艺术之教学方法，较为详尽，兹照录如下：

1. 初级时期的研究　纯用设计法；或联络别科的设计共同进行，或拿木科的目的作设计中心，联络别科的协助进行实习；把研究的结果任儿童的想象来发表制作。

2. 高级时期的研究　须偏重于简易的工艺问题，有机会时可和自然科协同进行。实习须在正式的工艺制作方面进行。

民国十八年〔1929〕八月教育部颁行之《小学暂行课程标准》中所定工作科教学方法要点，视前更详。兹分录如下：

1. 本科主要的作业是实地操作和实地调查。各种作业，须和社会、自然等科，打成一片教学。商情类的估价一项，尤应和算术联络教学。

2. 取材以适合儿童需要为主，藉以习劳的为辅。

3. 调查本地特产，选择利用，以为教学资料，这是工作教学的一大任务。

4. 实在的环境：如家庭、工场、商店、田园、村庄、运输、机关等，是工作法的参考所和工作材料的大来源，应充分利用；廉价的或不费钱买的实物、画片如广告品、广告画、标本、布片、家具、工厂无用的器具、农场可索取的作物……亦搜集以备应用，尤应鼓励儿童自去参考，自行搜罗。

5. 应充分和社会自然联合教学，并应充分应用大单元的设计如一、二年的"玩偶生活，"三、四年的"原人生活"或"异方人生活"等以为教学的方法。

6. 实地操作和调查，最易因劳苦而厌倦，须充分利用成绩比赛等的方法，鼓励儿童努力。

7. 实地操作和调查前，须充分和儿童计划，令儿童预算；务使方法时间和所用材料等，都经济而有效。

8. 实地操作时，须注意儿童能否按照事前的计划而操作，随时矫正他的差误，辅助他的力所不及，所以经济而巧妙的方法，指导他们。但不可侵夺了儿童的自由发表。

9. 实地操作和调查完毕后，须批评缺点，比较成绩优劣，并令儿童知道自己的进步度。

10. 注意共同的操作，以养成分工和互助的精神。

11. 讨论研究，须和操作和调查打成一片，不要独立为一种作业而流于空谈。

12. 适当时，可提供欣赏的材料，增进儿童艺术的兴味。关于事物发明的故事，也不妨在适当的时机讲演，或介绍图书给儿童阅读。

13. 第一、二学年，儿童的力量有限，应注意工作的过程，不要苛求优良的成绩。

14. 第三、四学年，应充分使儿童用自己的力量，以满足自己的需要。工作法、工具使用法的指导，是必须注重的。

15. 第五、六学年，固然应促儿童严密应用工作法，以求成绩优良；但工作的经济的过程，机巧的创造力，仍比优良的成绩为尤要。

民国二十年〔1931〕六月教育部召集之中小学课程及设备标准编订委员会第二次大会决议，改工作科为劳作科，教学方法要点去（一、二）两项，余略有更动：

因之，民国二十一年〔1932〕十月教育部颁行《小学课程标准》中劳作科教学要点修订如下：

1. 本科应充分和社会、自然联合教学，并应充分应用大单元的设计，如一、二年的"玩偶生活，"三、四年的"原人生活"或"异方人生活"等以为教学的方法。

2. 调查本地特产，选择利用，以为教学资料，这是劳作教学的一大任务。

3. 实在的环境，如家庭、工场、商店、田园、村庄、运输机关等,是劳作法的参考所和劳作材料的大来源,应充分利用;廉价的或不费钱买的实物、画片,如广告品、广告画、样本、布片、家具、工厂无用的器具、农场可索取的作物……亦应充分搜集,以备应用,尤应鼓励儿童自去参考,自行搜罗。

4. 实地操作和调查,最易因劳苦而厌倦,须充分利用成绩比赛等的方法,鼓励儿童努力。

5. 实地操作和调查前,须充分和儿童计划,令儿童预算;务使方法时间和所用材料等,都经济而有效。

6. 实地操作时,须注意儿童能否按照事前的计划而操作,随时矫正他的谬误,辅助他的力所不及,并以经济而巧妙的方法,指导他们。但不可侵夺了儿童的自由发表。

7. 实地操作和调查完毕后,须批评缺点,比较成绩优劣,并令儿童知道自己的进步度。

8. 注重共同的操作以养成合作的精神。

9. 讨论研究,须和操作调查打成一片,不可独立为一种作业而流于空谈。

10. 适当时,可提供欣赏的材料,增进儿童艺术的兴味。关于事物发明的故事等,也不妨在适当的时机演讲,或介绍图画给儿童阅读。

11. 第一、二学年,儿童的力量有限,应注意工作的过程,不要苛求优良的成绩。

12. 第三、四学年,应充分使儿童用自己的力量,以满足自己的需要。工作法,工具管理、修理及使用法的指导,是必须注重的。

13. 第五、六学年。固然应促儿童严密工作应用法,以求成绩优良;但工作的经济的过程,灵巧的创造力,仍经较优良的成绩为尤要。

## 余　论

由手工科改为工用艺术科,由工用艺术科改为工作科,由工作科改为劳作科，科目名称凡三变，教学目的、教学时间、教学材料、教学方法亦随之而有变更。顾内地小学设备简单，教师技术不足，虽教学日课表已更改新名，而实际所教仍限于折纸、贴纸……数种而已，将如何减少实际困难，以谋劳作课程之推行，实为目前要图！故拟初步办法数条，倘祈共同讨论：

一、设备方面：独用器具，归学生分期置备；

公用器具，归学校分期置备，妥为保管。（应请教育行政当局拨劳作设备费，列入正式预算）

二、教师技术方面：师范学校增加"小学劳作课程"；

暑期讲习会酌设"小学劳作"课程；

向百工随时请教学习。

三、材料方面：应用本地特产的制造；

利用废物的制造；

实用品物如简单标本、仪器、儿童玩具等的制造。

# 从乐歌科说到音乐科

## 引 言

希腊于纪元前 4 世纪左右,已于儿童之美的陶冶极为注重。例如音乐、体操、雄辩术以及图画等之教授皆是。柏拉图有慨于当时雅典政治道德之日益坠落,因求挽救之方,以为舍教育莫由。所谓教育,即以音乐感化其心灵,体操锻炼其身体,据此音乐教育在西洋方面发端甚早,其后虽代有盛衰,而迟至今日仍为教育家所重视。意之那不勒斯,法之巴黎,德之柏林,英之伦敦,均有著名之音乐学校。良以音乐足以陶养性情,启发灵感,对于人生,影响甚大也。

我国古代,素重礼乐之教,弦诵并提,学者无不习此。古之学制,八岁入小学,小学之教,为应对、洒扫、进退、学书计、学乐、诵诗、习舞,所谓学乐,犹今之音乐科也。中古以降,学校浸衰,驯至以科举为教育之标准,于是儿童入塾,辄以意义深奥之经书,为桎梏身心之诵习,其村塾学究,课授童蒙,呀晤一室,对于古人弦歌学道之意,相距远甚。然王文成《训蒙教约》

有以歌诗为涵养之方，吕新吾《社学要略》，有每日令学生歌诗之法，乐之与教育，仍留传未断也。

清代季年，因鉴于外祸频仍，国势衰弱，决意维新，兴办学堂。光绪二十八年〔1902〕颁布《钦定学堂章程》，越年颁行《奏定学堂章程》。所列学科并无音乐，盖当时军国民教育之思潮激荡颇烈；国人群谋所以强国之道；廷臣朝议又盛倡中学为体，西学为用之说，造就译才，以为应付外人之具，对于陶情淑性之音乐，未能注意也。但于《奏定学堂章程》中，有中小学堂《读古诗歌法》一则云："外国中小学堂皆有唱歌、音乐一门功课，本古人弦歌学道之意。惟中国雅乐久微，势难仿照。然考王文成《训蒙教约》，以歌诗为涵养之方，学中每日轮班诗歌。吕新吾《社学要略》，每日遇童子倦怠之时，歌诗一章，择浅近能感发者令歌之。今师其意，以读有益风化之古诗歌，列入功课。初等小学堂读古诗歌。须择古歌谣及古人五言绝句之理正词婉，能感发人者。惟只可读三四五言，句法万不可长，每首字数尤不可多。遇闲暇放学时即令其吟诵，以养其性情，且舒其肺气。但万不可读律诗。高等小学堂中学堂读古诗歌五七言均可。高等小学仍宜短篇，中学生篇幅长短不拘，亦须择其词旨雅正，而音节谐和者，其有益于学生与小学同，但万不可读律诗。小学中学所读之诗歌，可视学生之年龄，选用通行之《古诗源》，《古谣谚》两书；并郭茂倩《乐府诗集》中之雅正铿锵者；及李白、孟郊、白居易、张籍、杨维祯、李东阳、尤侗诸人之乐府，暨其他名家集中之乐府，有益风化者读之。又如唐宋人之七言绝句，词义兼美者，皆协律可歌，亦可授读，皆有合于古人诗言志律和声之旨，即可通于外国学堂，唱歌作乐和性忘劳之用。"

又《奏定学堂章程》初等小学堂各科目教育要义中有云："修身……兼令诵读有益风化之古歌，以涵养其性情，舒畅其肺气,则所听讲授经书之理,不视为迂板矣。"则所谓"养其性情","舒其肺气",所谓"唱歌作乐","和性忘劳",当时虽无音乐一科,而音乐之义,固已具矣。

光绪三十三年〔1907〕颁行《奏定女子小学堂章程》。始有音乐一科,当时规定男女不能同学,故男孩未能享此权利。宣统元年〔1909〕,修正《初等小学课程》,始有乐歌一科。民国建元,改称唱歌,其要旨为"涵养美感,陶冶德性",教材取"平易歌曲",时间得以随意,不为世人所重视。民十二〔1923〕有《新学制课程标准》之颁行,民十八〔1929〕有《小学课程暂行标准》之颁发,民二十一〔1932〕有《小学课程标准》之公布,于目的、时间、材料、方法等均有详细规定,且为学校必备之学科焉。追溯已往,检视当今,从乐歌科而至于音乐科,仅能推究其内容之由简而繁,由抽象而具体,由随意而必修。至若主要之旨趣,取材之标准,(不合时代性者除外)并无重大变更。兹再分论如下,愿教育界同志,起而教之!

## 本　论

### 一　科目名称之变更

我国之有学堂章程,始于前清光绪二十八年〔1902〕七月,由管学大臣张百熙所订呈,名曰《钦定学堂章程》。规定"蒙学堂之课程门目有八:一、修身,二、字课,三、习字,四、读经,五、史学,六、舆地,七、算学,八、体操。寻常小学堂之课程门目有八:一、修身,二、读经,三、作文,四、习字,五、史学,六、舆地,七、算学,八、体操。高等小学堂之课程门目有十一:一、修身,二、读经,三、读古文词,四、作文,

五、习字，六、算学，七、本国史学，八、本国舆地，九、理科，十、图画，十一、体操。"此时所定学科，极重读经与文学，音乐未有也。

光绪二十九年十一月〔1904年1月〕，公布《奏定学堂章程》，系张之洞会同张百熙、荣禄所奏订。规定"初等小学堂之教授科目凡八：一、修身，二、读诵讲经，三、中国文字，四、算术，五、历史，六、地理，七、格致，八、体操。高等小学堂之教授科目凡九：一、修身，二、读经讲经，三、中国文字，四、算术，五、中国历史，六、地理，七、格致，八、图画，九、体操。"音乐一科，仍未列入。

光绪三十三年〔1907〕正月，《奏定女子小学堂章程》。规定"女子初等小学堂之教授科目凡五：一、修身，二、国文，三、算术，四、女工，五、体操，又音乐、图画为随意科。女子高等小学之教授科目凡九：一、修身，二、国文，三、算术，四、中国历史，五、地理，六、格致，七、图画，八、女红，九、体操，又音乐为随意科。"中国学校教科目中之有音乐一门，始于此时。但规定女子小学与男子小学分别设立，不得混合。全国男生，仍未有学习音乐之机会也。

宣统元年〔1909〕三月，修订《初等小学课程》，五年完全科之教科目，并为修身、读经讲经、中国文字、算术、体操五种。以旧制之史地和格致编入文字读本，以手工、图画、乐歌为随意科。全国学校之不论男女，得设乐歌一科，始于是年，但作为随意科目，可有可无，国人固视为无足轻重者也。

宣统二年〔1910〕十一月，修订《高初两等小学堂章程》。规定"初等小学堂之教科目，必修科仍五：一、修身，二、读讲经，三、国文，四、算术，五、体操。随意科凡三：一、图画，二、手工，三、乐歌。高等小学堂之教科目，必修科凡九：一、修身，二、读讲经，三、国文，四、算术，五、历史，六、地理，七、格致，八、图画，九、体操。随意科凡五：一、手工，二、乐歌，三、农业，四、商业，五、英文。"乐歌科之地位，依然如故，无所变更。

民国元年〔1912〕，政体共和，学校章程，有所变更。一月十九日教育部公布《普通教育暂行办法》：规定"初等小学校之学科目为：修身，国文，算术，游戏，体操。视地方情形，酌加设图画、手工、唱歌之一科目或数科目。高等小学校之学科目为修身、国文、算术、中华历史、中华地理、博物、理化、图画、手工、体操，视地方情形，得加唱歌、外国语、农工商业之一科目或数科目。"乐歌名称与清代俱终；民国建元，改为唱歌。但仍非必修之课，未为国人所重视焉。

民国元年〔1912〕九月二十八日公布《小学校令》：规定"初等小学校之教科目为：修身、国文、算术、手工、图画、唱歌、体操，女子加课缝纫。遇不得已时，可暂缺手工、图画、唱歌之一科目或数科目。高等小学校之教科目为：修身，国文，算术，本国历史，地理，理科，手工，图画，唱歌，体操，男子加课农业，女子加课缝纫。视地方之情形，农业可以从缺，或改为商业，并可加授英语，遇不得已时，手工唱歌，亦得暂缺。视地方之情形，可改英语为别种外国语。"至是唱歌一科，渐为国人所重视，已正式列入初等小学及高等小学之课程中，但遇不得已时，仍可从缺。

民国四年〔1915〕七月三十一日公布之《国民学校令》中，规定"国民学校之教科目为：修身、国文、算术、手工、图画、唱歌、体操，女子加课缝纫。遇不得已时，可暂缺手工、图画、唱歌，之一科目或数科目。"同时公布之《高等小学令》中，规定"高等小学校之教科目为：修身、读经、国文、算术、本国历史、地理、理科、手工、图画、唱歌、体操。男子加课农业，女子加课家事。视地方之情形，农业可以从缺，或改为商业，并可加设外国语，遇不得已时，手工、唱歌，亦得暂缺。"

又民国四年〔1915〕十一月颁布《预备学校令》，预备学校前期之教科目为：修身、读经、国文、算术、手工、图画、唱歌、体操，女子加课缝纫。预备学校后期之教科目为：修身、读经、国文、算术、本国历史、地理、理科、手工、图画、唱歌、体操，男子加课外国语，女子加课家事。观此，唱歌在小学课程中之地位，犹如是也。

民国八九年后，杜威来华讲学，国人将平时效法日本式教育者，弃而效美国式教育。全国省教育联会所拟小学课程纲要，于民国十二年〔1923〕六月经教育部通令试行，其教课目为：国语、算术、地理、历史、公民、卫生、自然、园艺、工用艺术、形象艺术、音乐。课程内容，颇多变更，而唱歌一科之名称，亦改为音乐，范围扩大，不仅注意歌词曲谱之练习，并须研究普通学理，引起欣赏艺术之兴味焉。

民国十七年〔1928〕二月，《小学暂行条例》又改音乐科为乐歌科。

民国十八年〔1929〕八月，教育部公布《小学课程暂行标准》，其教科目为：党义、国语、社会、自然、算术、工作、美术、体育、音乐。

民国二十一年〔1932〕十月教育部公布《小学课程标准》，其教科目为：公民训练、卫生、体育、国语、社会、自然、算术、劳作、美术、音乐。

音乐名称仍照民国十二年〔1923〕所定，内容分欣赏、演习、研究三项，较前更为完备矣。

## 二 教学目的之变更

清季学堂章程,对于乐歌一科,不甚重视,列为随意科,且为时仅三载,教学目的,未得考其详。

民国元年〔1912〕十一月,教部通咨各省,订定《小学校教则及课程表》,其第十条云:"唱歌要旨,在使儿童唱平易歌曲,以涵养美感,陶冶德性。"

民国五年〔1916〕公布之《国民学校令》,施行细则第八条云:"唱歌要旨,在使儿童唱平易歌曲,以涵养美感,陶冶德性。"

自民国以来,十二年间,唱歌教学之要旨,可为一成不变:

一、技能方面——唱平易歌曲。

二、陶冶方面——涵养美感与好的德性。

民国十二年〔1923〕六月刊布之《小学新学制课程标准纲要》,对于音乐科之主旨有云:"能唱单复音的乐歌,明了普通的乐理,并涵养爱护的感情,激动高洁的想象,和引起欣赏艺术的兴味。"

民国十八年〔1929〕八月教育部颁行之《小学课程暂行标准》中,规定音乐科之目标为:

(一)顺应快乐活泼的天性,发展欣赏音乐、应用音乐的兴趣和才能。

(二)发达听音和发声的官能。

(三)涵养和勇敢等的情绪,鼓励团结进取等的精神。

民国二十一年〔1932〕十月教育部公布《小学课程标准》,对于音乐科之目标较暂行标准,仅有一二文字上的增减,实质方面全无变更。

至是音乐科之教学目标，较前为明显完备，不仅属知识技能之演习，而于感情、想象、思想方面，俱须充分之涵养，以冀适应现代民族应具之精神。

### 三　教学时间之变更

唱歌列为小学必修科，始于民国元年〔1912〕，故唱歌教学时间之规定，见于法令者，亦自民元〔1912〕始。兹表列自民元〔1912〕迄今之唱歌教学时间如下：

1. 民国元年〔1912〕公布之《小学校教则及课程表》中所规定者：

第一表　初等小学校

| 教科目＼学年 | 每周教授时数 | 第一学年 | 每周教授时数 | 第二学年 | 每周教授时数 | 第三学年 | 每周教授时数 | 第四学年 |
|---|---|---|---|---|---|---|---|---|
| 唱歌 | 与体育合计4时 | 平易之单音唱歌 | 同上 | 同上 | 1 | 同上 | 1 | 同上 |

第二表　高等小学校

| 教科目＼学年 | 每周教授时数 | 第一学年 | 每周教授时数 | 第二学年 | 每周教授时数 | 第三学年 |
|---|---|---|---|---|---|---|
| 唱歌 | 2 | 单音唱歌 | 2 | 同上 | 2 | 同上 |

2. 民国五年〔1916〕一月公布之《国民学校令》施行细则中所规定者：

| 教科目\学年 | 每周教授时数 | 第一学年 | 每周教授时数 | 第二学年 | 每周教授时数 | 第三学年 | 每周教授时数 | 第四学年 |
|---|---|---|---|---|---|---|---|---|
| 唱歌 | 与体操合计4时 | 平易之单音唱歌 | 同上 | 同上 | 1 | 同上 | 2 | 同上 |

3. 民国五年〔1916〕一月公布之《高等小学校令》施行细则中规定者：

| 教科目\学年 | 每周教授时数 | 第一学年 | 每周教授时数 | 第二学年 | 每周教授时数 | 第三学年 |
|---|---|---|---|---|---|---|
| 唱歌 | 2 | 单音唱歌 | 2 | 单音唱歌 | 2 | 单音唱歌 |

4. 民国十二年〔1923〕六月公布之《小学新学制课程标准纲要》中规定者：

小学校授课以分数计，初级前二年每周至少1080分钟，后二年至少1260分钟，高级每周至少1440分钟。各科约定百分比，实际计算如有除不尽者，应加整数，以符至少之意。

| 学 科 目 | | 百 分 比 | |
|---|---|---|---|
| | | 初等小学 | 高等小学 |
| 国语 | 语言 | 30 | 6 |
| | 读文 | | 12 |
| | 作文 | | 8 |
| | 写字 | | 4 |
| 算术 | | 10 | |

| 卫　　生 | 社会20 | 4 |
|---|---|---|
| 公　　民 | | 4 |
| 历　　史 | | 6 |
| 地　　理 | | 6 |
| 自　　然 | 12 | 8 |
| 园　　艺 | | 4 |
| 工用艺术 | 7 | |
| 形象艺术 | 5 | |
| 音　　乐 | 6 | |
| 体　　育 | 10 | |

编者根据上列小学授课分数，及各科约定百分比，计算小学音乐每周至少教学分钟数如下：

第一、二学年——65分钟

第三、四学年——76分钟

第五、六学年——87分钟

初级小学教学时间，较从前稍增；高级小学教学时间，无甚增减。

5. 民国十八年〔1929〕八月颁行之《小学暂行课程标准》中规定者：

| 年　　级 | 低年级 | 中年级 | 高年级 |
|---|---|---|---|
| 分　　数 | 120 | 90 | 90 |

6. 民国二十一年〔1932〕十月颁布之《小学课程标准》中规定者：

| 年　　级 | 低年级 | 中年级 | 高年级 |
|---|---|---|---|
| 分　　数 | 90 | 90 | 90 |

低中高各级教学时间,较前无甚增减。

## 四 教学材料之变更

清季小学乐科一科目,为随意科,教学材料,亦极简单,照宣统二年〔1910〕十一月改订之《高初两等小学堂课程》所规定,乐科教材为"单音唱歌。"

民国元年〔1912〕十一月公布之《小学校教则及课程表》中规定:"初等小学校宜授平易之单音唱歌;高等小学校宜依前项教授,渐增其程度,并得酌授简易之复音唱歌。"

民国五年〔1916〕一月公布之《国民学校令》施行细则中规定:"宜授平易之单音唱歌。"同时公布之《高等小学校令》施行细则中规定:"唱歌宜依《国民学校令》施行细则第八条第二项之规定,渐增其程度,并得酌授简易之复音唱歌。"唱歌教学之材料,较清季乐歌科所规定者略备。

民国十二年〔1923〕六月公布之《新学制课程标准纲要》中所规定音乐教学材料,较前更为完备。兹录其程序如下:

第一学年

1. 唱表情的歌,并用律动来表明歌情。(例如《儿童世界》上的《白歌》)

2. 先明白歌词的意思,再用正确的音质和腔调来发表。

3. 高低迟速节拍的比较和辨别。

第二学年

1. 同第一年并注重身体的姿势和呼吸的调节。

2. 同第一年。

3. 同第一年。

第三学年

1. 歌句渐渐加长。(例如《小朋友》上的《空中音乐歌》)

2. 加写谱法，并熟习谱表上各种记号。

3. 同第二年，加研究有分数的节拍，并兼习本国音谱的组织法和乐调的性质。（例如极普通的《小开门》《梅花三弄》等）

第四学年

1. 继续练习声音和句读，并练习连唱和调子。（例如国语留声机的《尽力中华歌》）

2. 同第三年，注重复拍子的练习。

3. 必了解新调子主和弦与调子记号的关系，且能熟习。

第五学年

1. 句读和视唱联络，并当格外注意文字的意思，与乐句的形式怎样的调和。

2. 加二部音的练习，并注重器乐。

3. 研究短旋法。

第六学年

1. 同第五学年。

2. 加三部音，四部音的练习。

3. 同第五年，并研究和弦各种调子的关系。——本年须格外注重乐理，且必使欣赏研究和练习打成一片，以便养成将来深造的基础。


民国十八年〔1929〕八月，教育部颁行《小学课程暂行标准》中规定之音乐教学材料更详，兹录作业类别及各学年作业要项如下：


(A) 作业类别

（一）欣赏

1. 声乐的欣赏——本国和外国普通歌曲独唱和合唱的欣赏。

2. 器乐的欣赏——本国和外国普通乐器独奏和合奏的欣赏。

（二）演习

1. 听音练习——声音高低、长短和音程曲调等的听辨练习。

2. 发音练习——头音、喉音及高低、长短等的发音练习。

3. 歌曲独唱及合唱——谣曲及儿童歌剧等的独唱及合唱的练习。

4. 表情演习——歌曲的表情及歌剧的扮演。

5. 乐谱抄写——简易单音谱的听写及抄写。

6. 乐器演奏——本国各种普通乐器的独奏和合唱。

(三) 研究

1. 乐谱的认识——普通乐谱认识。（限于音符、谱义、休止符、音阶、音程，及普通应用的强弱、快慢省略等的各种记号。）

2. 唱法的研究——关于各种发音法及唱歌法的研究。

3. 表演法的研究——关于歌曲表情方法的研究。

4. 乐器奏法的研究——关于各种乐器的奏法的研究。

附注：研究的问题，是从欣赏、演习时觉着困难或需要而发生，所以研究要和欣赏、演习两项，打成一片。不宜单独教学；但五、六年，也可酌量变通。

(B) 作业要项

第一、二学年

(一) 欣赏

1. 儿童以为悦耳的音乐的欣赏。

2. 儿童以为悦耳而且高尚的歌曲的欣赏。

3. 本国普通乐器演奏的欣赏。

(二) 练习

1. 富于动作和儿童文学性质的语体歌词的听唱和表演游戏。

2. 各种模仿动作的听音演习。

3. 3/4、2/4 两种拍子的练习。

4. 音的听辨。

(三) 研究

1. 发音的方法。

2. 声音高低、长短的辨别法。

3. 表情和表演法。

第三、四学年

(一) 欣赏

1.
2. ⎫ 继续前学年第一、二、三项。
3. ⎭

4. 曲风曲趣的欣赏。

5. 外国普通乐器独奏或合奏的欣赏。

(二) 练习

1. 富于动作和儿童文学性质的语体歌词的视唱和表演。

2. 儿童歌剧的扮演。

3. 继续前学年第三项加 3/4、3/8 两种拍子的练习。

4. CG 两种调子和四分、二分、八分、全各种音符休止符等的认识。

5. CG 两正调单音曲的视唱，(唱歌时，仍宜以适于儿童性质的长 D、长 G、长 E、长 F 等调为主。)

(三) 研究

1. 继续前学年第一、二、三各项。

2. 曲谱的抄写方法。

3. 工尺的读法和板眼。

第五、六学年

(一) 欣赏

1.
2.
3. ⎬ 继续前学年第一、二、三、四、五各项。
4.
5.

6. 本国名曲（昆曲京调等）和外国名曲（如各国民间歌曲等）的欣赏。

(二) 练习

1. 富于感情和思想的歌词的视唱和表情。

2. 儿童的歌剧的扮演。

3. 继续前学年第三项加 3/2 拍子的练习。

4. C、G、F 等各种调子和十六分音符、休止符、有点音符以及 ♯、♮、♭ 等各种符号的认识。

5. 平易单音曲，二部轮唱曲，二重音曲的视唱练习。

6. 曲谱的抄写听写。

(三) 研究

1. 歌和曲的关系。

2. 曲谱组织的大要。

3. 本国音乐常识和外国音乐故事。

附注：一、音乐时间的排列，要在用脑的作业之后，不宜排在体育之后，但一二年级可常和体育游戏联络教学；各年并可和舞蹈联络教学。

二、未经教学过的某种调子的歌曲，只可视唱歌词，不要视唱曲谱。例如 C 调已教学过，G、F 各种尚未教学，则凡 G 调的歌曲，无论歌词曲谱，都可视唱；G、F 各调的歌曲，可视唱歌词，不可视唱曲谱。

民国二十一年〔1932〕十月教育部颁行《小学课程标准》中规定之音乐教学材料，与暂行标准比，变动较少，兹摘录作业类别及各学年作业要项于下。

(A) 作业类别

(一) 欣赏

1. 声乐的欣赏——本国和外国普通歌曲独唱和合唱的欣赏。

2. 器乐的欣赏——本国和外国普通乐器独奏和合奏的欣赏。

(二) 演习

1. 听音练习——声音高、低、长、短和音程曲调等的听辨练习。
2. 发音练习——头形、喉音及高、低、长、短等的发音练习。
3. 歌曲独唱及合唱——歌曲及儿童歌剧等的独唱及合唱的练习。
4. 表情演习——歌曲的表情及歌剧的扮演。
5. 乐谱抄写——简易单音谱的听写及抄写。
6. 乐器演奏——风琴和本国各种普通乐器的选习。

（三）研究

1. 乐谱的认识——普通乐谱认识（限于谱表、音符、休止符、调号、音阶、音程及普通应用的强、弱、快、慢、省略等的各种记号。）
2. 唱法的研究——关于各种发音法及唱歌法的研究。
3. 表演法的研究——关于歌曲表情方法的研究。
4. 乐器奏法的研究——关于各种乐器的奏法的研究。
5. 乐器构造及修理法的研究——关于普通乐器的构造及简易修理方法的研究。

附注：研究的问题，是从欣赏、演习时的感觉困难，或需要而发生，所以研究要和欣赏、演习两项，打成一片，不宜单独教学，但五、六年，也可酌量变通。

(B) 作业要项

第一、二学年

（一）欣赏

1. 儿童以为悦耳而且高尚的歌曲的欣赏。
2. 儿童以为悦耳的普通乐器演奏的欣赏。

（二）演习

1. 富于动作和儿童文学性质的语体歌词的听唱和表演游戏。
2. 各种模仿动作的听音演习。
3. 3/4、2/4 两种拍子的练习。
4. 音的听辨。

（三）研究

1. 发音的方法。

2. 声音高低、长短的辨别法。

3. 表情和表演法。

第三、四学年

(一) 欣赏

1.
2. } 继续前学年第一、二两项。

3. 本国及外国普通乐器独奏或合奏的欣赏。

(二) 演习

1. 富于动作和儿童文学性质的语体歌词的视唱和表演。

2. 儿童歌剧的扮演。

3. 继续前学年第五项加 3/4 拍子的练习。

4. C、G 两种调子和四分、二分、八分、全，各种音符、休止符等的认识。

5. C、G 两正调的单音曲的视唱（唱歌时，仍宜以适于儿童性质的长 D、长 C、长 F 等调为主。唱名可采用固定唱名法。）

(三) 研究

1. 歌和曲的关系。

2. 曲谱组织的大要。

3. 中外音乐常识和音乐故事。

第五、六学年

(一) 欣赏

1.
2. } 继续前学年一、二、三各项。
3.

4. 曲风曲趣的欣赏。

5. 本国曲名（如昆曲平易等）和外国名曲（如各国民间歌曲等）的欣赏。

(二) 演习

1. 富于感情和思想的歌词的视唱和表情。
2. 儿童歌剧的扮演。
3. 继续前学年第六项加 6/8 拍子的练习。
4. C、G、F 等各种调子和十六分音符、休止符、有点音符以及 ♯ 与 ♭ 等各种记号的认识。
5. 平易单音曲，二部轮唱曲，二重音曲的视唱练习。
6. 曲谱的抄写听写。
7. 风琴和本国各种普通乐器的选习。

（三）研究

1. 歌和曲的关系。
2. 曲谱组织的大要。
3. 中外音乐常识和音乐故事。

附注：一、音乐时间的排列，要在用脑的作业之后，不宜排在体育之后。但一二年级可常和体育游戏联络教学；各年并可和舞蹈联络教学。

二、固定唱名法就是以 do 为 c 的固定唱名，re 为 D 的固定唱名。不论音调如何变换，其唱名固定不变。即使因变调而生的升降半音，也仍照固定唱名法随它的升降而固定唱名。

## 五　教学方法之变更

清季小学乐歌一科，徒具名称，无所谓教学方法也。

民国初年，小学唱歌科教法之见于法令者，亦至简单。

民国元年〔1912〕十一月，公布之《小学校教则及课程表》规定"歌词乐谱，宜平易雅正，使儿童心情活泼优美。"

民国五年〔1916〕一月公布之《国民学校令》施行细则中所规定者亦然。

民国十二年〔1923〕六月公布之《新学制课程标准纲要》中所定音乐科之教学方法较为详细，兹照录如下：

初年前二年都用听唱法，先教学生明白歌中的意思，次练习字句的声韵，次照乐音唱，研究乐理上的问题，要用唱熟的歌做研究的材料。初级后二年，新歌用听唱法教，熟歌可以选些出来视唱，渐渐的注重视唱法，并可以学些环唱法，遇到关于曲风强弱律动的种种记号，要随时指导。高级前一年，大半用视唱法教，后二年便全用视唱法教授新歌。

民国十八年〔1929〕八月，教育部颁行之《小学课程暂行标准》中所定音乐科教学方法要点，摘录如下：

音乐科教学方法要点

一　初级第一学年完全用听唱法教学，（注重歌词的听唱、曲谱则可令多听而不可令唱。）所授歌词，最好都可表演，以增加儿童兴趣。

二　初级二三学年是由听唱转入视唱时期，仍注重歌词的视唱表演。如儿童明了音乐符号的价值而需要学习，也可乘机将简单的符号指示，但不宜单独教学。

三　初级第四学年注意视唱教学，放教学新歌词时，可使儿童对于简单的乐谱作明确的学习。中外乐器的方式和用法，古今民族，对于音乐兴趣的表现方式和用法，都可开始指导。

四　高级尽量用视唱法教学，如遇可表演的歌曲，仍须表演。乐谱组织方式，各方式的目的和效力，都须使儿童领会。

五　常和国语（文学）、社会（例如各时代、各民族的音乐设计）、工作（例如农工等职业歌曲）、体育等各种设计，联络教学。尤应利用社交、时令集会等的需要而授以适当的歌曲。

六　曲谱应尽量采用合于民族性的材料，但以快乐、活泼、勇壮、庄严而多变化的为主；悲哀消极和油腔滑调或呆板平直的教学材料，应该力避。

七　歌词要是儿童的文学，以鼓励儿童动作奋兴个人情感，发扬民族精神为主，不取训话或格言为材料。

八　教授新歌曲时，除简易的曲谱外，应常由教员范唱、奏乐，以便儿童倾听；为避免混淆听觉起见，范唱时最好不常用乐器伴奏。

九　宜令儿童对于歌曲忠实的唱奏，切禁随意加入花腔滑调和信口高111。在每歌曲熟习后，应多令儿童独唱。

十　在可能范围内，充分利用留声机和地方上的各种听乐机会，而教以欣赏音乐的方法。

十一　关于欣赏的教学，除特选欣赏教材外，对于演习时所唱的歌曲，也须注意欣赏。

十二　教员态度，应注意修洁和蔼；声音技能，更应注意优美纯熟。自每次教授音乐的开始，要用故事和激引感情的问题等，引起儿童学习的动机。

十三　在必要时，要行呼吸以为唱歌的预备；并须练习，以使吟唱无误。练习时，要用种种变化的方法以使儿童不厌。例如模仿鸟叫、虫叫、风声、风筝声、儿啼声，或编成有趣的句子和儿童和答。

十四　歌词的教学，应使儿童先通晓歌词的意义。歌词的感情，应由教员用态度充分的暗示。（例如乐亦乐，忧亦忧，庄亦庄，谐亦谐。）

十五　曲谱的新知识，要常和旧知识比较研究。例如四分音符和八分音符的异同；G调和C调各音阶在五线上的位置的差别……都须用比较的方法，以使儿童明了。

十六　歌曲的练习，一时间中要多方变化。例如时而唱歌，时而练习，时而听曲，时而表演，时而呼节，时而蹈节，时而拍节，时而立唱，时而坐唱，时而行唱，时而齐唱，时而独唱，时而分组唱……其法不一。

十七　应注意儿童的音域声区和呼吸发声等。如遇单音儿童，其坐位当在前排或教师两旁，加以特殊训练。并时时注意，不要让他妨碍全级优美纯粹的唱歌声。

十八　儿童在变声时期，常停止唱歌，多用关于学理方面的练习课业代替，以免减少趣味。

十九　在可能范围内，应随时机（例如集会节令等），鼓励儿童创作应用的歌曲，藉以发展儿童用音乐发表情意的天才。

二十　学校中应鼓励儿童学习各种乐器，并宜组织乐队、歌剧团、音乐比赛会等。

二十一　所用乐器，以提琴或风琴为主，在经费缺乏的学校，可用箫笛、胡琴教学。

二十二　曲谱用五线谱，非万不得已，不用简谱。用五线谱教学的，绝对不得并用简谱。

二十三　在可能范围内应置备中外各种乐器，并特设便于音乐教学的教室。

民国二十一年〔1932〕十月教育部颁布之《小学课程标准》中所定音乐科教学方法要点，文字方面，稍有修正，兹摘录如下：

一　初级第一学年完全用唱听法教学，（注重歌词的听唱，曲谱则可令多听不可令唱。）所授歌词，最好都可表演，以增加儿童的兴趣。

二　初级二三学年是由听唱转入视唱时期，似注重歌词的视唱表演。如儿童明了音乐符号的价值而需要学习时，可用图表、卡片、手势等多变化而有兴趣的方法指示。

三　初级第四学年注重视唱教学，于教学新歌词，可使儿童对于简单的乐谱作明确的学习。中外乐器的方式和用法，古今民族对于音乐兴趣的表现方式和用法，都可开始指导。

四　高级尽量用视唱法教学，如遇可表演的歌曲，仍须表演。乐谱组织方式，各方式的目的和效力，都须使儿童领会。

五　常和国语（文学）、社会（例如各时代各民族的音乐设计）、工作（例如农工等职业歌曲）、卫生等各种设计，联络教学。尤应利用社交，时令，集会等的需要而授以适当的歌曲。

六　曲谱应尽量采用合于民族性的材料，但以快乐、活泼、勇壮、庄严而多变化为主，悲哀、消极和油腔滑调或呆板平直的教学材料，应该力避。

七　歌词要是儿童的文学，以鼓励儿童动作，奋兴个人感情，发扬民族精神的为主，不取训话或格言为材料。

八　教授新歌曲时，除简易曲谱外，应常由教员范唱、奏乐，以便儿童倾听；为避免混淆听觉起见，范唱时最好不用乐器伴奏。

九　宜令儿童对于歌曲忠实的吟唱，切禁随意加入花腔滑调或信口高叫。在每歌曲熟习后，应多令儿童独唱。

十　在可能范围内，充分利用留声机和地方上的各种听乐机会，而教以欣赏音乐的方法。

十一　关于欣赏的教学，兹特选欣赏教材外，对于演习时所唱的歌曲，也须注意欣赏。

十二　教员态度，应注意修洁和蔼，声音技能，更应注意优美纯熟。每次教授音乐的开始，要用故事和激引感情的问题等，引起儿童学习时的动机。

十三　教学时，应矫正儿童的姿势。在发育时，尤应注意。

十四　在必要时，要行呼吸以为唱歌的预备；并须练音，以使吟唱无误。练音时，要现种种变化的方法以使儿童不厌。例如模仿鸟叫、虫叫、风声、风筝声、儿啼声，或编为有趣的句子，和儿童和答。

十五　歌词的教学，应使儿童先通晓歌词的意义。歌词的感情应由教员用态度充分的暗示。（例如乐亦乐，忧亦忧，庄亦庄，谐亦谐。）

十六　曲谱的新知识，要常和旧知识比较研究。例如四分音符和八方音符的异同；G调和C调各音阶在五线上的位置的差别……都须用比较的方法以使儿童明了。

十七　歌曲的练习，一时间中要多方变化。例如时而唱歌，时而练音，时而听曲，时而表演，时而呼节，时而蹈节，时而拍节，时而立唱，时而坐唱，时而行唱，时而齐唱，时而独唱，时而分组唱……其法不一。

十八　应注意儿童的音域声区和呼吸发声等。如遇单音儿童，其坐位当在前排，或教师两旁，加以特殊训练。并时时注意，不让他妨碍全级优美纯粹的唱歌声。

十九　儿童在变声时期，当停止唱歌，可多用关于学理方面的练习课业代替。

二十　在可能范围内，应随时机（例如集会节令等）鼓励儿童创作应用的歌曲（如利用纯熟的曲谱创作歌词等），藉以发展儿童用音乐发表情意的天才。

二十一　学校中应鼓励儿童学习各种乐器，并宜组织乐队、歌剧表演会、音乐比赛会等。

二十二　所用乐器，以风琴或提琴为主，在经费缺乏的学校，可用箫、笛、胡琴教学。

二十三　曲谱用五线谱，非万不得已，不用简谱。用五线谱教学的，绝对不得并用简谱。

二十四　听觉的训练，应特别注重，所以五线谱的唱法，可采用"唱名固定法"（就是欧、美、拉丁民族惯用的各调同音唱法。）但因师资缺乏的缘故，仍可采用"非固定唱名法"。（就是英美等国惯用的各调异音唱法。按英美现在也有用各调同音唱法的趋势也。）

二十五　在可能范围内，应置备中外各种乐器，并特设便于音乐教学的教室。

## 余　论

由乐歌科改为唱歌科，由唱歌科改为音乐科，科目名称已经二易；教学目的，教学时间，教学材料，教学方法，亦随之而有改进。但在穷乡僻壤之区，尚有徒存日课表上之名词，而实际仍未能按时教学者焉。岂即清季所设随意科之遗制耶？音乐科之作业类别，有欣赏、有演习、有研究，而内地小学中，仍只有演习歌曲一项而已。音乐教学应注意儿童之音域，声区，与呼吸，发声等。但随便喊唱，不合乐音者，比比皆是。曲谱宜用五线谱，已有规定，而17世纪法僧（T. T. Souhaitty）所创之简谱，用阿拉伯数字，记音阶之高低，因日本之采用，传入中国，至今犹未已也。所用乐器，以提琴或风琴、钢琴为主。在经费缺乏之学校，可用箫笛或胡琴教学。但教师不娴于此，信口高唱，无以伴奏者多矣。此皆关于教师之技术问题，倘无专门之修养，与特别之练习，而只照书中记载实行之，未必能得美满之结果。盖音乐本身已是技术，音乐教学法则尤为术中之术，非笔学所能尽之，曾记民国十八年〔1929〕八月，教育部公布《小学课程暂行标准》，附有推行音乐科课程办法三条：

一、师范学校应郑重注意养成音乐师资。

二、地方教育行政机关，应利用假期，召集各校音乐教师，充分补习关于音乐的知识技能。

三、各地方担任音乐的教师，应组织研究会，练习音乐，并研究实施新课程标准的方法。此实为当今切要之图，何可忽焉？

抑尤有进者，曲谱之采用，以快乐、活泼、勇壮、庄严而多变化者为主，悲哀、消极、油腔滑调、呆板平直者，不取焉，歌词之选择，以鼓励儿童动作，奋兴个人感情，发扬民族精神者为主，此皆在课程标准中明白规定，而各校之奉行者，仍有未能注意及此。曾记教育部令禁《毛毛雨》及《妹妹我爱你》等曲谱文中有云："……该项词曲，遣词萎靡，发声沉荡，不特足使青年习之，易致流放，如今儿童吟唱，亦且有伤肺气。……"又教育部限制小学歌舞剧之文曰:"……近查各地小学,每有歌舞剧之表演,一幕一曲,所占的时间,也有几十分钟,儿童一面唱歌,一面跳舞,往往至于汗流气喘,声嘶力竭。……歌而且舞,声力并用,时间又长,更属有碍儿童体育。……此类歌舞剧,害多益少,应该一体限止。……"二十一年〔1932〕十二月,江苏省教育厅亦有通令各校,不得以猥俗淫靡之歌舞,在校内演习,今摘录令文大要云:"查学校唱歌原在陶冶性情,奋发志气,舞蹈则在活泼肢体,强健心身,决非娱人观听之具,更非为应酬博誉而设。且查游艺会中学生所演之歌剧,音节既极猥俗,词句亦多柔靡,至其服装艳丽者,竟与营业之歌社舞团无异,既易起观众狎视之念,后滋长儿童虚荣之心,对于儿童心身上,既直接有深剧之弊害,即于民族精神上,亦间接发生恶劣之影响,流弊丛生,与学校演习歌舞之原意显属背道而驰。若不亟予禁止,影响教育前途,实非浅鲜。……"反复令文,则歌词之选择,知所取舍。国难当头,国人盛倡长期抵抗,非唤起群众之沉梦,发扬民族之精神,不足以言救国。音乐感人独深,如何予以激励之启发,以期获得振兴之效果,凡我同志,愿共勉焉。

**图书在版编目（CIP）数据**

小学课程沿革/盛朗西编.－福州：福建教育出版社，2008.12
（二十世纪中国教育名著丛编）
ISBN 978-7-5334-5167-7

Ⅰ．小… Ⅱ．盛… Ⅲ．课程－研究－小学 Ⅳ．G622.3

中国版本图书馆 CIP 数据核字（2008）第 193645 号

## 二十世纪中国教育名著丛编

### 小学课程沿革
盛朗西 编

| 出版发行 | 福建教育出版社 |
|---|---|
| | （福州梦山路 27 号 邮编：350001 电话：0591－83706771 83733693 |
| | 传真：83726980 网址：www.fep.com.cn） |
| 印　刷 | 福州华彩印务有限公司 |
| | （福州新店南平路鼓楼工业小区 邮编：350012） |
| 开　本 | 850 毫米×1168 毫米 1/32 |
| 印　张 | 10.25 |
| 字　数 | 248 千 |
| 插　页 | 2 |
| 版　次 | 2008 年 12 月第 1 版 2008 年 12 月第 1 次印刷 |
| 印　数 | 1—3100 |
| 书　号 | ISBN 978-7-5334-5167-7 |
| 定　价 | 23.00 元 |

如发现本书印装质量问题，影响阅读，
请向出版科（电话：0591－83726019）调换。